广东省高水平大学建设经费资助项目

社会工作与青年发展

吴伟东 著

图书在版编目（CIP）数据

社会工作与青年发展／吴伟东著．—北京：知识产权出版社，2018.1
ISBN 978-7-5130-5291-7

Ⅰ.①社… Ⅱ.①吴… Ⅲ.①青少年—社会工作—中国 Ⅳ.①D669.5

中国版本图书馆 CIP 数据核字（2017）第 290229 号

责任编辑：徐　浩　　　　　　　　　责任校对：潘凤越
封面设计：SUN 工作室　韩建文　　　责任出版：刘译文

社会工作与青年发展

吴伟东　著

出版发行：知识产权出版社 有限责任公司	网　　址：http://www.ipph.cn
社　　址：北京市海淀区气象路 50 号院	邮　　编：100081
责编电话：010-82000860 转 8343	责编邮箱：xuhao@cnipr.com
发行电话：010-82000860 转 8101/8102	发行传真：010-82000893/82005070/82000270
印　　刷：北京九州迅驰传媒文化有限公司	经　　销：各大网上书店、新华书店及相关专业书店
开　　本：720mm×960mm　1/16	印　　张：17.5
版　　次：2018 年 1 月第一版	印　　次：2018 年 1 月第一次印刷
字　　数：202 千字	定　　价：58.00 元
ISBN 978-7-5130-5291-7	

出版权专有　侵权必究
如有印装质量问题，本社负责调换。

目 录

第一章 导 论 …………………………………… (1)
　第一节 研究的背景与意义 ………………………… (1)
　　一、研究的背景 ………………………………… (1)
　　二、研究的意义 ………………………………… (3)
　第二节 本书的架构与主要内容 …………………… (4)
　　一、本书的架构 ………………………………… (4)
　　二、主要内容 …………………………………… (4)
第二章 边缘化与弱势问题 …………………………… (8)
　第一节 社会工作评估 ……………………………… (10)
　　一、层次深入模型 ……………………………… (13)
　　二、TIE 评估架构 ……………………………… (20)
　　三、CA/B 评估架构 …………………………… (21)
　第二节 弱势青年需求评估 ………………………… (23)
　　一、评估设计 …………………………………… (23)
　　二、评估结果 …………………………………… (31)
　　三、政策建议 …………………………………… (38)
　第三节 贫困大学生需求评估 ……………………… (43)
　　一、评估设计 …………………………………… (44)
　　二、评估结果 …………………………………… (45)

1

三、政策建议 …………………………………………… (49)
　第四节　社会工作评估的本土化 ………………………… (50)
第三章　劳动就业议题 ………………………………………… (60)
　第一节　澳门青年的就业问题 …………………………… (62)
　　一、澳门博彩业发展及其影响 ………………………… (62)
　　二、澳门青年的就业困境 ……………………………… (66)
　　三、潜在风险分析 ……………………………………… (75)
　第二节　青年农民工的工会参与 ………………………… (78)
　　一、工会与劳动关系 …………………………………… (79)
　　二、青年农民工的工会参与 …………………………… (85)
　第三节　社会工作的介入分析 …………………………… (93)
第四章　女性发展议题 ………………………………………… (98)
　第一节　女性农民工的城市融入问题 …………………… (99)
　　一、农民工的城市融入 ………………………………… (100)
　　二、女性农民工的城市融入 …………………………… (107)
　第二节　夜班工作对女性的影响 ………………………… (116)
　　一、零售业的夜班工作 ………………………………… (117)
　　二、对女性的影响 ……………………………………… (118)
　第三节　社会工作的介入分析 …………………………… (125)
第五章　制度改革议题 ………………………………………… (130)
　第一节　美国医疗保障制度改革 ………………………… (132)
　　一、现行体系的问题 …………………………………… (133)
　　二、改革方案的内容与难点 …………………………… (136)
　　三、原有制度下青年群体的保障状况与问题 ………… (140)
　　四、医改法案中的青年政策 …………………………… (145)
　第二节　中国户籍制度改革 ……………………………… (152)

一、户籍制度改革 …………………………………… （152）
　　二、户籍制度改革与青年群体 ……………………… （153）
　第三节　社会工作的介入分析 ………………………… （160）
第六章　港澳台地区与内地的融合议题 …………………… （166）
　第一节　港澳台地区与内地的人口流动 ……………… （167）
　　一、港澳地区与内地的人口流动 …………………… （167）
　　二、中国大陆与台湾地区的人口婚姻迁移 ………… （184）
　第二节　澳门学生对内地高等教育的适应问题 ……… （188）
　　一、教育研究中的质性方法 ………………………… （190）
　　二、澳门学生的教育适应 …………………………… （192）
　第三节　社会工作的介入分析 ………………………… （206）
　　一、宏观实务 ………………………………………… （206）
　　二、微观实务 ………………………………………… （215）
第七章　结语：社会工作的职业化发展 …………………… （222）
　第一节　中国社会工作的职业化发展现状 …………… （223）
　第二节　社会工作职业化的立法行动 ………………… （227）
　　一、立法与社会工作的职业化 ……………………… （227）
　　二、美国社会工作的职业化与立法行动 …………… （232）
　　三、美国经验的启示 ………………………………… （242）
参考文献 ………………………………………………………… （245）
后　记 …………………………………………………………… （273）

第一章 导 论

第一节 研究的背景与意义

一、研究的背景

青年群体是现阶段中国社会的一个十分重要的人口群体。依据《中国青年人口与发展统计报告（2015）》对2013年全国 1‰ 的抽样数据未经加权的估算，14~35岁的青年人口占全国总人口的33.03%，比上年降低0.5个百分点；青年人口约为44 940万，比上年减少468万（邓希泉，2015）。尽管在老龄化的趋势下青年人口的比重有所下降，但仍然占全国人口的1/3左右，是最主要的人口组成部分。作为年龄群体的一个类别，青年群体获取经济社会资源的途径较窄，在遭遇社会问题时缺乏足够的能力去维系自立、寻求发展。从人类的基本权利、由青年失业所导致的人力资源浪费以及在青年生命周期中潜伏的社会问题所产生的社会成本等方面出发，设定社会方案以支持青年群体发展，是一项对现代社会有着显著意义的重要议题。在社会加速转型和全球化的背景下，为保证青年获得机会、发展为健康且具有生产能力的人，政府和社会要实施有效的政策促进青年群体的自立和发展，保障他们的生存权和发展权。

　　社会工作是现代社会应对社会问题的一种有效方式。在经济发展的过程中，多个国家所共同面对的一个重大问题就是经济增长的成果并没有向弱势群体传递并被广泛共享，贫困、不平等问题凸显，最终影响了经济增长的质量和社会进步，甚至导致国家的失败（何雪松、杨超，2016）。相对于经济、法律等制度安排，社会工作推进分配的独特性突出表现为促进发展的共享性：首先，社会工作的主要服务对象是弱势群体，为弱势群体赋权和增能，传递社会救助，促进分配的正义；其次，社会工作服务还面向一般群体，积极调适社会关系，化解社会矛盾，增进社会宽容，从一般意义上推进社会各个群体的利益共容（何雪松、杨超，2016）。伴随着工业化、城市化的发展而出现的一系列青年社会问题，使得应对相关问题的青年社会工作从社会工作中分离出来，成为社会工作的重要领域（王玉香，2012）。

　　在国外，青年社会工作是社会工作中的一个重要分支，拥有长时间的实务实践和深厚的理论积累。在中国，由于社会工作的起步时间较晚，目前仍处于发展的初步阶段，青年社会工作的多个领域仍有待积极推动和发展。同时，中国社会正处于快速发展和转型的时期，青年群体在生活和工作中面临着多方面的挑战和困难。从社会工作的视角出发，对社会转型和发展时期的青年问题进行探讨，有助于推动和促进相关问题的应对和解决，促进青年群体的发展和社会的长远发展。

二、研究的意义

在实践意义上，本研究有助于推动和促进青年政策的完善和发展。青年政策是青年群体普遍受益、稳定发展的重要基础与条件（郗杰英，2010）。本研究直面青年发展的现实关切，重点探讨青年群体在社会转型和发展中面临的一些全新问题，包括边缘化问题、劳动就业议题、女性发展议题、制度改革议题以及港澳台地区和内地的融合议题，并从社会工作的专业视角出发，对这些问题进行深入的分析和规划。社会工作的实务介入，将有助于促进政府和社会对青年发展问题的关注，推动青年政策的完善和发展，更好地保障青年群体的发展权益。

在理论意义上，社会工作的本土化是中国社会工作发展的重要议题。由于东西方文化的差异，源于西方国家的社会工作理论必须经过深入验证后，才能更充分和更有效地运用于中国社会。在一些实务领域，社会工作理论的本土化进程已经得到了有力的推动，但在青年社会工作领域，仍有大量工作未展开。本研究运用社会工作理论，从相关视角出发，对现阶段中国青年发展的热点问题进行探讨，希望有助于促进本土经验资料的收集和分析，推动青年社会工作的本土化发展。

第二节 本书的架构与主要内容

一、本书的架构

本书包括三个部分。第一部分是第一章导论,主要提出研究的背景和意义。第二部分包括第二章至第六章,重点关注当前社会发展中青年领域的热点议题,尝试从社会工作的视角展开并分析问题、探讨介入措施。这五章从青年的人口特征与生命周期阶段特点出发,围绕"入学"和"就业"这两项青年时期最为关键的问题,遵循由微观到宏观的层次路径,依次聚焦于青年群体的边缘化和弱势问题、劳动就业议题、女性发展议题、制度改革议题以及港澳台地区与内地的融合议题。作为第三部分的第七章在上述研究的基础上指出,社会工作职业化制度建设是社会工作人才队伍建设的制度保障,是应对和解决社会发展过程中的青年问题的关键环节;同时,借鉴美国、英国等欧美发达国家的实践经验,探讨中国社会工作职业化的推进路径。

二、主要内容

作为导论,第一章主要是提出研究的背景与意义,强调青年作为社会中的一个人口群体会在社会转型与发展中遭遇特定的困境,社会工作和社会政策需要针对这些困境进行深入分析和有效应对。

第二章在导论的基础上聚焦于社会发展过程中所产生的部分青年由于未能及时调整自身行为所导致的边缘化和弱势化问题。首先，评估社会工作的功能与作用，强调社会工作评估在社会工作教育、实务和理论之间的衔接作用，并依据"人在情境中"的现代社会工作视角构建层次深入模型，以之作为中国社会工作评估实务中可参考的评估模型；同时，介绍TIE评估架构和CA/B评估架构。其次，在理论分析的基础上，依据特定的社会工作评估模型，对天津市弱势青年和贫困大学生的需求进行评估分析；从社会工作的专业视角出发，探讨这两个群体的问题与需求。最后，依据天津市弱势青年和贫困大学生的需求评估实践，探讨社会工作评估的本土化问题。

第三章主要关注青年群体的劳动就业议题。在厘清劳动就业对于青年群体的重要性之后，本章强调，青年群体的劳动就业状况不仅影响到他们自身的职业发展，还影响到国家的人力资源水平和就业稳定。其中，在就业问题上，产业结构是影响青年群体就业情况的重要因素。深入认识青年群体在特定产业结构下的就业问题和利益诉求，有助于在产业结构升级战略的制定中提高对青年群体的关注，更加全面和长远地考虑相关的政策议题，保障青年群体的利益。本章第一节聚焦于澳门地区，运用社会调查数据探讨产业结构单一化对青年群体的就业空间和就业选择的影响，并分析潜在的风险。第二节重点关注劳动关系的稳定性和长期化发展，聚焦于工会在劳动关系中的作用；在此基础上，探讨青年农民工的工会参与问题，从工会的组织参与和工会的活动参与两个层次进行实证研究。第三节着重分析社会工作在青年群体劳动就业问题上的介入。

第四章的主题是女性发展，主要遵循社会性别理论的基本视角，强调从农业社会到工业社会的社会变迁使越来越多的女性进入劳动力市场谋求自身的职业发展，但在此过程中，女性也遭遇到来自于性别角色或性别传统分工的挑战。具体而言，在城市融入的过程中，女性农民工面临着不同于男性农民工的独特困境。她们在主观上呈现出较高的社会融入度，这表明了她们对城市社会和生活的认同，但在现实生活中，社会排斥等因素的影响使得她们的社会融入程度尚处于较低阶段。以夜班工作为例，传统的性别角色分工使得女性在家庭生活中承担了更多的家务劳动责任，而家务劳动在家庭中往往集中在晚上进行，这让她们在从事那些有夜班排班的工作时比男性承受了更多的压力，也导致了较低的职业满意度和较高的离职倾向。社会工作应当积极借鉴女权主义的有益研究成果，积极倡导性别平等，维护女性的正当权益。

第五章从制度改革的利益再分配效应出发，指出青年群体作为社会中的一个年龄群体，一方面能够从制度改革所激发的社会发展中获益，但另一方面也将在短期内不得不承受制度改革所带来的直接冲击。譬如，美国的医疗保障制度改革在提高青年群体医疗保障覆盖面的同时，很可能会由于也提高了青年群体的劳动力成本而导致他们在就业时必须面对更多的困难。因此，制度改革必须要分析并充分考虑改革措施可能给青年带来的影响，同时也必须对青年群体的利益诉求进行全面的评估和调查。由于年龄的关系，青年群体往往不是制度改革方案的直接制定者，但他们对改革方案也会有特定的关注和建议。社会工作必须通过自身的行动，使青年群体的利益诉求能够在制度改革中得到有效的反映。

第六章重点关注港澳台地区与内地的融合议题。近年来，中国内地与港澳台地区的经贸往来越来越密切，这也带来了两岸四地之间的人口迁移和社会融合问题。本章先是从宏观的角度出发，探讨由港珠澳大桥的建设所引发的"时空压缩效应"以及随之而来的香港与内地城市之间更多的人口流动现象，分析其中所蕴含的社会治理议题。同时，从婚姻家庭的视角出发，指出中国大陆与台湾地区的社会保障合作将有利于更好地保障两岸因婚姻家庭等原因而迁移的人口群体的权益。然后，在微观层面探讨澳门大学生在内地大学求学时对内地高等教育的适应问题。最后，分别从宏观和微观的角度出发，探讨社会工作的介入行动。

第七章探讨社会工作职业化议题，强调社会工作的职业化发展是建立社会工作职业队伍的必要保障，而社会工作职业队伍是促进社会工作功能的实现、保护包括青年群体在内的社会群体尤其是弱势群体的权益的基础。中国要更好地实现对青年群体的保护，促进青年群体的发展，关键环节之一就在于积极推动社会工作职业化制度的建设和发展。本章对中国社会工作职业化的发展现状进行分析，并以社会工作职业化的立法行动为切入点，探讨美国社会工作职业化的立法实践及其给中国所提供的经验。

第二章 边缘化与弱势问题

当前，中国正处于由传统社会走向现代社会的加速转型时期。社会的转型给青年群体带来的影响是多方面的：在整体素质得到极大提高的同时，也有部分青年由于失学、失业、失管而游离于学校、工作场所和家庭之外，日渐边缘化，陷入弱势地位，无法从现有社会体系中获取必要的生存和发展资源。弱势化问题的持续不仅不利于青年自身的发展，也成为引发家庭和社会矛盾及相关问题的隐忧。如何有效地保障弱势青年的生存和发展权益，构筑和谐的家庭和社会，已成为社会和学术界共同关注的重要议题。

在国外，弱势青年研究已经得到广泛开展并取得相当丰富的成果。研究的领域主要包括弱势青年的社会支持、社会消极影响、成人转变历程、特定环境下的发展结果、社会风险、风险行为以及相关社会政策和社会服务的项目评估等（如：Holzman and Grinker, 1974; Schinke, Jansen, Kennedy and Shi, 1994; Taylor and Dryfoos, 1998/1999; Collins, 2001; Stice, Spangler and Agras, 2001; Huba, Panter and Melchior, 2003; Hyucksun, 2004）。依据经验研究的结果，斯蒂斯（Stice）、斯潘格勒（Spangler）和阿格拉斯（Agras）（2001）指出，大众媒体的某些商品广告宣传对弱势青年存在持续的消极影响。弗隆（Furlong）、卡特梅尔（Cartmel）、波尼（Powney）和霍尔（Hall）（1997）评估了苏格兰一项弱势青年工作的成效。通过描述和分析弱势青年的人口学特征、压力承受和心理健康状况，莱利兰（Laelia）、卢（Lou）和乔纳森（Jonathan）等学者（2006）探讨了一项心理支持方案对弱势青年的作用。相对而言，中国的弱势青年研究目前尚处于起步阶段，相关研究成果仍比较缺乏。以上海市2 360名弱势青年为样本，杨雄和程福财（2002；2004）实施了抽样问卷调查并获得一系列定量数据。以个案访谈的形式，符平（2003）访问了湖南省22名弱势青年，形成了丰富的定性资料。与这两项研究类似，国内现有的研究大多聚焦于对弱势青年的教育、就业、家庭和生存状况的直接描述，尚缺乏明确的理论以指导研究的开展。这在很大程度上限制了相关研究成果对社会政策和社会服务的影响深度。具有明确理论导向的经验研究，目前只看到陆士桢、吴鲁平等学者（2004）从社会排斥理论出发所做的探讨。该研究指出，弱势青年遭受到相当程度的社会排斥；虽然已经建立起一定的社会包容机制，但起到的作用仍相对有限。由于聚焦于社会机制对弱势青年的排斥，该研究在一定程度上忽略了弱势青年对外界环境的应对，需要做进一步的、相应的经验研究。

需求评估是运用社会研究方法评估特定社会问题的性质、重要性和分布状态，评估干预问题的必要性以及现有环境对干预的概念化和干预设计的意义；这是设计和规划新社会项目或重组已有社会项目的第一步，用来提供相关信息，如需要什么服务、怎么为需要服务的人提供最有效的服务等（罗希等，2002）。对处于弱势地位的青年群体做全面的需求评估，有助于制定合理的扶助政策，提供切实有效的服务支持。作为弱势群体研究和救助介入的一种学科视角，社会工作以其对"情境—个体"的双重聚焦和实务取向，在欧美及中国的港台地区已成为需求评估的重要视角。目前，处于发展阶段的中国大陆的社会工作已经展开了对弱势群体的部分经验研究，但尚未有从这一视角出发做出的需求评估，在一定程度上限制了相关工作的深入开展。本章拟从社会工作"人在情境中"的理论视角出发，构建研究的基本框架，对天津市弱势青年和贫困大学生的需求做系统评估；在此基础上，提出有关问题的解决方案和扶助工作开展的对策建议。

第一节 社会工作评估

作为解决社会问题的一种现代方式，社会工作在当今社会发挥着重要作用，其作用具体通过实务工作得以实现。社会工作实务聚焦于社会的关注和需求，紧跟社会的现代化进程而日趋专业化。社会工作者要实现其社会功能，需要接受全面而系统的实务培训。为了回应这一需求，欧美和中国港台地区的学者均对社会工作实务过程进行了系统研究，构建出具有指导性的工作模式和分析模型（如：McMahon，1990；Johnson，1992；Cournoyer，1997；Cunningham，2000；Chetkow‐Yanoov，2001；陈若璋等，1993；廖凤池等，1994）。这些模式和模型不但为系统培训、为实务工作的开展提供了可遵循的框架，而且为实务经验的积累及其理论化提供了条理清晰的线索，是连接"教育—实务—理论"的重要桥梁。

目前，中国大陆的社会工作教育正处于迅速发展阶段。但由于起步较晚，实务工作的专业化水平仍然较低。同时，尽管积累了丰富的实务经验，但由于未能或未及做系统的理论化提升，本土理论仍十分欠缺。教育、实务和理论之间存在一定的断层。借鉴欧美和港台地区的研究经验对实务过程进行探讨，构建适用于中国现状的工作模式和分析模型，应当有助于填补教育、实务和理论之间的断层，促进中国社会工作的发展。

和其他科学活动一样，现代社会工作实务也遵循一定的程序。不同的学者对这一程序有不同的阶段划分，但一般都包括以下四个基本阶段：评估（Assessment）、❶ 计划（Planning）、行动（Action）和结案（Termination）。这四个基本阶段构成了社会工作实务的一般工作过程，其相互次序如图2-1所示。一些学者在上述四个阶段的基础上又引入了准备、开始、探索等阶段（如Cournoyer, 1997）。

评估 → 计划 → 行动 → 结案

图 2-1 社会工作实务过程

在评估阶段，实务工作者明确识别案主的问题和需要，并通过各种途径收集案主及相关情境等的描述性资料，识别为协助案主解决问题或满足其需要可以运用的资源以及必须破除的障碍。在此基础上，实务工作者在计划阶段规划各种可能的介入方案，并同案主协商制定最终的行动计划。计划在行动阶段通过实务工作者和案主的行动具体实施。在此过程中，实务工作者依据"助人自助"的原则，在协助案主解决问题的同时，

---

❶ "Assessment"有多种中文译意，如"预估""评量""评估""研判"等。本书采用"评估"的译意，而将"Evaluation"译为"评鉴"。

增强案主的自助能力。在最后的结案阶段，实务工作者运用一系列的指标对介入行动的效果做出评估，在行动达到预期目的的情况下予以结案。约翰逊（Johnson）（1992）指出，尽管评估先于计划，计划先于行动，行动先于结案，社会工作的实务过程本质上是一个循环的过程。计划往往引发对案主问题新的或不同的理解，即新的评估。同样，行动常常引发制定额外计划的需要。评鉴，即对行动结果的评估，也经常引发新的评估甚至新的计划和行动。因此，全部四个阶段是一直共存的，只是在工作的不同节点，一个或多个阶段成为焦点并被给予最多的关注。

评估作为社会工作实务过程中的基础性步骤，在很大程度上决定着助人活动的最终成效，对实务工作者而言是一项必须掌握的核心技巧。约翰逊（Johnson）（1992）将评估具体划分为三个子任务：（1）识别问题或需求；（2）为对问题或需求做更深入的理解所必需的资料，以及制定合适的应对方案所必需的资料；（3）收集和分析资料。从这三个子任务可知，评估实质上是问题—资源—障碍三类资料的识别—收集—分析过程。这一过程在现代社会日益专业化，一般以特定理论作为其参考框架。理论协助实务工作者识别从案主那里获取的重要资料，并指明为完成评估所需要进一步收集的资料（Greene, Ephross, 1991）。在分析上，理论的功能在于澄清案主的遭遇的本质、原因和脉络，并描述、解释和预测案主对现象或事件的反应模式和规则（宋丽玉等，2002）。

理论的参考框架作用，使不同理论取向的实务评估具有不同的架构和重点。如认识行为理论取向的评估侧重于案主个人的思维和行为模式，而女性主义取向和基变理论取向则主要关注社会环境对案主的负面影响。

一、层次深入模型

随着案主问题的日益复杂,单一理论取向的局限性逐渐显露。单一理论一般只遵循特定视角聚焦于社会现象的某一层面(如潜意识、认知、社会支持网络等),具有一定的界限。以单一理论为参考框架无法对案主的问题或需要做全面有效的评估,在很大程度上限制了社会工作实务的绩效。作为对这一问题的回应,理论整合的评估取向从20世纪80年代开始日渐成为主流。

理论整合存在多种模式。爱泼斯坦(Epstein)归纳出以下五种典型模式:(1)系统整合模式,以明确的理论选择标准为指引,并具有一个持续框架能使不同理论思想得到系统使用的模式;(2)实务建构模式,个人或一组同事依据对他们独持的实务需要的评估,确定他们自身的理论选择;(3)处遇系统模式,选择一种模式,然后依据一种组织化方式加入其他理论思想;(4)非正式权宜模式,通过非正式的过程选择和纳入新的理论思想到个人化取向中;(5)偶然使用模式,依据见闻选择适用于当前状况的理论(Epstein,1992)。其中,以系统整合模式最具结构化,应用也最为广泛。当前中国大陆的社会工作仍处于起步阶段,实务工作者一般缺乏系统的专业化训练。实务理论的选择应以简明、实用为标准。据此,本章从"人在情境中"的理论视角出发,运用系统整合模式构建一个评估的层次深入模型(见图2-2)。

如图2-2所示,社会工作评估可以按评估的深入层次划分

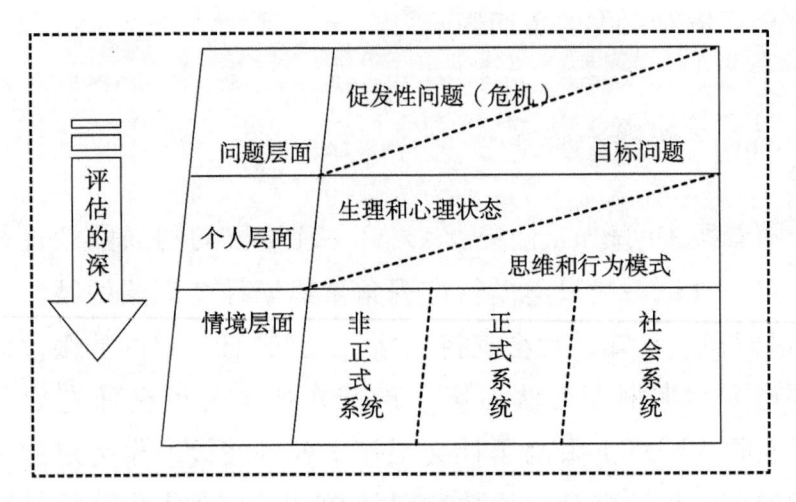

```
                    促发性问题（危机）
          ┌─────────────────────────────────┐
评估的深入  │ 问题层面                目标问题 │
          │                                 │
          │        生理和心理状态            │
          │ 个人层面                         │
          │              思维和行为模式      │
          │                                 │
          │ 情境层面 │ 非正式系统 │ 正式系统 │ 社会系统 │
          └─────────────────────────────────┘
```

图 2-2 整合评估模型

为问题、个人和情境三个层面。下文就结合当前社会工作实务中备受关注的家庭暴力问题进行浅析。

（一）问题层面

问题层面作为社会工作评估的第一步，直接针对案主所面临的、其无力应对而求助于实务工作者的问题。评估的目的之一在于，对案主的问题做出轻重缓急的判断，以决定是否需要马上采取必要的行动，以保障案主的人身安全或防止案主采取某些极端行为应对问题（如暴力、自杀等）。在此基础上，实务工作者对案主的问题或需求做出明确的识别和组织化的处理，为个人层面和情境层面的评估以及最终行动计划的制定做出指引。

在社会工作实务中，前来求助的案主一般是因为生活中出现了他（她）无力应对的问题。因此，实务工作者首先接触到的是促使案主前来求助的促发性问题。其中，最为典型的是危机。危机是一种紧急而且复杂的促发性问题。曾华源依据危机介入理论归纳出危机的四个判定要素：（1）影响个人的突发性事体或情境，是个人认知为在生活重要目标达成上受到严重阻碍；（2）有明显的、严重的情绪烦恼；（3）此时个人不能系统地解决问题，心理上高度脆弱，防御性降低，或可能有日常生活能力，但无力处理问题；（4）在短时间内，个人一定要做出选择，设法恢复平衡（宋丽玉等，2002）。一旦判定案主处于危机状态，实务工作者必须马上对危机的致命性和案主的安全性需求做出评估，并在必要时提供保护性措施。例如，面对遭受严重家庭暴力（如烧伤）的案主，实务工作者需要立即采取措施将案主和施暴者暂时隔离，以预防施暴者在获知案主求助后采取极端行为，危及案主的生命安全。

促发性问题一般构成社会工作任务中心取向的目标问题。任务中心取向认为，人类生活中任何一部分的问题必然是和多个其他问题相互联结的，是动态的，因此，解决问题的焦点必须放在对案主十分重要而且是他想要解决的问题上。对案主的问题和解决意愿做出评估，以确定目标问题及其解决程度，是问题层面评估的重要内容。这些目标问题既可以是案主提出的，也可以是实务工作者依据专业知识及工作经验协助案主确认的。在此基础上，实务工作者对案主的目标问题加以归类，并了解问题发生的时间、地点、原因、过程、频率、案主的对策等细节，将问题具体化。

为了有效地应对案主的目标问题，实务工作者必须清楚知道问题应对中可能存在的障碍和可以利用的资源。从"人在情境中"的视角出发，这些障碍和资源存在于个人身上和情境当中。因此，实务工作者需要对案主个人及其所处情境做出必要评估，以更清晰地分析案主的目标问题并识别应对问题的障碍和资源，更好地协助案主制订应对计划。

（二）个人层面

在对问题层面进行评估时，实务工作者对案主的个人状况会有一定的直观化认识（如案主的性别、年龄，身体是否有残疾，情绪是否激动或焦虑不安等）。这些认识为系统评估提供了一些线索。个人层面的评估，首先需要通过如病历、伤情鉴定报告等材料的收集全面科学地了解案主的生理和心理状况。这些材料往往是应对案主问题的必要资源。如在家庭暴力的社会工作实务中，伤情鉴定报告是协助案主寻求司法介入的必备资料。

此外，个人层面的评估还必须识别案主的个性化思维和行为模式。认知行为理论提供了识别案主个性化思维和行为模式的一般框架。认知行为理论指出，个体的情绪和行为不是由某一诱发性事件本身所引起的，而是由经历了这一事件的个体对这一事件的解释和评价所引起的。个体的情绪及行为反应与其对事件的想法、看法有关。在这些想法和看法背后，有着个体对同类事件的共同看法，即个体的信念。这一信念既可能源于个体的亲身经历，也可能来自个体对他人经历的观察或他人经验的内化，但一旦形成，又会影响个体之后对同类事件的看法和应对，具有循环强化的特性。对同一件事，持有不同信念的人将采取不同的做法来应对。

澄清案主对其问题持有的相关信念及其形成渊源，可以协助实务工作者较为全面地识别案主的思维和行为模式，为制定适当的行动计划打下基础。例如，对遭受家庭暴力的女性案主而言，其选择忍辱负重很可能是基于这样的信念：完整的家庭对儿女的健康成长和生活幸福是必需的。这一信念可能源于当前社会中存在的对"单亲家庭子女"的刻板印象（心理有缺陷）。信念和应对行为的循环强化可能使女性案主产生"受虐妇女综合征"。该综合征是指长期受家庭成员特别是受丈夫或男友暴力侵害的女性表现出来的特殊的行为模式（Walk，转引自郭建梅，2003：37）。在这种情况下，破除案主的完整家庭迷思将是行动计划的重要组成部分。

（三）情境层面

情境是指个人可以随时认知到的、其所处环境的重要组成部分（宋丽玉等，2002），对案主问题的产生和解决具有重大影响。一方面，案主的问题一般源于其与情境中的某一或某些部分的互动出现障碍，同时，无法或未曾充分利用情境中其他部分的资源（这是促使案主向实务工作者求助的主要原因）；另一方面，从问题的应对出发，修复案主与情境中某些部分的互动，或增强情境中其他部分的资源支持，或二者一同进行，是解决问题的主要路径。因此，情境层面的评估，是更深入地分析案主问题并加以全面有效地解决的关键。

以情境为焦点的社会工作理论主要包括系统理论、生态系统理论、社会支持网络理论、基变理论、女性主义理论和增能理论。其中，系统理论、生态系统理论、社会支持网络理论和增能理论比较注重情境对解决案主问题的作用，而基变理论、女性主义理论则较为关注情境对案主问题产生的影响。不同的理论使用不同的概念来表述个人与情境的关系，如系统理论的"输入""输出"，生态理论的"交流"，社会支持网络理论的"支持"和基变理论的"压迫"。不同的概念呈现出不同的理念和视角，也给整合性实务工作的开展造成了一定困难。

情境层面的评估聚焦于识别和收集应对问题的障碍和资源。据此，本章使用"障碍—资源"的二维关系来表述案主和情境的基本关系。这种关系并不是一成不变的，而是可以由"障碍⟷资源"相互转化的。案主个人和实务工作者的行动，主要目的一般在于促使"障碍"关系向"资源"关系转变。

平卡斯（Pincus）和米纳汉（Minahan）（1973）曾将情境的静态结构划分为非正式系统（如家庭、朋友、同事等）、正式系统（如社区组织、工会、学校、医院、社会福利机构等）和社会系统（如文化、经济、法律等）三部分。案主与情境的"障碍—资源"关系，也可细分为案主与这三个情境系统的关系。为维系生活的平衡，案主必须从这三个情境系统中获取足够的资源。障碍的出现将使一些资源的供给中断，而障碍的累积将会使某一障碍成为促发性障碍，引发促发性问题，导致案主的生活失衡。其中，有一些障碍是社会设置的，如社会系统对女性的资源限制（例如，传统的"家本位"思想使已婚女性的社交网络资源和经济资源受限）。这些资源限制使女性在与家庭子系统之间出现障碍（如家庭暴力）时，更容易产生生活的失衡。恢复平衡的主要途径，在于增加情境的资源支持。因此，情境层面的评估主要在于评估障碍的出处、成因和转化的可能性，以及更充分利用现有资源的可行性。

问题、个人和情境层面的评估，一方面依据案主的叙述，另一方面也有赖于实务工作者的亲身调查。相关资料的汇总和分析，将较为清晰地呈现案主的问题及应对的障碍和资源，为行动计划的制订打下基础。

依照社会工作评估的一般进程，将层次深入模型划分为问题、个人与情境三个层面，提供了系统化整理案主资料的一般化框架。从分析模型的作用出发，对层次深入模型的应用也可具体分为在教育、实务和理论三个领域的应用。

在教育领域，层次深入模型为教学的系统进行提供了一个可遵循的框架，有助于学员全面地掌握社会工作评估。"近似事实的模型对于刚接触工作的人提供了许多协助，因为它可以使他们更了解事实的整体面。"（Chetkow-Yanoov，2001：181）层次深入模型以层次深入的框架形式呈现出社会工作评估的基本过程，并以其内在的理论整合表现出现代评估中理论的参考框架作用和整合取向。其对现代社会工作评估较为全面、形象的呈现，应当有助于促进学员的学习和掌握。

从教育延伸到实务，层次深入模型以简易为标准，系统整合了一系列重要的社会工作理论，实务工作者可以据此建立评估的理论参考框架，指导评估工作的开展。同时，实务工作者还可以从自身的具体领域出发，运用模型的层次式框架对一些资料进行整理和储备，以更高效地协助案主（这也是社会工作者专业化的一个体现）。其效果在情境层面的评估上最为显著。在情境层面，社会系统和正式系统的评估资料具有一定的稳定性，实务工作者可以通过系统收集，形成资料库，并不断更新。如陈若璋等（1993）在《家庭暴力防治和辅导手册》一书中系统整理了家庭暴力的法律条文和求助机构等资料。此外，实务工作者还可以从模型出发，针对自身领域制定具体的评估表格，以提高评估效率。如在《员工协助方案：工业社会工作的新趋势》一书中，坎宁安（Cunningham）（2000）介绍了美国工业社会工作实务的一种模式及其评估表格。该表格专门针对工业社会工作实务的独特评估需要，旨在协助实务工作者高效地完成评估。这种做法同样值得国内实务工作者借鉴。

最后，在理论领域，层次深入模型的理论整合和层次划分提供了系统整理以往实务经验并收集当前经验数据以检验理论的框架，为国外理论的本土化打下基础。例如，国外解释受虐妇女为何愿意延续受虐关系的"习得无助感"理论以及受虐妇女综合征所指出的受虐妇女的特殊行为模式，在中国是否需要做本土化的修正以及如何修正？"习得无助感"理论指出，在婚姻暴力（即夫妇之间的家庭暴力）中，受害者除了学习到一个人能做的事情非常有限外，通常会觉得沮丧或焦虑；这种情绪状态会耗尽受害者的精力，使他们越来越难以采取行动脱离（Walker，1979，转引自 Kemp，1999）。这是否可以应用于中国的情境？个人层面评估资料的收集、整理和分析，将对这个问题的解答提供重要的经验资料。在社会研究的客观性备受关注的今天，经验资料的收集具有更为重要的意义。

二、TIE 评估架构

以系统理论和生态理论的整合为基础，TIE（个体与情境交流）架构是蒙克曼（Monkman）和阿兰米尔斯（Allen-Meares）（1985）提出的专门用于青年社会工作评估的模式。该架构遵循现代社会工作"人在情境中"的视角，具体聚焦于情境、个体的因应行为和因应形态三个层面。

在 TIE 架构中，"个体"泛指在社会生活中功能受到损害的个人、家庭、群体或社区，"因应行为"是指个体在面对外部情境时通过意志控制所呈现的行为；TIE 架构主要考察生存行为、社交行为和发展行为（Allen-Meares，1999）。生存行为是指个体获取并使用某些资源以维持自身生存和活动的行为，可进一步细分为获取食物、衣着、医疗照顾和交通等各种资源的行为；社交行为是指与情境中的其他人及机构建立社会联系的行为，可进一步细分为发展并维持社会关系的行为以及运用各种组织机构（如家庭、学校和社区等）的行为；发展行为是个体增强自身各方面权能的行为，也可进一步细分为增强认知、体能、经济和情绪等方面的行为。个体的因应形态由这些行为相互交织而成，是指个体对外部情境的一般行为模式。因应形态是个人成长史的一部分，并不是一成不变的，而是随时间发生改变。同时，因应形态既可能是具有建设性的，也可能是具有破坏性的。最后，因应形态可能是对当前环境状况的反应，也可能源自过去的环境状况。

"情境"泛指个体可以直接接触到的环境，在 TIE 架构中聚焦于对其品质的分析，即分析其向个体提供支持的程度，具体包括资源、期待以及法律和政策等重要方面（Allen-Meares, 1999）。资源是指个体在需要时可获得的支持和协助，可进一步细分为非正式资源（个人间的情感支持，劝言等）、正式资源（各种为成员谋求特定权益的团体或协会）和社会资源（按照特定程序提供服务的机构和单位，如学校、医院等）。期待是情境中重要他人对个体的期待，这些期待可能涉及某些角色任务的履行或需要某些资源的支持。法律和政策，则是指社会对个体行为具有约束力的正式规则和支持。

三、CA/B 评估架构

CA／B 评估架构的全称是 Critical Auto/ Biographical 架构（批判性自传/传记架构），是克利福德运用系统整合模式整合了医学、心理学和社会学等多个学科的理论构建的社会工作评估框架。其中,"批判性自传/传记"概念是指在理解个体经历的互动中理解其他人的生活经历,并对这一过程保持批判性的反思。依据克利福德的论述,该架构包含以下六个核心要素(Clifford, 1998)。

(1) 方法论。用于理解和评估个体社会情境的研究方法必须符合相应的研究方法论要求。同时,作为规范标准的方法论必须反映被研究对象自身的经验和视角。

(2) 社会差异。评估社会群体之间的差异,做系统分析。这些社会差异的基本维度包括种族、阶层、性别、年龄、地域等。

(3) 反思。在评估中,研究者必须被视为个体社会情境的参与者。研究者与被研究者之间的相互卷入,意味着他们之间存在认知互动。双方的价值观和认知视角在评估过程中处于中心地位。同时,评估过程也只有在双方之间的权能差异框架内才能明晰。因此,个体间的互动不能仅仅依据心理学知识去理解,还必须运用社会学、历史学、伦理学和政治学知识去把握。

(4) 时空的历史定位。在组织对个体生活变迁做记录的过程中,个体的生活经历需要和具体的时间、地域相连接,而不仅仅依靠学术理论和常识理论去理解。个体的生活经历应当被置于一个真实、具体、地域性和历史性的脉络框架中去认识。

(5) 互动的社会系统。个体的生活经历还必须被置于更为广阔的社会结构中去认识。通过明确社会生活不同层次的互动,个体的情境就能够与各种社会系统建立关联。这些社会系统包括家庭、同辈群体、机构、社区,等等。所有这些系统都将对个体的生活产生间接或直接的影响,同时,个体的行为也在构建和改变这些系统。

（6）权能。权能主要指个体运用外界资源的能力。权能应被置于不同层次中加以考察：政治、社会与经济结构层次，以及由文化、制度和心理因素产生的个人权能。分析的底线在于对个体、群体和机构的物质资源做系统评估。这些资源协助个体满足需要、增长潜能。

CA／B评估架构的目的在于，提供一个概念框架，为社会工作评估建立有效的理论基础（Clifford，1998）。其主要聚焦于对儿童、老人、残疾人等社会弱势群体的评估研究。

第二节　弱势青年需求评估

一、评估设计

（一）评估框架

作为西方社会工作发展中一个持续和日趋一致的主题，"人在情境中"的视角被欧美和港台地区学者普遍认为是现代社会工作的主导视角。其依据在于以下信念：专业社会工作者基本使命的完成需要对个体和情境的双重聚焦。这一视角对专业社会工作的理论基础及其实践取向产生了核心影响（Greene，Ephross，1991：9）。在这一视角中，"人"（个体）泛指在社会生活中功能受到损害的个人、家庭、群体或社区，而情境是指个体可以随时认知到的、其所处环境的重要组成部分，对个体问题的产生和解决具有重大影响（宋丽玉等，2002）。实务工作者在介入个体问题之前，必须对服务对象所处的情境有完整的评估，并在此基础上分析个体的问题和需求（Allen-Meares，1999）。

在现代社会工作理论中，同时关注个体和情境的理论主要包括：系统理论、生态系统理论、社会支持网络理论和增能理论。不同的理论使用不同的概念来阐述其基本观点（如在表述个体与情境的互动时，系统理论使用"输入""输出"，生态理论使用"交流"，社会支持网络理论则使用"支持"），但都主要聚焦于以下三个层面及相关主题：（1）情境层面；（2）个体与情境互动层面；（3）个体层面。在情境层面，各种理论一般以情境的关键资源的类别（如社会支持网络理论的表达性和工具性划分及生态系统理论的工具性、情感性和资讯性划分）及含量为主题。个体与情境互动层面着重考察个体与情境的关系强度（如社会支持网络理论的"连结强度"及生态系统理论的"调和程度"）及资源交流。个体层面则主要分析个体的内在资源和因应行为（如增能理论的"权能"）。在系统整合上述理论的基础上，本次评估设定了如图2-3所示的基本架构。

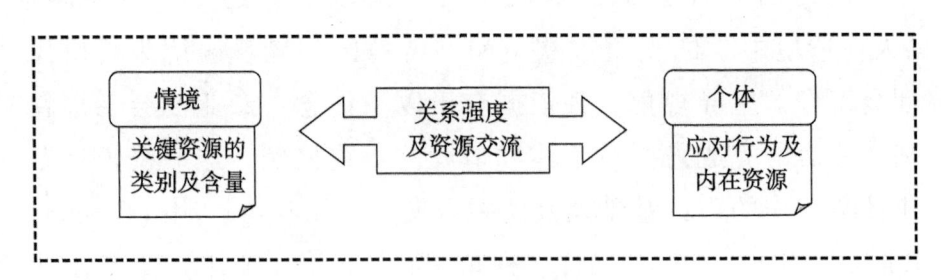

图 2-3 评估架构

（二）评估方法

定量—定性混合研究是现代社会研究中一种重要的三角测

定方法。由于每种研究方法揭示的是经验事实的不同方面，多元方法必须得到应用（Denzin，1978）。在一般意义上，定量研究能够收集广泛而具有普遍性的总体资料，对社会现象的整体面貌做全面而简洁的呈现；而定性研究则可以提供丰富而详尽的个案资料，对社会现象做深入的描述。定量—定性的混合研究，被国外越来越多的学者认为有助于对复杂的社会现象做完全的解释。特德利（Teddlie）和塔斯巴阔利（Tasbakkori）（2003）指出，与单一研究相比，定量和定性的混合研究至少在三个方面具有优越性：（1）能够使研究者同时解答封闭式和开放式的问题，由此在同一研究中验证和生成理论；（2）提供更好的推论；（3）更好地阐明社会现象的对立之处。同时，混合方法不应当被视作一种普遍适用的取向，因为其同样存在单一方法所存在的局限性，必须被应用于合适的研究领域，得到科学的设计和实施（Bryman，2004）。

依据克雷斯韦尔（Creswell）、克拉克（Clark）、古特曼（Gutmann）和汉森（Hanson）（2003）以实施时序、优先性、整合阶段、理论视角为标准的划分，定量和定性的混合研究存在六种基本的研究设计：（1）连续解释型设计；（2）连续探索型设计；（3）连续转化型设计；（4）共时三角型设计；（5）共时包含型设计；（6）共时转化型设计。其中，共时转化型研究设计是以一个由研究者设定的理论视角为指引，均衡使用定量和定性方法或以某一方为主导，在同一时段内收集定量和定性资料，最后对两类资料做整合性的分析和阐述。以生态系列理论视角为指引，本次研究采取共时转化型研究设计，综合运用抽样问卷调查、个案访谈和焦点小组等方法收集定量和定性资料并做整合分析。

（三）理论视角

理论能够增进研究者对经验资料的广阔意义和相互关联的认识（Neuman, 2003）。巴比（Babbie）（1999）指出，社会理论提供了一系列视角，每一个视角提供了其他视角所欠缺的洞察，但同时也忽略了其他视角所揭示的社会生活的方面。多元理论的应用有助于促进对社会现象的深度研究。作为现代社会工作理论的一个重要取向，生态系统理论是弱势群体研究和实务介入的重要视角。其依从现代社会工作"人在情境中"的视角对"情境—个体"的双重聚焦，对社会环境的系统化划分以及对资源状况的交流、分析，有助于在具体情境下类别清晰地对弱势青年面向外界环境的应对做系统研究，并对弱势青年及其外界环境做资源性的分析界定和联动交流探讨，在现有研究的基础上进一步促进中国弱势青年研究的发展。由此，本研究从生态系统理论出发构建研究架构，综合运用定量—定性混合的研究方法对弱势青年的生存和发展状况做经验探讨，并据此提出相关社会政策和社会服务制定的基本建议。

聚集于情境、个体和两者间的复杂互动关系，生态系统理论强调个体需要运用内部资源和正向的行为以通过交流获取情境资源，满足自身的需求，完成生命历程中的任务。生态系列理论的基本假设在于：系统是相互影响的，而这些互动的本质至少在一定程度上解释了一系列现象，包括问题的存在、行为的缘由以及人类发展的历程（Tolson, Reid and Garvin, 1994）。从这一理论视角出发，在现象解释中循环因果关系替代了线性因果关系。生态系统理论的价值在于其提供了一个广阔的框架，不但可以理解和分析个体面对的相当部分境况和问题，而且能够协助设定合适的介入方法以取得有效的转变（Evans and

Kearney, 1996)。

在一般意义上,系统可以被描述为"一个由多项直接或间接关联并存在因果关系的元素或成分所组成的复合体;这些成分以一种稳定的方式在一定时期内相互关联"(Buckly, 1967)。系统可以分为多个层次,包括较大的、较紧密的系统和较小的、可被视作一个较大系统中的子系统的系统(Compton and Galaway, 1979)。个体和情境可被视作一个整体的系统,个体在其中作为一个能动的、能够主导自身行为和情境系统互动的子系统;情境则被视作一个多种社会力量的组合体,可以在一个特定架构内形塑个体的行为和发展(Greene and Ephross, 1991)。情境系统可以进一步分为以下三类子系统:(1)非正式系统或自然系统,如家庭、朋友;(2)正式系统,如社区群体、商会;(3)社会系统,如医院、学校(Pincus and Minshan, 1973)。由此,个体与情境的交流,也可看作个体子系统与这三类子系统的交流。生态系统理论的另一个关键概念是交流,其指的是个体和情境之间现象的关系本质:不仅仅是单独的互动,而且是一种受情境中其他互动影响的联动(Johnson, 1986)。资源是系统交流的核心事物,可以分为工具性资源和情感性资源。工具性资源指向个体用以作为手段实现某一生活目标的资源,可进一步分为经济资源、文化资源和信息资源,而情感性资源则指满足个体情感需要的资源。

作为一个概念框架,生态系统理论有助于促进交流性思维和观察,并有助于研究者避免简约主义,促成资料收集的多元方法应用,并由此使对多元影响因素的评估成为可能(Compton and Galaway, 1979)。在经验研究中,研究者应当选择以下四类系统做调查：(1) 在解决标的问题的努力中具有显著意义的系统；(2) 标的问题所在的系统；(3) 必须发生改变以缓解标的问题的系统；(4) 最能够产生所需变化的系统。同时，研究者应聚焦以下问题：(1) 这些系统在导致和维系标的问题方面的作用；(2) 标的问题对这些系统的影响；(3) 这些系统对解决标的问题的作用（Tolson, Reid and Garvin, 1994）。

从上述选择标准出发，本次研究选择了弱势青年的家庭系统、学校系统、职业系统和社区系统作为调查的目标系统。聚焦于弱势青年在公共领域的弱势地位，工具性资源的状况和交流成为本次研究探讨的重心。据此，本次研究设定了如图 2-4 所示的基本架构。

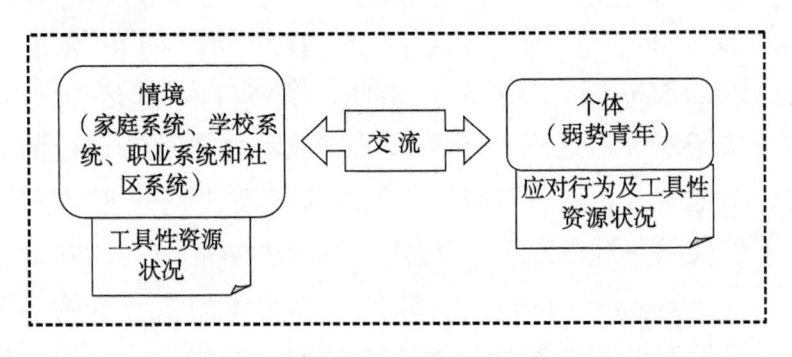

图 2-4 研究架构

测量指标的设定，从研究架构的概念出发分述如下：(1) 情境（家庭系统、学校系统、职业系统和社区系统）的工具性资源状况，细分为经济资源、文化资源、信息资源的含量以及资源的支持性，具体指标包括父母工作状况及文化程度、居住面积、学校成绩导向、求职歧视、社区相关服务项目等；(2) 个体（弱势青年）的应对行为和工具性资源状况，具体指标包括代际分歧处理方式、复学态度、求职行为、社区工作了解程度、文化程度等；（3）"情境—个体"交流，具体指标包括代际关系满意度、在学成绩、失学原因、失业原因、工作行为等。

（四）总体、定量研究与定性研究

本研究将"弱势青年"定义为"在调查期间处于失学或失业状态的 12~25 岁的青年"。其中，"失学"是指在完成高中学习之前中断学业，且没有重新参加全日制学校学习；"失业"是指没有从事具有正式劳动合同关系的工作或没有取得营业执照，且不参加农业劳动 1 年以上。

在定量研究方面，本次研究首先通过全市范围的普查登记掌握了天津市弱势青年的基本数据。在此基础上，运用多段整群系统抽样的方法，按照"区—街道—弱势青年"的次序，先从天津市 18 个区中抽取了 12 个区组成区样本，然后从这 12 个区的 147 个街道（镇）中抽出 55 个组成街道（镇）样本，最后从街道（镇）办事处提供的弱势青年名单中抽取 1 000 人组成调查的样本。实际调查中，共发放 1 000 份问卷，采取入户调查的方式收集数据。最终收回 773 份有效问卷，有效回收率为 77.3%。数据运用 SPSS 软件进行统计分析。有效样本的质量评估（与普查资料对比性别比例、年龄构成、文化程度等指标）表明，样本具有相当的代表性（见表 2-1）。

表 2-1 样本质量研究 （%）

指　标	样　本	总　体	指　标	样　本	总　体
性　别			文化程度		
男	60.80	64.40	全日制大学	1.30	0.97
女	39.20	35.60	成人大本	1.30	0.72

续表

指标	样本	总体	指标	样本	总体
合　计	100.00	100.00	全日制大专或高职	3.12	2.92
			成人大专	8.58	2.78
年龄（岁）			高　中	4.42	5.65
12~16	11.82	7.82	职专、职技	12.74	6.61
17~21	43.75	47.59	中　专	22.76	23.73
22~25	44.43	44.59	技　校	6.89	7.09
合　计	100.00	100.00	初　中	26.53	30.06
			小　学	10.40	13.93
			未上学	1.95	5.54
			合　计	100.00	100.00

在定性研究方面，本次研究依据分层立意抽样的原则选择了天津市南开区、和平区和河西区内的弱势青年、家长、居委会工作人员以及学校老师共22位访问对象进行深度访谈。分层立意抽样是定性研究的重要抽样方法，是通过一定的层次划分，在每一层次中抽取对研究目的而言信息丰富的样本，以说明研究所聚焦的问题（Patton，1999）。在访谈资料的分析上，本次评估运用主题分析法，以评估架构中的基本概念为分析性主题展开调查资料的收集。主题分析法是一种创新的、整体性的定性资料分析方法，是运用民俗性、混合性或分析性的主题对定性资料做组织化处理，来对社会现象做整体性解析的方法（Neuman，2002）。

二、评估结果

（一）家庭体系

作为个体生活的基本单位，家庭体系是弱势青年内在经济资源的主要来源（调查数据显示为83.5%）。同时，作为个体早期社会化的主体，家庭体系也是弱势青年内在文化资源的重要来源。几乎所有对可度量的学习成绩的经验研究都指出，家庭背景可以在很大程度上解释学习结果的差别（世界银行，2004）。

调查显示，弱势青年父母的职业状况不容乐观，目前处于无业状态（家务劳动、下岗失业、未就业及农村无业）的比例分别高达47.2%（父亲）和71.4%（母亲）；即使在职，也主要是从事工业、个体劳动和农业劳动等低收入职业。只有极少数青年的父母（父亲，9.1%；母亲，3.5%）是干部及行政人员、专业技术人员或私营企业主。弱势青年父母的上述职业状况使家庭的经济资源相当贫乏。这在家庭住房状况上得到进一步反映。调查发现，弱势青年家庭中拥有商品房的比例为13.7%，拥有"自购福利房"的家庭仅占8.7%。42.7%的弱势青年家庭租住廉价公房（90%的住房面积在50平方米以下），还有12.5%的弱势青年居住在破旧的家传私房中。在文化资源上，弱势青年的父母一般只接受过较低层次的文化教育：父亲文化程度为初中及以下、高中、大专及以上的分别为76.4%、19.9%、3.8%，而母亲的相应文化程度分别为80.4%、21.3%和2.4%。其父母较低的学历层次，使家庭体系的文化资源十分有限。

出于青年时期特殊性的考虑，本次评估在弱势青年对家庭体系的应对行为上主要考察其对代际分歧的处理。调查发现，弱势青年一般能以较为理智的方式解决代际分歧：53.1%的人会"努力与家长协商，争取达成一致意见"，27.6%的人会"听从家长的意见"。这两种方式均有利于代际关系的维持。交互分析进一步显示：随着年龄增长，弱势青年的处理方式日趋成熟和理智（$X2 = 53.005$，$DF = 6$，$F<0.01$；$Gamma = 0.28$，$F<0.01$；以"处理方式"为因变量，$Somers'd = 0.18$，$F<0.01$）。同时，即使经济拮据、学历低下，父母对弱势青年还是比较关爱的。只有不足6%的弱势青年认为自己目前缺乏父母的关爱。91.2%的弱势青年对家庭关系感到"很满意"或"基本满意"，其中感到"很满意"的高达53.1%。可以认为，弱势青年与家庭体系的关系和资源交流是较为良好的。

但是，有15.3%的弱势青年在处理与父母的分歧时选择"表面服从，但行动上我行我素"的方式。一位弱势青年坦言：

> 也不是认为（和父亲沟通）不重要。我们的想法跟他想法不一样，我爸认为做什么事都是他对，我们不对，所以我们没法跟他沟通。有时候和他们说也说不通，就不和他们说了。我就这样做，管他们怎么想。别让他们知道就可以了。

这种方式很可能成为代际分歧的伏笔，形成弱势青年"失教"的前奏。而且由于家庭是弱势青年的主要经济来源，代际矛盾和管教真空的出现可能会暂时中断其经济来源，导致偷窃、抢劫等偏差行为的发生。

经验研究表明，父母所能获取的社会资源会影响其给青年提供的资源（Barrera, Susan, 1996：319）。家庭体系的资源匮乏将限制弱势青年通过资源交流从其他情境体系获取成长和发展所需的资源,其不利影响是广泛而深远的。

(二) 社交网络体系

由于年龄段的特殊性,社交网络体系对弱势青年的情感需要的满足上具有比家庭体系更重要的作用。在情绪低落时,弱势青年的倾诉对象主要是同学和朋友(62.3%),明显高于"父母"的比例(21.9%)。情感资源,是弱势青年向社交网络群体寻求的关键资源。同时,作为一种隐性的群体规范,社交网络群体的文化资源含量对弱势青年也有重大影响。

调查显示,弱势青年最好的朋友一般是"以前的同学或同事",高达67.6%。其次是"邻居或同一社区的人"(12.8%)。群体成员的具体构成,可以通过弱势青年的择友标准得到反映。在具体标准上,弱势青年主要看重"诚实守信"(29.2%)和"情投意合"(23.5%),而较少关注对方的知识和才华(14.5%)。这种择友标准在很大程度上表明:弱势青年的社交群体,在总体学历层次上是比较低的,对学习的关注也是较少的。这一特点在群体的活动内容上得到进一步体现。数据显示,弱势青年的群体活动以聊天、娱乐为主要内容,所占比例将近八成。上网和闲逛又各占8.1%和7.9%。学习类的活动最少,仅占6.2%。定性资料也支持上述看法,如一位失学青年表示:

> 平时一块玩的主要是中学同学、小学同学。(朋友圈子中)就一个同学找到工作,其他都和我一样,在家待着呢——都是上完技校的。中学的同学有的也是和我差不多,要是赶上好学校推荐还行,像咱这不好学校不给推荐。

可以认为,文化资源欠缺是弱势青年社交网络体系的一个基本特征。

在人际分歧的处理上，大部分弱势青年是较为成熟和理智的：62.7%的人会"在相互信赖的基础上协商解决"，14.3%的人会"为不损害双方关系而暂且退让"，共占77%。同时，也有部分人（9.8%）"不管对方的反应，坚持自己的主张"，或（13.2%）"研究对方的想法，制定利己的对策"，存在一定的消极倾向。交互分析表明：随着年龄增长，弱势青年的处理方式日趋成熟和理智（$X2 = 32.577$，$DF = 6$，$F<0.01$；$Gamma = 0.28$，$F<0.01$；以"处理方式"为因变量，$Somers'd = 0.18$，$F<0.01$）。

当前，绝大部分弱势青年对所处的社交网络体系是满意的。只有比例极低（6.2%）的弱势青年感到"不满意"和"极不满意"。调查进一步显示，56.0%的弱势青年平时最喜欢和"同学、朋友"在一起，高于"父母"的33.4%将近23个百分点。结合倾诉对象的测量数据可以发现：弱势青年和社交网络群体的关系和情感资源交流是良好的。在负面情绪的应对上，只有少数弱势青年（8.9%）需要独自寻求行为（哭泣，喝酒等）宣泄，大部分人能够通过向朋友（54.7%）和父母（31.1%）倾诉得以缓解。这种状况表明：在家庭体系和社会网络体系的共同支持下，弱势青年的情感资源是较为充足的。然而，社交网络体系内部文化资源的贫乏，在相当程度上阻碍了弱势青年的文化积累，并引发了一定范围内的集体性失业。

（三）学校体系

作为社会重要的教育基地，学校体系具有丰富的文化资源，是个人接受教育、积累文化资源的主要场所。中国现行的九年义务教育制度，使青年在免费获得小学和初中阶段教育后，必须通过升学考试并缴纳一定学费才能继续学业。这要求青年必须具备足够的个人学习能力（文化资源）和一定的家庭经济能力（经济资源），才能从学校体系中持续地获取较高层次的文化资源。如果家庭体系的经济资源匮乏，而其自身又不具备足够的竞争实力，将会使弱势青年处于学校体系的边缘。这其中，以经济资源的欠缺所造成影响最为显著，占弱势青年失学原因的34.6%。与此同时，调查显示，弱势青年的在学成绩以"一般"为主：坦言自己成绩属"一般"的占55.1%，明确表示"较差"和"很差"的占19.3%，只有不到25%的人认为自己的成绩属"较好"和"好"。低下的学习成绩和部分学校的升学指标导向致使相当部分弱势青年与学校体系的关系并不紧密，进而因各种原因而失学。交互分析表明，学习成绩与文化程度存在显著的正向相关：成绩越低，文化程度越低（$X2 = 261.471$，$DF = 40$，$P < 0.001$；$Gamma = 0.524$，$P < 0.001$）。在失学的弱势青年当中，25.3%的人是因为无法考取高一级的学校，另有近17%的人是"自愿失学"，存在一定的厌学情绪。如一位失学青年表示："不想上（学）了，以前上学时我就总也跟不上，特受罪。"对此，家长也深感无奈：

  （孩子的）功课我辅导不了，就小学一二年级的还行。我闺女一直上到大学，特别聪明，不用我辅导。我儿子就不行，不愿意学习。儿子愿学习的话也能上个大学什么的。

  出现偏差行为，也是部分（16.1%）弱势青年失学的原因。

  失学导致弱势青年与学校体系的交流中断，无法继续获取更多的文化资源，以致弱势青年文化程度普遍较低：初中及以下文化程度的占比高达80.4%，只有不到20%的人接受过高中及以上的教育。可以认为，家庭经济资源的欠缺以及因文化资源贫乏而导致的学习能力和成绩低下，致使弱势青年与学校体系的关系较弱并过早中断，双方的资源交流只停留在较低的层次。

（四）社区体系

由于处于失学失业的边缘位置，弱势青年向社区体系寻求的主要是求职方面的信息资源和技能培训等文化资源。他们最希望社区能够提供"就业信息"（81.9%）、"技能培训"（67.2%）以及"（针对）贫困青年的家庭救助，保证基本生活需求"（60.1%）。但目前的社区体系内所能提供的相关资源却是十分有限的。如两位社区工作人员表示：

> 针对这一帮青年（弱势青年）的技术培训几乎没有。公益性的只是对失业人员，针对孩子的太少了。……（青年心理咨询热线、心理辅导等）没有。我们唯一熟悉的健康讲座是那个……"拒绝毒品"，主要是对少年儿童的。针对青年的没有，都是对小孩儿的。……我们社区只能说是用低保，从民政口去帮助他们，够了一定条件给点儿低保（金）。一旦过了18岁，那就是有劳动能力了，那就不行了。够了18岁了，就没人管了。……所以说主要还是得提供一个岗位。现在适合孩子们的岗位基本没有。

在社区资源欠缺的同时，65%的弱势青年对社区和村镇所开展的针对青年的工作并不了解。这说明弱势青年和社区的关系和资源交流目前尚处于较低层次，相关方面的工作应该得到加强。

（五）职业体系

职业体系是个体获取经济资源的主要场所。其资源获取在现代社会一般需要先通过"求职—聘用"的过程。随着中国经济体制改革的深入，职业体系的开放性逐渐增强，求职者与用人单位在就业市场进行自由的双向选择。用人单位在聘用青年员工时，一般以学历作为筛选和录用的主要标准。求职者必须拥有较多的文化资源，才能从职业体系中通过持续的资源交流获取经济资源。弱势青年一般文化程度较低，因而在就业市场上基本处于边缘地位，获取资源的能力极其有限。近五成弱势青年坦言，其在求职中最容易受到的是学历歧视。另外，工作经验（16%）、处罚经历（13%）和身高长相（12.2%），也使部分弱势青年被一些用人单位拒绝。由此，在过去半年时间里，22.8%的弱势青年没有去求职，42.6%的人去求职但未能找到工作；其余34.6%的人找到了工作，但因不符合其择业标准而放弃，处于一种不稳定的就业状况之中。弱势青年对此深感无奈：

就是一般的最基本的普通技工操作都要大专学历。像我是职校的，找工作很困难。

我找工作特别难，学历又不高，人家还嫌我胖，都觉得我笨，都不要我。

在这种状况下，临时工成为弱势青年从职业体系中获得经济资源的主要途径，但也只有20%的人能够运用这一途径，而且这并没有改变弱势青年的失业状况和求职困境。一位母亲说：

儿子现在临时工也没干了。工作太累了，1天24小时，上午10点到下午10点，完了给人看房守夜，个体的。现在也就不做了，在家待了一个礼拜了。

一位父亲说：

那（家里经济紧张）也没辙，俩孩子找工作不好找。

做临时工，现在找工作试用期3个月，等3个月做满了就不要了。

青年也表示：

一般好一点的地方都要学历。我就去不太正式的地方，那不要学历，但是都长不了。

我干的工作挺多的，就是没有干长，主要就是学历什么的阻碍了。我最喜欢的还是房地产这份工作，但它要求大专以上学历。

从中可以发现：由于弱势青年自身素质、条件的局限，他们与职业体系的关系相当弱，双方的资源交流只停留在较低的层次。

三、政策建议

依据评估所设定的基本架构和最终的评估结果，可以绘制出弱势青年的生态图（见图2-5）。生态图以经济资源、文化资源、情感资源和信息资源为基本维度，使用实线和虚线的图框分别代表情境体系内含资源的丰富和贫乏，使用实线和虚线的连接箭头分别表示弱势青年与情境体系的关系、与资源交流的强和弱。

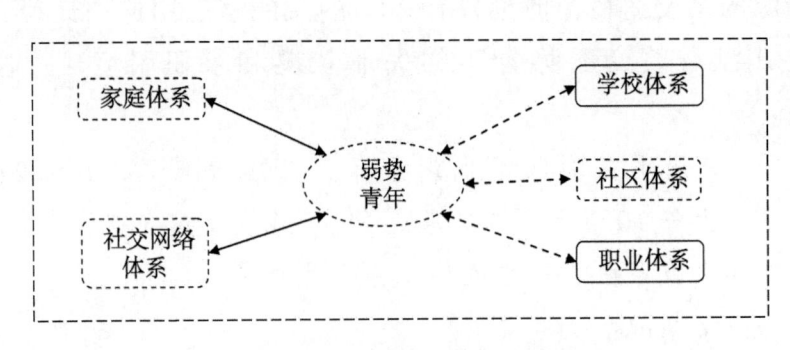

图2-5 弱势青年的生态图

从图 2-5 中可见，弱势青年的"弱势"具体表现为其内在资源的贫乏，而造成这一状况的原因在于，其无法从家庭体系、社交网络体系、学校体系、社区体系、职业体系等情境体系中通过资源交流获取资源。在经济资源方面，弱势青年与供给体系之一的家庭体系的关系和资源交流是良好的，但其家庭体系由于自身的经济资源处于贫乏状态，无法给弱势青年提供足够的经济资源；尽管职业体系具有丰富的经济资源，但弱势青年因其内在文化资源欠缺而无法稳定利用。在文化资源方面，家庭体系和社交网络体系的文化资源贫乏限制了弱势青年的内在文化资源，使其与学校体系的资源交流只停留在较低的层次，而社区体系也未能对其文化资源做进一步提升。在信息资源方面，相关工作的滞后使得社区体系暂时无法满足弱势青年的需求。只有在情感资源方面，弱势青年通过其与家庭体系和社交网络体系的良好关系和资源交流，得到了较好的支持。据此，本章提出以下基本建议：增强弱势青年获取和运用外界资源的能力，同时，提升现有情境体系对弱势青年的资源支持，并逐步建立新的情境体系，完善弱势青年的情境网络，以确保弱势青年获得必要的生存和发展资源。其中，聚焦弱势青年以及现有情境体系的具体建议分述如下。

（1）弱势青年。激发其重新参与学习和工作的积极性，并提供以职业技能培训、求职指导、人际沟通技巧、情绪管理为主体的多元化技能培训，延长其受教育的时间，以提升综合素质，增强其获取和运用外界资源的能力。

（2）家庭体系。政府应完善对困难家庭的多元化扶助政策，提高家庭的危机应变能力；制定针对家长的中长期教育发展规划（如"家庭教育能力提升计划"），分阶段实施对家长的专题性教育活动，以提高家长素质和对子女的养育能力，确保弱势青年获得家庭体系所应提供的经济、文化、情感等方面的足够支持。

（3）社交网络体系。加强青年活动阵地建设，建立社区青年活动中心，进一步整合、开发文化场馆和娱乐设施服务青年的功能，为青年提供健康的学习、娱乐和社交场所，进一步扩展青年的社交网络，并提供专业的服务加强对弱势青年的心理指导和情感支持，聚焦于群体，逐步提升其文化层次。

（4）学校体系。改革和完善教育体系的评价机制，增强学校对边缘学生（贫困、成绩低下、行为偏差等）的资源支持力度，降低青年的失学率，并探讨可能的途径，为失学青年重新回到全日制学校提供制度化的支持。

（5）社区体系。民政、劳动和社会保障部门应本着有利于青年发展的原则，以社区为依托，实施青年综合素质和职业培训计划，提供充分的求学和就业信息，向贫困家庭的子女提供免费培训或政府补贴，保证适龄青年回到求学、进修和就业的行列之中。

（6）职业体系。关注弱势青年的求职需要，采取有效措施缓解相关就业岗位的供求矛盾，更多地提供主要面向弱势青年的就业信息。通过舆论环境的营造、就业政策和相关法规的完善，对用工上的歧视行为进行预防和惩戒，降低职业体系对弱势青年的资源阻隔。

在增强弱势青年的应对能力及完善现有情境体系的同时，应扩展弱势青年的情境体系，引入和建立新的情境体系并采取必要措施提升新情境体系的内含资源，进一步加强情境对弱势青年的资源支持。从中国的现状出发，当前应着重构建以下两个情境体系。

（1）非营利青年服务组织体系。非营利组织使命感强，组织结构有弹性，运作灵活，具有良好的公信力、竞争力和活力，既可弥补政府资金的不足，又可引导商业企业投入社会福利事业。在许多发达国家及我国港台地区，非营利青年服务组织已经成为政府社会管理和社会福利体系中不可缺少的重要组成部分。目前，在中国大陆的局部地区也获得了较好的发展。构建非营利青年服务组织体系，有助于高效率地向弱势青年提供多元化的资源。

（2）青年事务管理机构体系。青年事务管理机构体系的职能在于，引导和监管学校、社区、职业、非营利青年服务组织等其他情境体系的运作。其给弱势青年提供了一个申诉的渠道，并设定特定的评估标准，规范情境体系的运作。青年事务管理机构体系并不直接向弱势青年提供资源，但其有助于系统地优化其他情境体系对弱势青年的资源支持。

和已有情境体系一样，新情境体系的良性运作有赖于弱势青年积极的应对行为。因此，在新情境体系构建的同时，相应的宣传工作必须配套跟进，分阶段促成弱势青年与新体系之间良好的关系和资源交流。从长远来看，一个体系完备、运作良好的弱势青年情境网络必须逐步建立，才能为弱势青年提供持续稳定的全方位资源支持，保障其生存和发展的基本权益。

可以发现，弱势青年问题的产生与社会转型所导致的贫困问题是紧密相连的。对大部分弱势青年而言，家境的贫寒限制了其升学进修的机会，导致其学历较低进而难以在劳动力市场实现正规就业，日益陷入社会的边缘位置和弱势地位。青年弱势化，在很大程度上是从属于贫困代际传递的阶段性问题。就此制定有效的社会政策，是中国反贫困运动的重要组成部分。

在社会福利政策方面，依据吉伯（Gilbert）和特雷尔（Terrell）（2003）对社会福利政策的维度划分，本章着重从分配基础、内容形式和输送系统三个维度提出政策建议。

（1）分配基础。弱势青年社会福利政策的分配基础建议是选择性的，即依据对弱势青年的家庭经济状况调查来决定福利的发放。现行的最低生活保障制度为此提供了基本的制度框架，但其设定贫困线作为救助标准的收入维持模式并未将大宗支出如教育培训等方面纳入救助范畴，而教育培训服务是弱势青年的主要福利需求。因此，弱势青年社会福利政策的分配基础，应当在现行的最低生活保障线上做一定的上限浮动，使更大范围的弱势青年得到社会救助。

（2）内容形式。弱势青年社会福利的内容形式，建议以"机会"和"代用券"为主。"机会"包括提供就业信息和培训信息等，而"代用券"则主要包括面向教育培训、能够充当一定比例费用额的教育培训券。一定比例而不是费用全包的教育培训券，既给弱势青年参加教育培训提供了福利支持，也有助于保证其学习的积极性。教育培训券的具体费用比例划定及其分配，应根据弱势青年的家庭经济状况做不同设定。

（3）输送系统。弱势青年社会福利的输送系统建议主要包括三个职能机构：①监管部门，负责设定和执行营利机构和非营利机构的准入标准，并对这些机构的运营进行监管；②社区部门，负责福利资格审核和福利发放；③营利机构和非营利机构，负责具体提供技能培训和工作信息等相关服务。

在福利政策弥补家庭支持、学校教育和社区服务不足，提升弱势青年工作技能的同时，就业政策聚焦于减少劳动力市场对弱势青年的社会排斥，并保障其劳动权益。其覆盖面是全体失业、失学的弱势青年，建议包括以下主体措施。

（1）针对调查中发现的学历歧视和用工不规范等现象，建议通过舆论环境的营造，消除用人单位的学历歧视，同时，通过立法、执法和法制宣传，对用工上的歧视行为进行预防和惩戒。

（2）针对一些用人单位利用青年的弱势地位而侵害其劳动权益的问题，建议应进一步推动有关劳动法的普及宣传，同时，设立专门的投诉渠道和监督部门，并对侵害青年劳动权益的用人单位予以严惩，以更好地保护青年的劳动权益，减少青年的就业顾虑而促进其就业，再度融入主流社会。

（3）在劳动与社会保障领域，建议将非正规就业者的保障问题逐步纳入中国社会保障制度的体系范围内，使非正规就业的弱势青年同样得到社会保障。

第三节　贫困大学生需求评估

随着中国社会的加速转型，贫困日益成为当前重要的社会问题；同时，通过教育来摆脱贫困，也成为个人和家庭最现实和最有效的途径（唐钧，2003）。对全社会而言，教育对于促进健康、营养和生产率起着关键的作用，是消除贫困的核心领域（联合国开发计划署，2003）。教育救助作为一项旨在普及教育的社会救助项目，具有十分重要的意义。在高等教育层面，政府部门已经建立起以奖学金、学生贷款、勤工助学、困难补助和学费减免为主体的多元化资助政策体系。对现行救助政策体系下的贫困大学生在校行为做系统调查,是促进贫困大学生救助工作进一步完善和深入的基础性步骤。

一、评估设计

本次调查将"贫困大学生"操作性定义为"在调查期间属于被学校界定为具备资格享受教育救助而登记在册的在校大学生"。在抽样中,本次调查运用多段整群系统抽样的方法,按照"院—系—贫困大学生"的次序,从天津市某高校的贫困大学生名单中抽取了300名学生组成调查样本。实际调查中共发放300份问卷,最终收回250份有效问卷,有效回收率为83.3%。问卷数据输入SPSS数据库中做统计分析。样本的基本情况如表2-2所示。

表2-2 调查样本的基本情况

指标	(%)	指标	(%)	指标	数值(元)
性 别		家庭所在地状况:		人均家庭年收入:	
男	68.8	省会城市或经济发达的地级市	13.6	均 值	1 316.0
女	31.2	普通地级市或经济发达的县级市	4.6	标准差	1 272.7
年 级		普通县级市或经济发达的乡镇	6.4		
大 一	35.2	普通乡镇	18.6	个人月支出:	
大 二	20.9	农 村	56.8	均 值	274.2
大 三	29.6	合 计	100	标准差	89.2
大 四	14.3				

二、评估结果

(一) 日常行为

1. 生活行为

调查结果显示,在接受调查前的一个学期,有69.2%贫困大学生通过勤工俭学获得了一定收入。这些学生在该学期平均每人赚取了610元。其中,22.1%的人获取的收入在299元以下,47.1%的人收入为300~599元,11.6%的人收入为600~899元,其余19.2%的人在900元以上,差异较为明显。同时,也有部分(30.8%)贫困大学生并未参与勤工俭学。方差分析表明,勤工俭学的参与度在0.05显著性水平下与人均家庭年收入、家庭所在地状况不存在显著相关,而与性别、年级存在显著相关($X2 = 14.408$, $DF = 1$, $P < 0.001$; $X2 = 41.233$, $DF = 3$, $P < 0.001$)。数据分析(见表2-3)显示:随着年级升高,贫困大学生参与勤工俭学的比例呈递增趋势;同时,女生参与勤工俭学的比例在各个年级段都明显比男生更高。

表2-3 勤工俭学参与情况的数据分析 (%)

性别			年级				
			大一	大二	大三	大四	合计
兼职参与	男	未参与	76.6	53.6	30.0	21.1	51.6
		参与	23.4	46.4	70.0	78.9	48.4
		合计	100.0	100.0	100.0	100.0	100.0
	女	未参与	53.3	20.0	8.3	0	21.4
		参与	46.7	80.0	91.7	100.0	78.6
		合计	100.0	100.0	100.0	100.0	100.0

调查结果显示，有 63.5% 的贫困大学生申请过助学贷款。交互分析表明，助学贷款的申请在 0.05 显著性水平下与贫困大学生的年级、性别、家庭所在地状况无关。方差分析显示，助学贷款的申请与人均家庭年收入存在显著相关（F=7.36，DF=1，P<0.01）。具体表现为人均家庭年收入越低，贫困大学生申请助学贷款的也越多。

面对老师和同学在日常生活中所给予的帮助，79.7% 的贫困大学生的回应一般是接受。其中，"乐意接受"的占 27.5%，"接受，但感到不好意思"的占 52.2%；同时，也有 19.6% 的人会"委婉拒绝"，0.7% 的人会"视情况而定"。当遇到自身无法解决的生活问题时，贫困大学生的应对方式为：45.0% 的人自己想办法，不让老师或同学知道；37.2% 的人向身边的同学求助；17.8% 的人向老师、学校求助。

2. 社交行为

在一般的人际交往中，53.8% 贫困大学生会因为自己的贫困处境而有"低人一等"的自卑心理。其中，38.4% 的人"有，而且有时会比较强烈"，15.4% 的人"有，但不太强烈"，其余 46.2% 的人没有这种感觉。贫困大学生的自卑心理限制了其在应对问题时的求助倾向：自卑的感觉越强烈，在遇到问题时越倾向于独自解决而非寻求外界帮助（$X2=23.648$，DF=6，P<0.05）。

在亲密的恋爱交往上，贫困大学生中持"在不影响正常工作学习的情况下，可以谈恋爱"观点的学生占总体的比率为 56.2%（见表 2-4）。调查发现，目前贫困大学生中有 13.7% 的人处于恋爱状态。交互分析显示，目前只有持"可以谈"及"无所谓"态度的贫困大学生处于恋爱状态中，其中又以前者为主，占 90.9%。从列百分比可见，即使是在持"可以谈"的态度群中，处于恋爱状态的贫困大学生也只占 20%，而在"无所谓"态度群中更仅为 8.7%。可以发现，贫困大学生一般认为大学期间恋爱会影响正常的学习和工作，因而较少触及。

表 2-4　恋爱状况与恋爱态度的交互分析　　　　（%）

恋爱状况		恋爱态度					
		坚决不应该	不谈为好	可以谈	是好机会	无所谓	合计
恋爱中	行百分比	0	0	90.9	0	9.1	100.0
	列百分比	0	0	20.0	0	8.7	12.4
单身	行百分比	8.3	22.4	51.3	4.5	13.5	100.0
	列百分比	100.0	100.0	80.0	100.0	91.3	87.6
合计	行百分比	7.3	19.7	56.2	3.9	12.9	100.0
	列百分比	100.0	100.0	100.0	100.0	100.0	100.0

3. 学习行为

调查发现，贫困大学生每学期的学习支出（指购买书本、稿纸、笔等学习用品和接受培训所缴纳的费用，学费除外）平均为 338.7 元。四分位点统计显示：25% 的人用于学习的费用在 100 元以下，25% 的人在 100~200 元，25% 的人在 200~400 元，其余 25% 的人在 400 元以上。

就总体而言，在学业方面有 62.6% 的贫困大学生拿过奖学金。交互分析表明，奖学金的获取在 0.05 显著性水平下与贫困大学生的学习支出、家庭所在地状况、人均家庭年收入并无显著相关，但与性别、年级存在显著相关（$X^2 = 6.046$，$DF = 1$，$P<0.05$；$X^2 = 36.599$，$DF = 3$，$P<0.001$）。数据分析（见表 2-5）显示，贫困学生中男女两性在获取奖学金方面，女性

获取比率比男性更高；贫困大学生在二年级及以后阶段，奖学金的获取比率与一年级（一年级阶段的奖学金一般依据入学成绩评定）相比显著提高。而后者至少表明，贫困大学生在学习方面是相当勤奋和努力的。

表 2-5 奖学金获取状况的数据分析 （%）

	性别		年级				
			大一	大二	大三	大四	合计
奖学金获取状况	男	获过	36.9	76.2	76.9	69.2	60.5
		没获过	63.1	23.8	23.1	30.8	39.5
		合计	100.0	100.0	100.0	100.0	100.0
	女	获过	40.0	75.0	86.2	87.5	68.9
		没获过	60.0	25.0	13.8	12.5	31.1
		合计	100.0	100.0	100.0	100.0	100.0

（二）行为模式

以100%为总数，在课余时间里贫困大学生从事以下活动的比重一般是：学习（发展行为）54.7%（标准差为17.6），勤工俭学（生活行为）17.2%（标准差为12.9），自我休闲（如看小说、上网等）13.5%（标准差为8.1），社交娱乐（如串门聊天等社交行为）9.7%（标准差为6.4），"其他"4.9%（标准差为8.0）。可见，贫困大学生的日常行为以学习为主，勤工俭学只占与自我休闲相当的较低比重。这反映出现行的救助体系对贫困大学生提供的经济支持是相当有成效的，贫困大学生由此可以把课后的主要时间放在学业和其他活动上。但同时，自我休闲活动所占的比重明显高于社交娱乐活动，不利于贫困大学生社会交往能力的发展，如果引导不力会形成一定的自闭倾向。

三、政策建议

综上所述，贫困大学生较好地利用了良好的外部环境：在依托救助政策维持日常生活的同时，将生活重心放在学业上，取得了相当好的学业成绩。但同时，仍然有超过半数的人因家境贫寒而在人际交往中存在自卑的心理，以致削弱了社交网络体系对他们的支持力度。可以发现，在学期间生活水平的提高以及优良成绩的获得无法自动消除贫困大学生存在的心理问题。已有的救助措施在较好地满足贫困大学生经济需求的同时，对其心理需求的关注和满足是有所欠缺的。

当前，中国的城市贫困问题存在不断深化、长期化和稳固化的发展趋势（关信平，2003），贫困大学生将很可能作为一个特殊的贫困群体而长期存在。因此，有必要将对贫困大学生的救助政策纳入一个更加完善的社会保障体系中，以全面实现救助功能，应对贫困长期化的问题。社会保障制度的发展历程表明，在工业化和市场经济条件下，社会成员的生存安全和生活福利不仅需要社会化的保障体系为其提供资金和物质帮助，还需要广泛而有效的社会服务体系为其提供服务性保障（史柏年，2004）。因此，各高等院校应采取有效的服务性保障措施，减少贫困大学生在人际交往中的自卑心理，最大限度地消除他们因家庭贫困带来的心理问题和社交行为障碍，满足他们身心健康发展的需要，并在此基础上逐步建立与救助政策体系互补的社会服务保障体系，构建"物质—资金—服务"的整合性救助体系，将为贫困大学生提供更健全的社会保障作为今后贫困救助工作的重点之一。

在具体措施上,可以尝试将社会工作专业理论、技巧和方法应用于对贫困学生的心理和行为引导上。如在欧美及中国港台地区的社会服务中广泛采用的小组工作,其团体动力取向对身心仍处于发展阶段的贫困大学生具有相当高的适用性。尤其是小组工作可以将具有类似经验或问题的学生聚集在一起,通过有目的的频繁互动,使参加者了解他人、获得理解,并重新审视自己,增强自信心,发展积极的人际关系,逐步消除自卑心理,扩展社会支持网络,实现"助人自助"的工作目标。虽然目前在学校推行社会工作存在一定障碍,但实践证明,小组工作仍然是服务学生的有效途径(陈钟林,2002)。在部分设有社会工作专业的高等院校中,专门面向贫困大学生的小组工作已经初步开展,并取得了一定成效。以此为切入点,既有助于依托已有的专业社会工作资源给贫困大学生提供专业的社会服务保障,又有助于在运用良好的试点经验的基础上,在现行高校管理体制中逐步导入学校社会工作的理念和服务机制,建立社会服务保障体系。

第四节 社会工作评估的本土化

近年来,随着社会的快速发展,社会工作教育和实践在中国大陆也得到了较大发展,由专业理念和方法技巧支撑的社会工作实务发展为应对社会问题的一种有效方式,日益得到社会的认可。在社会工作实务中,社会工作研究承担着支持性的角色，能够促进并增强社会工作的实务功能，尤其在促进社会工作本土化的过程中具有重要的作用，对促进华人地区社会工作的进一步发展具有显著的意义。工作模式和分析模型在现代社会工作中具有十分重要的作用。任何模型都只是一种辅助性工具，应用者必须主导模型而不是被模型主导。本章中的整合评估模型只是一个基础性的简明评估模型，需要不断充实和完善。同时，由于模型只聚焦于社会工作评估，需要进一步整合到一个完整的、适用于当前中国社会工作现状的工作模式中才能最充分地发挥其作用。本节拟在剖析西方社会工作研究知识体系的基础上，结合贫困大学生和弱势青年两项研究，对社会工作研究的本土化进行分析和反思。

社会科学的本土化运动源于不能单纯依靠建基于西方文化传统上的社会科学知识体系来解释华人社区的社会现象，但本土化并非要完全摆脱西方的知识体系，而是要对西方知识体系应用于本土时的局限性保持警觉，逐步建立适用于本土社会的知识体系（杨中芳，2001）。根据王思斌（2000）的界定，华人社区的社会工作本土化是指产生于西方的社会工作进入在经济、政治、社会文化等制度体系上相异于西方的华人社区时，会相互影响进而适应华人社区的需要而发挥功能的适应性变迁过程。本土化的外延既包括社会工作的总体模式，也涵盖具体的社会工作方法与技巧。研究的本土化作为其中的一部分，实质上是西方社会工作研究的知识体系在华人社区的应用和调适过程。

西方社会工作研究的知识体系主要包含以下四个基本构成要素：（1）理念—伦理；（2）人类多元化议题；（3）理论架构；（4）研究方法（Greene, Ephross, 1991; Johnson, 1992;

Gabao, Unrau, Grinnell, 1998; Morlow, 2001)。在社会工作范畴内，社会工作研究首先是对以社会工作的价值理念和工作伦理为指导的助人活动的理念、内容和方法的分析；其所遵循的多元化观念强调，研究必须注重人类群体在民族、性别、年龄等多方面的差异。在此基础上，理论架构的应用将社会工作理论融入研究过程中，给研究资料的收集、分析和解释提供科学的指引。研究方法主要指研究资料的收集方法，具体包括问卷调查、小组或个案访谈、公共论坛等一系列定量和定性的社会研究方法。在这些要素中（见图2-6），人类多元化议题与社会工作本土化的倡导基本上是一致的。

图2-6 西方社会工作研究的知识体系

笔者以天津市为背景，在弱势群体问题研究过程中尝试了社会工作研究的本土化实践。本土化的努力集中体现在以下方面：（1）助人理念的明确和对整个研究过程的主导；（2）"人类多元化"视角的警觉和遵循；（3）对西方社会工作理论架构的具体操作；（4）对西方社会工作理论的系统整合以及研究框架的建构；（5）研究方法的单一运用和整合运用。实践的载体为2004年在天津市组织实施的面向贫困大学生和社区弱势青年的两项需求评估研究。

作为社会工作研究的类型之一，需求评估的目标在于，探究社会问题产生的原因、范围及背景，寻找有关现实问题的可行的、有效的解决方案（Gabao, Unrau & Grinnell, 1998）。在上述两项需求评估中的过程中，我们一直将助人的理念作为研究的基本出发点，以期通过研究为社区弱势青年和高校的贫困大学生提供更为有效的社会政策和社会服务支持。在对社区弱势青年需求的评估中，我们摒弃了社会上将失学、失业、失管的"三失"青年等同违法犯罪高危人群的刻板印象，将这个群体称为"社区青年"，并从该群体的发展需求出发，将其视为社会中"能力缺失"的弱势群体的一部分，更客观平等地看待和研究其困难和需要，以此为依据寻求对该群体进行社会支持的途径。

人类多元化视角的实践注重不同研究对象之间的差异和相应对策的提出。本研究着重于对不同类型青年弱势群体困难和需要的把握，以及多面向对策的提出。从一般的意义上看，弱势青年和贫困大学生同属社会弱势群体，存在共同的群体特征，但弱势青年群体的年龄跨度（12~25岁）比贫困大学生群体（18~22岁）更大，学历结构也明显偏低，处于社会更边缘的位置，遭受到更为严重的社会排斥。经验研究所采用的理论架构和研究方法都需要对这些差异做系统处理。

针对社会弱势群体的共同特征，本研究在理论架构方面均遵循西方社会工作"人在情境中"的理论视角，并以此为导向，选择不同理论所构建的分析框架作为评估的框架，以应对研究对象的群体差异，在研究方法上也给予了相应的关照。具体的本土化努力分述如下。

1. 贫困大学生需求评估

在贫困大学生需求评估中，研究者使用了蒙克曼和阿兰米尔斯以系统理论和生态理论为依据提出的 TIE（个体与情境交流）评估架构。该架构遵循"人在情境中"的视角，聚焦于情境品质、个体因应行为和因应形态三个层面（见图2-7）。其中，"个体"泛指在社会生活中功能受到损害的个人、家庭、群体或社区；"因应行为"是指个体在面对外部情境时通过意志控制所呈现的行为，在TIE评估架构中主要考察研究对象的生存行为（获取外部资源以维持生活和活动的行为）、社交行为（与情境中的其他人建立社会关系的行为）和发展行为（增强自身各方面权能的行为）；个体的"因应形态"则是指个体应对外部情境的一般行为模式（Allen-Meares，1999）。

图2-7 TIE评估架构的简化模式

在研究架构基本概念的具体操作方面，本研究依据"情境"的定义，重点考察高校中贫困大学生所处的社交网络体系、学校救助体系和社会支持体系，并分别通过帮助频率、助学贷款成功申请率、勤工俭学贡献率等一系列指标对其品质予以界定。"个体因应行为"方面，主要调查了勤工俭学、助学贷款申请、恋爱、奖学金获取等生存、社交和发展三个面向的行为。最后，在"因应形态"方面，聚焦于贫困大学生课后行为比重和一般行为取向的分析。在研究方法上，采用了多段整群抽样的问卷调查方式，按照"院—系—贫困大学生"的次序，在天津市某高校的贫困大学生名单中抽取了300名学生组成调查样本，展开问卷调查。

2. 弱势青年需求评估

在弱势青年需求评估中，本研究从"人在情境中"的视角出发，依据社会工作的系统整合模式（Epstein，1992），通过对社会工作理论进行整合来构建研究弱势青年需求的基本框架。在基本概念的操作化方面，依据"情境"的定义将其操作化定义为弱势青年所处的家庭体系、社交网络体系、学校体系、社区体系和职业体系，同时将"资源"（涵盖情境的关键资源及个体的内在资源）细分为经济资源、文化资源、情感资源和信息资源四种类别，并设定职业状况、学历层次和就业信息等一系列指标对其含量予以界定。从不同情境体系出发，将"个体的应对行为"分别操作化为"代际分歧处理方式""人际分歧处理方式"和"工作了解程度"等测量指标，并将"个体和情境的关系强度及资源交流"分别操作化为"人际关系满意度""倾诉对象"和"在学成绩"等测量指标。在研究方法上，采用定性—定量混合研究法。定性—定量混合研究是现代社会研究中一种重要的三角测定方法。以"人在情境中"的视角所设定的研究架构为指引，评估研究采取混合研究中的共时转化型研究设计（Creswell, Clark, Gutmann & Hanson, 2003），在同一时段分别采用多段整群抽样问卷调查和个案深度访谈的方法，收集关于弱势青年生存和发展状况的定性和定量资料，并以评估的基本架构作为定量研究中问卷设计的基本框架以及定性研究中资料分析的基本主题，使两类资料在分析和阐述阶段可以得到整合应用。

在研究实践中，中西方的社会工作研究在助人理念和研究伦理的明确以及对"人类多元化"议题的警觉方面基本上是共通的。本章的本土化反思着重于对研究方法和理论架构进行探讨。这两个方面的本土化意蕴实质上是紧密相连的。任何社会科学研究的理论架构和研究方法，除了形式层面的预设外，实质上还蕴含具有经验内容的关于个人观或人性观的预设（阮新邦，1996）。西方社会工作研究的理论架构和研究方法是建立在强调个人主导的个人观基础上的。这种个人观继承了西方的宗教文化传统，认为人生而拥有上帝赋予的不可剥夺的权利，强调个人感受与行为在社会生活中的主导性（许良光，1993）。因而其研究中十分注重从不同研究对象的个体观念和行为依据中去寻求政策调整和问题解决的途径。这也是定性研究方法为西方社会所普遍应用的主要原因。与此相对，华人文化则是"情境主导"（许良光，1993）或"社会优先"（杨中芳，2001）的。长久以来，群体观念、集体主义精神是我们社会秩序的基础，个体的思想和行为方面均存在压抑自我以顺应社会的价值取向。在研究中通过抽取一定范围的样本，获取大多数人对一些事件的看法和做法并以其结果为政策调整依据的做法为研究者们普遍接受，但是仅仅通过典型但却有限的个案访谈资料所获得的信息作为政策依据经常遭到质疑。因此，目前三角测定方法就成为一种折中的解决办法，得到了广大社会科学研究者日益广泛的应用。尤其是当研究者对定性研究技巧的掌握还不很精深时，三角测定法可用来对两种研究所获取的资料做对比和验证，这也是保证研究的科学性和对策的有效性的重要因素。

在具体研究方法方面，问卷调查和个案访谈作为西方社会工作研究的常用方法，其有效性是建立在被调查者能够真诚地表达自己的行为、观点和感受的个人观预设基础上的。而在对弱势青年的入户问卷调查中，我们曾多次遇到被访者家长干扰调查进行、督促被访者对调查内容做积极回应的情况。这说明，在问卷设计中和访问介入之初，就应该使被访者明白调查研究的目的是更好地为被访者及其群体争取社会资源，因此需要得到他们提供的真实信息，以有助于政策的制定和福利制度的改善。通过向被访者清晰地表明立场，不仅可以提升被访者的权利意识，增强其真诚表达自我的意愿，还可以尽量降低各种可能的行政干预和人为干扰，最大限度地降低情境的主导性，保证研究资料来源和研究结论的真实有效。

本次研究实践中运用的理论架构均以"人在情境中"的视角为基本出发点。据此，下文将"人在情境中"的视角以及由其生成的理论架构进一步细分为"理论内核"和"结构化取向"两个维度进行研究反思。

从"理论内核"的维度分析，"人在情境中"视角的基本理论依据在于：人类行为和社会环境是相互影响的，但彼此的影响并不对等，而以社会环境对人类行为的影响更大（沙依仁，2001）。在此导向下，具体的理论如系统理论、生态系统理论、社会支持网络理论和增能理论，均强调个体与情境的互动中出现障碍时，案主所处社会环境是个体问题产生的缘由。这一核心命题在弱势青年需求评估中得到了初步验证。研究表明，弱势青年的"弱势"具体表现为其内在资源的贫乏，而造成这一状况的原因则在于，他们无法从家庭体系、社交网络体系、学校体系、社区体系、职业体系等情境体系中通过资源交流获取个人发展所需的资源。同时，"人在情境中"的视角以及由其生成的理论架构同样存在西方强调个人主导的个人观预设。下一步的经验研究应将这种个人观预设明晰化，以便对西方的理论架构做深入的本土化调适。

"结构化取向"的本土化意义可以贫困大学生的需求评估研究为例进行分析。本研究所采用的 TIE 评估架构，以"生存行为—社交行为—发展行为—行为模式"的基本概念框架较为全面地归纳了个体行为的基本维度,为聚焦个体行为的研究资料收集、问题分析、对策建议提供了系统的指引。而且,结构化取向有助于将实务经验进行系统的理论提升,可以进一步推动社会工作理念和方法尽快纳入政府和实际部门工作系统的步伐,加速社会工作专业化、职业化的进程,最终实现社会工作的本土化发展及其理论的建构。这应该成为华人地区社会工作研究的基本取向。

社会工作研究的本土化是社会工作本土化的重要组成部分。本章依据西方社会工作研究的结构化取向,在剖析西方社会工作研究知识体系构成要素的基础上,构建了"理念—伦理—人类多元化议题—理论架构—研究方法"这一多维度的分析框架;在此框架内对两项需求评估研究的过程进行反思,在实证层面探讨社会工作研究本土化中应给予关注的议题,以期能够对本土化的大陆社会工作研究和实践带来一些启示。

华人地区的社会工作本土化,是西方知识体系在中国社会实践中应用并不断进行调适的过程。由于中西方文化和社会经济基础差异的存在,在研究的视角和方法的选择上,我们要充分地考虑来自西方的社会工作理论和方法是否与中国的具体应用环境和工作对象相契合,以及如何通过变通和调整获得理论和实践的彼此融合。这一过程在很大程度上可视为"剖析—实践—反思—总结"的循环推进过程(见图2-8)。

沃顿(Walton)和纳斯(Nasr)(1988)指出,社会工作的发展可分为三个阶段:(1)"二战"之后从西方完全植入发展中国家的阶段;(2)被植入的地方开始反思、修改和适应的本土化阶段;(3)知识完全来源于本土经验、符合本土情景脉

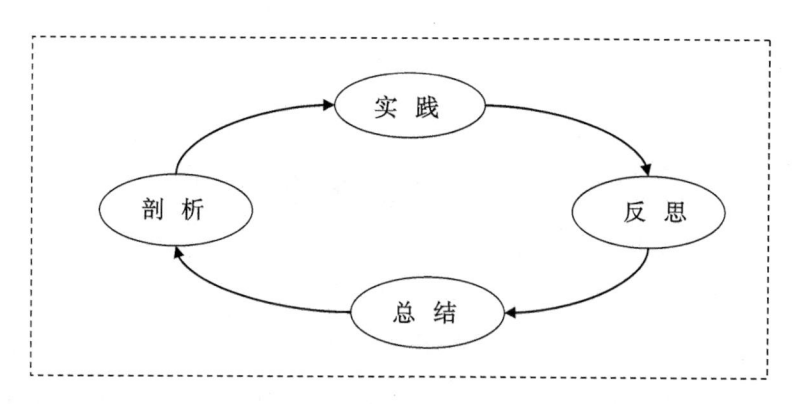

图 2-8 社会工作本土化之轮

络的阶段。华人地区的社会工作本土化,应当是在对西方知识体系做深入学习并对其局限性保持警觉的同时,在实践中通过不断的反思和总结逐步将这种局限性明晰化和具体化,并研究制定系统的应对策略和措施,最终建立起本土社会工作知识体系,以更有效地发挥社会工作的社会功能。

第三章　劳动就业议题

　　青年劳动者是中国劳动人口的重要组成部分。作为群体当中的年青一代，他们的劳动就业状况不仅影响到他们自身的职业发展，还影响到中国未来的人力资源水平和就业稳定，是中国经济社会持续发展的关键之一。现阶段，青年群体的劳动就业议题是世界多个国家共同面对的重大挑战。工业化和市场化驱动的经济发展在推动社会发展的同时，衍生出社会成员的低生育率问题：现代社会的育儿成本所带来的经济压力使家庭生育孩子的意愿降低，导致低生育率。而低生育率的直接后果是人口老龄化和年轻劳动力的不足。劳动力资源在经济全球化趋势下日益显现出来的重要性使各国政府越来越重视对劳动力资源的开发与调控（严昌涛，2003）。在中国，"人口红利消失""中等收入陷阱"等问题都表明，政府必须高度重视对劳动力资源的开发和利用。中国的劳动力资源在2012年——比2011年的劳动力供给减少了345万——首次出现了总量下降的情况。在劳动力"无限"供给结束的情况下，更加充分有效地利用劳动力资源成为关键性的问题。同样，"中等收入陷阱"问题的存在，根源之一就在于一个国家的劳动力资源无法紧随经济的发展而得到有效的开发和利用，从而导致经济增长的停滞。应对的策略主要在于劳动力资源方面的持续投入和充分利用。

同时，青年群体的失业问题存在严重化的趋势。国际劳工组织在《2013全球青年就业趋势》中指出，到2013年年底，全球15~24岁的青年人中将有7 340万人失业，占该年龄段总人口的12.6%，而青年失业危机加剧的主要原因是青年人工作能力不足，不能满足岗位和就业市场的实际需求。在2014年中国城镇失业人员中，16~34岁的青年占50.0%。其中，失业男青年占全部男性城镇失业者的51.5%，失业女青年占全部女性城镇失业者的49.0%，城镇失业青年占城镇失业人员的一半左右；而且，对16~19岁和20~24岁的城镇失业青年来说，毕业后未工作是最主要的失业原因（邓希泉，2015）。对青年群体而言，在劳动力资源市场化配置的背景下，就业选择是他们完成"学校（家庭）—社会"的生活区间转型和"准劳动者—劳动者"的社会角色变换的关键议题。理性和合适的就业选择，有助于青年在劳动力市场的竞争中建立较为稳定的劳动关系，避开失业、贫困和残疾等一系列生活风险。

在劳动就业议题上，本章重点关注产业结构的影响问题以及农民工群体的工会参与问题。首先，产业结构对就业的影响是中国在现阶段产业结构调整和升级中必须高度重视的战略性议题，对于优化产业结构、合理配置劳动力资源和教育资源、推动经济长期稳定增长具有重大意义（马剑、邢亚楠，2001）。特定区域的产业结构，在很大程度上限定了当地的劳动力需求结构（就业岗位构成、薪酬级别等），从需求方面直接影响了劳动力资源和教育资源的配置，因而约束了社会成员的就业选择。产业结构的这种影响，对于青年群体而言尤其重要。本次研究以澳门为例，探讨和分析产业结构对青年群体的影响问题，并尝试去明确社会工作的介入路径和方法。其次，工会是劳动关系中的重要调节力量。工会的参与能够给劳动者提供有力的支持，协助他们更好地维护自身权益。但由于历史方面的原因，相当多的农民工被阻隔在工会组织以外，无法成为工会组织的一员。这导致他们在劳动关系中处于更加弱势的地位，在维护劳动权益时不得不面临更多的障碍和困境。本次研究将聚焦青年农民工群体，研究他们在加入工会方面所遭遇的挑战以及社会工作可能提供的支持。

第一节 澳门青年的就业问题

作为目前一个较为典型的单一产业结构区域，澳门近年来的博彩业收入占当地GDP的比重一直维持在过半的水平。博彩业的快速发展，在有些方面确实起到了产业拉动和拓宽产业面的效果，能够提供大量的就业岗位，但同时，澳门传统上的一些产业（如制衣业、玩具制造业等），在博彩业的挤压下迅速萎缩，产业单一化的趋势正在不断加剧（王五一，2011）。澳门青年的就业选择面临着产业单一化的约束。对澳门青年的就业问题和诉求开展经验研究，有助于中国深入认识青年群体在单一产业结构下的就业问题和利益诉求，提高在产业结构升级战略的制定中对青年群体的关注，更加全面和长远地考虑相关的政策议题，促进社会的和谐、公平。

一、澳门博彩业发展及其影响

澳门博彩业的高速发展提供了大量的就业岗位。澳门统计暨普查局的统计数据显示，博彩业的就业人口由 2004 年的 2.29 万人增加至 2010 年的 6.34 万人，增加了 4.05 万人，是近年来新增就业岗位的重要组成部分。表 3-1 的澳门行业收入中位数统计数据显示：文娱博彩及其他服务业的行业收入中位数在教育等 9 个行业中多年来一直处于相对较高的位置。2003 年，文娱博彩及其他服务业的行业收入中位数虽然比教育、金融和医疗卫生及社会福利行业要低，但已经明显高出建筑业、批发及零售业、酒店餐饮业和制造业等行业，而且比最低的制造业高出了两倍多。到 2007 年，文娱博彩及其他服务业更是快速地超越了教育行业，跃居 9 个行业的第一位，比排在第二位的教育行业的收入中位数高出约 30%。尽管在随后几年文娱博彩及其他服务业的收入中位数的增长有所放缓，但在 2011 年其仍然紧随教育行业之后，排在澳门 9 个行业的第二位。

表 3-1 澳门行业收入中位数　　　　　　（单位：澳门元）

行业＼年份	2003	2005	2007	2009	2011
教育	9 150	9 503	9 900	13 000	15 000
文娱博彩及其他服务业	6 466	7 837	12 000	12 000	13 000
金融业	8 652	8 691	9 800	12 000	12 000
医疗卫生及社会福利	7 905	9 705	9 900	10 300	12 000
建筑业	4 589	5 922	8 500	9 000	10 100
运输、贮藏及通讯业	5 798	6 455	7 800	8 500	10 000
批发及零售业	4 354	4 888	6 000	7 000	8 000
酒店、餐饮业	4 075	4 468	5 500	6 500	7 500
制造业	2 840	3 101	4 000	5 000	6 500
总体中位数	4 801	5 765	7 800	8 500	10 000

资料来源：澳门统计暨普查局，http://www.dsec.gov.mo/TimeSeriesDatabase.aspx.

而且，在行业收入中位数的统计数据当中，博彩业由于与其他服务业合并计算，所以并未充分显现出这个行业相对于其他行业给低技能劳动者所提供的高额报酬。表3-2引用了澳门统计暨普查局每年发布的《人力资源需求及薪酬调查：博彩业》的部分数据，当中显示了荷官（派牌员）和赌场服务生两种赌场低端职位的平均月薪。从2005年的数据来看，赌场服务生的平均月薪是7 058澳门元，已经明显高于澳门行业收入的总体中位数，比建筑业、批发及零售业和酒店餐饮业等5个行业的收入中位数要高。具体到主要面向澳门青年的荷官职位而言，2007年的平均月薪已经高达13 226澳门元，不但高于澳门行业收入的总体中位数，而且比教育业、金融业、医疗卫生及社会福利业这3个对专业技能要求较高的行业的收入中位数都明显更高。直至2011年，教育行业的收入中位数才稍稍高出荷官的平均月薪，但也高出不足200澳门元，不到2个百分点。

表3-2 澳门博彩业雇员平均月薪　　　　（单位：澳门元）

年份 职务	2004*	2005	2007	2009	2011
荷官（派牌员）	12 069**	12 261	13 226	13 360	14 810
赌场服务生	6 742	7 058	9 107	10 150	11 130
投注员	12 069	12 261	18 366	18 480	20 870
所有全职雇员	11 321	11 881	15 060	15 340	16 990

资料来源：澳门统计暨普查局，《人力资源需求及薪酬调查：博彩业》，http://www.dsec.gov.mo/Statistic/LabourAndEmployment/SurveyOnManpowerNeedsAndWages-GamingIndustry.aspx.

*这项调查从2004年开始，因此只有2004年及之后的数据。同时，由于缺乏年度数据，表格中所用的年度数据均为当年第四季度的调查数据。

**在2007年之前，荷官（派牌员）和收入相对较高的投注员被划分到同一个类别进行薪酬数据统计，因此平均月薪较高；在2007年才开始分开统计和计算两种职位的平均月薪。

可以发现，澳门博彩业的高速发展不但给澳门的劳动力市场提供了大量的工作岗位，使澳门的劳动者获得了更多的就业机会，而且在一定程度上改变了低技能劳动者的劳动回报和经济收入。在现代社会的劳动力市场中，劳动者素质的高低一般决定了其工作环境的好坏和劳动报酬的高低：劳动力素质较低的劳动者往往只能从事技术含量较低的劳动密集型工作，相应取得较低的平均劳动报酬；劳动力素质较高的劳动者可以从事技术含量较高的技术工作或者资本密集型工作，相应取得较高的平均劳动报酬（李新平，2011）。但澳门博彩业的蓬勃发展和高额利润空间，以及这个行业对低端劳动力的大量需求，改变了现代劳动力市场的一般安排，劳动力素质较低的劳动者尽管从事的仍然是技术含量较低的劳动密集型工作，但获得的平均劳动报酬却与那些劳动力素质较高、从事较高技术含量工作的劳动者相似或者更高。在这种情况下，低技能劳动力和高技能劳动力之间的素质差别在劳动报酬这一核心环节上没有得到体现，而且是出现了一定程度的"学历倒挂"现象，即学历较高的劳动者获得的工资报酬反而更低。这将会进一步影响到澳门劳动力资源的开发。

学校教育在劳动力资源开发当中承担着非常重要的基础性作用。在校学生实际上是在进行人力资本的投资，通过在校学习提升自身的劳动力素质（王静，2009）。从劳动力对技术进步、产业升级和经济增长的促进作用来看，技术水平与受教育程度是劳动力素质中最重要的内涵。其中，受教育程度是劳动力素质的基础，对劳动者的劳动技能和专业技术知识的持续提升和终身发展都十分重要（梁泳梅、李钢、董敏杰，2011）。如果一些社会成员过早地结束学校教育，将会显著地削弱其劳动力素质的基础，影响和制约其劳动技能和专业技术知识的提升空间。在一个区域层次上，这将会影响当地的劳动力资源开发，使当地的劳动力资源只能局限在一定的水平上，无法得到最充分的利用和发展，导致劳动力资源利用效率的低下。

博彩业高工资、低技术、低学历、低门槛的特点，使其在吸纳大量没有工作经验的劳动力的同时，也使澳门许多青年和家长的就业和求学观念发生了变化，对澳门人口素质的提升造成了深远的影响（冯邦彦，2010）。社会成员一般存在通过接受更高层次的教育增加将来收入的预期，因此愿意花费大量的成本去接受学校教育——学校教育需要社会成员支付很高的成本，包括为教育支付的显性成本和因为接受教育而不能从事其他职业所减少的收入，即机会成本（李新平，2011）。而在博彩业高速发展、行业就业岗位充裕且工资收入比其他行业更为丰厚的情况下，继续接受学校教育需要付出更高的机会成本，而且收入随着学历的提高而增加的社会预期也受到了严重的挑战。简言之，博彩业的发展为澳门青年提供了一条无须高学历也能获得高薪工作的就业出路，很可能会影响社会成员接受教育的动机和行为。

二、澳门青年的就业困境

现实状况的把握主要依赖于经验研究的开展，在方法上可以在量化研究和质性研究两条路径上推进。部分结合宏观的人口统计数据，本章主要采取质性研究方法开展经验分析，对 9 名澳门青年进行了深度访谈。从研究的可行性出发，本次研究的访谈对象以接受过或者正在接受大学教育的澳门青年为主，并从他们的访谈资料当中尝试去了解其他一些并未接受大学教育的澳门青年的就业选择。9位访谈对象的个人资料如表3-3所示。

表3-3 澳门青年访谈对象的个人资料

序号	访谈对象	性别	年龄	访问时间	备注
1	LH	男	19	2011-11-04	就读大学一年级
2	XYY	女	20	2011-11-04	就读大学二年级
3	HPC	男	23	2011-11-10	就读大学三年级
4	PWQ	男	21	2011-11-10	就读大学三年级
5	HLA	男	24	2011-11-17	就读大学四年级
6	JXY	女	23	2011-11-17	就读大学四年级
7	SJH	女	24	2011-12-05	目前从事赌场的荷官（派牌员）工作
8	WFX	男	25	2011-12-05	目前在一间赌场从事数据统计工作
9	FSL	男	26	2011-12-01	曾经在赌场从事荷官工作，后辞职，进入一所中学工作

青年的就业选择，主要可以包括两个方面：（1）终止学业，即选择在什么时候停止接受学校教育，进入劳动力市场寻求就业岗位；（2）就业岗位，即选择从事什么就业岗位。因此，访谈提纲主要围绕上述两个方面展开，尝试去考察澳门的单一化产业结构对澳门青年就业选择的现实影响，以及澳门青年对此的行为回应和利益诉求。

在访谈资料的分析上，本章以生态系统理论作为基本的视角。理论能够增进研究者对经验资料的广阔意义和相互关联的认识（Neuman，2003），有助于深化对访谈资源的分析。聚集于情境、个体以及两者间的复杂互动关系，生态系统理论强调个体运用内部资源和正向的行为、以交流的方式获取情境资源，满足自身的需求，完成生命历程中的任务（陈钟林、吴伟东，2007）。生态系统理论的基本假设在于：系统是相互影响的，而这些互动的本质至少在一定程度上解释了一系列现象，包括问题的存在、行为的缘由以及人类发展的历程（Tolson，1994）。生态系统理论的关键概念是资源交流，其中，资源可以分为工具性资源和情感性资源两种类别。工具性资源指的是个体用以作为手段去实现某一生活目标的资源，具体包括有经济资源、文化资源和信息资源。

（一）终止学业的选择

就负面影响而言，博彩业的高速发展为在校学习的青年学生创造了一批"低技能、高工资"的就业岗位，提供了一条无须优秀的学业成绩也可以获得高回报的出路，致使他们当中的一些人选择辍学，进入赌场工作，从而增加了澳门青年的辍学率。澳门统计暨普查局的统计数据显示：澳门中学生因为工作原因而离校的人数，1999~2000学年只有182人，其后两年也保持在200人以下，但在2002年澳门赌权开放之后，辍学人数开始持续上升；到了2004~2005学年更是剧增到718人，并在其后两年维持在每年700人以上，直至2007~2008学年才稍稍下降到695人。由于工作原因而离校的学生占离校总人数的比例也由2000~2001学年的不足11%持续上升到2007~2008年的39.04%，将近四成（见表3-4）。

表3-4 澳门中学生的辍学情况

指标 学年	中学学生人数（人）	中学生的离校人数（人）	离校原因：工作 人数（人）	离校原因：工作 比重（%）
1999/2000	32 001	1 316	182	13.83

续表

指标 学年	中学学生人数（人）	中学生的离校人数（人）	离校原因：工作	
			人数（人）	比重（%）
2000/2001	37 144	1 392	153	10.99
2001/2002	41 132	1 466	186	12.69
2002/2003	43 999	1 506	266	17.66
2003/2004	45 279	1 970	456	23.15
2004/2005	45 786	2 031	718	35.35
2005/2006	45 686	1 937	716	36.96
2006/2007	44 736	2 047	745	36.39
2007/2008	43 218	1 780	695	39.04

资料来源：澳门统计暨普查局，http://www.dsec.gov.mo/Statistic/General.aspx#Release.

澳门中学生辍学情况的宏观数据表明，紧随博彩业的高速发展，业内对低端劳动力需求的扩大，一些中学生为了尽早进入赌场工作而选择辍学离校；而对赌场工作最低年龄限制的提高，则能够有效地降低中学生离校的经济利益诱惑，显著地缓解中学生的辍学问题。从表3-1的行业中位数收入统计可以发现，文娱博彩及其他服务业的中位数收入从2003年开始就已经远远高出酒店、餐饮业和制造业等行业的中位数收入，在2007年更是这些行业的2倍以上。在这种情况下，选择辍学、前往赌场工作，实际上也是一种由特定社会结构所导致的理性选择。

访谈资料进一步显示了澳门青年放弃学业的深层原因。

HPC：在2002年赌场开放的时候，我们中学的几个同学听到别人说赌场工资高，容易入行，就马上停止学业，进入博彩行业。因为他们觉得自己读书又不行，不如早点出来工作，增加家里的经济收入。

PWQ：我的几个同学也是这样的，他们觉得他们读书不厉害，又不知道干什么，赌场又需要大量的人，所以他们都辍学进入了博彩行业。

XYY：我身边的一些人辍学在赌场工作的一个重要原因就是因为家里经济条件不好。像我的话，因为家里的经济原因，家里人一开始也有这样的想法，但是我自己不乐意。我觉得学历对于我来说很重要，可以增加我以后的竞争力，从而为以后的发展带来更多的选择。

从访谈资料中可以发现，博彩业的发展给一些青年提供了一条相对便捷的出路，作为一种力量推动着他们提前终止学业。但这只是一种外在因素。这个外在因素对于那些独立分析能力相对较弱、学习成绩不好、就业方向不清或者家庭经济状况不好的澳门青年的影响更加显著。因此，促使青年选择退学的最重要原因可能是内在因素，即青年群体的心理特点、学业成绩和家庭经济状况。首先，作为一个年龄群体，青年的意志力往往较为薄弱，容易受到外界尤其是朋辈群体的影响，缺乏足够的分析能力（李焯仁、田国秀，2006）。因此，在听说赌场工作的好处之后，一些人可能会比较轻易地做出退学的选择。其次，学业成绩不好使得部分青年对继续学习的前景感到困惑，无法确定完成学业后能否获得一个不错的工作岗位。在前景不明的情况下，现有的机会就显得更值得把握。最后，可能也是最为重要的，家庭的经济困难使得部分青年承担着早日工作、增加家庭经济收入的压力，致使一些在校学生放弃学业进入博彩业工作。同时，一些家长为了缓解家庭经济压力，也希望子女早日结束学业，减少学费支出，开始工作，增加家庭的经济收入。访谈资料同时也表明，如果青年自身有较高的独立分析和判断能力，他们可以有效地应对朋辈群体以及家长的影响，更加理性地在就业与学业之间做出选择。

从生态系统理论的视角进行分析，学校系统作为现代社会最为重要的教育基地，具有丰富的文化资源，是个体接受教育、积累文化资源的主要场所。现代教育制度往往要求青年通过升学考试并缴纳一定的学费才能继续学业。这要求青年必须具备足够的个人学习能力和一定的家庭经济能力（经济资源），才能从学校系统中持续地获取文化资源。如果家庭系统的经济资源匮乏，或者其自身学业成绩不好，都会使青年处于学校系统的边缘位置，难以获得足够的文化资源。同时，职业系统是个体获取经济资源的主要场所。经济资源的获取，在现代社会中一般需要先通过"求职—聘用"的过程。在劳动力市场化机制下，求职者与用人单位在就业市场进行自由的双向选择。用人单位在聘用青年员工时，一般以学历作为筛选、录用和付酬的主要标准。求职者一般需要拥有较多的文化资源，才能从职业系统中通过资源交流获取更多的经济资源。如果社会成员的文化资源较少，在就业市场上就很可能会处于相对边缘的位置，从职业系统获取经济资源的能力就会受到限制。在这种制度设置下，要想从职业系统持续获取较多的经济资源，就必须先在学校系统获得较多的文化资源。换言之，在社会的结构性安排中，高学历与高劳动报酬相对应，而学历较低的人往往只能获得较低的劳动报酬。

澳门博彩业近年来的急剧发展和对低端劳动力的大量需求，在一定程度上改变了上述系统之间"经济资源—文化资源"交换的结构性安排。大规模的劳动力需求和高额利润，使得博彩业可以以较高的劳动报酬去聘请低技能的劳动者，尤其是青年劳动者（轮班制的夜班安排，往往需要青年劳动者才能更好地承担）。结果在劳动力雇佣中出现了较大规模的"低文化资源"同样能够换取"高经济资源"的现象。这为一些想要去获取更多文化资源但存在压力的青年（学业成绩不好、家庭经济困难等）提供了一条换取"高经济资源"的独特途径。

（二）就业岗位的选择

赌场工作岗位的高劳动报酬和低技能要求不但对一些想要去获取更多文化资源但存在压力的青年具有很高的吸引力，对那些没有这方面压力的澳门青年来讲，也成了他们就业时的一个重要选择。同时，更高的学历和较多的文化资源也使后者对其将来在赌场的发展更有信心。

LH：我大学毕业后应该首选在赌场行业工作。一般来说，是做一个派牌员，就是我们说的"荷官"。这个只需要培训几个月就可以上岗，而且工资的话，相对于其他行业的相同类别的工资，要高2 000到3 000葡币左右。更重要的是，我还是大学毕业生，以后的发展机会多一点。

访谈资料同时也表明，较高的劳动报酬并未使其他一些澳门青年选择前往赌场工作，相反，他们当中的很多人更加理性地看待赌场的工作。除了考虑劳动报酬和发展前景之外，他们还顾及工作时间和工作环境等其他工作条件。在这些考虑当中，发展前景是具有决定性影响的。

JXY：如果你在澳门赌场工作的话，经常会吸到二手烟，而且它实行轮岗制，有时候要上夜班，节假日也没有政府部门多，工作量也大，这样对自己的身体很不好。

HLA：我觉得在赌场工作很不稳定。像我们一般的澳门青年在赌场都是从事派牌员等相对低层次的工作，如果以后澳门博彩业衰退的话，我们是最容易失业的。到时候我们什么也不会，我们的未来到底在哪里呢？

PWQ：在澳门赌场工作天天做同样的事，很闷。当然，如果你学历高而且英文好的话，也可以升职，不过澳门赌场的高层一般都是请内地高学历的人担任。像我的话，我倾向于在政府部门工作，发展前景要比在赌场好。

FSL：赌场工作有时候挺辛苦，而且没有什么成就感，跟做佣人差不多。每个月拿到万五蚊（1.5万块钱）是挺好的，但老上夜班实在让我受不了……后来我看到有机会，就转到中学做老师了。虽然钱少了，但工作轻松一些，最重要的是看到了继续发展的前景。

JXY：我的一些朋友在赌场做 Part-time，也就是兼职，也可以赚很多钱的。这样，又可以继续学业，同时赚到的钱也不会少，甚至比在赌场长期工作还要多。

可以发现，工作不稳定、发展前景较差以及工作环境和工作时间等因素使得部分澳门青年更倾向于从事其他工作，或者只是把赌场工作作为大学期间的兼职。然而，以下两个访谈个案也表明，尽管部分澳门青年对赌场工作有一定的了解，认识到赌场低端工作的长期就业风险，希望从事其他工作，但在其他行业缺乏合适就业机会的情况下，最终还是不得不进入赌场工作。

SJH：大学毕业那一年找了很长一段时间的工作，但还是没有找到比较好的，最后还是到了赌场里面工作。不是太喜欢这份工作，经常要上夜班，有时候比较累。不过，又暂时没有什么别的选择，就先继续做着了。

WFX：我刚开始是希望到政府部门工作，但试过几次都不行……家里对赌场比较排斥，我本来也不想到赌场里面工作，最后还是没办法……现在我在一家赌场里面做数据分析，都还算是专业对口吧。

青年通过就业选择确定自身的职业岗位。这个岗位，将对青年以后的生活产生重大影响。如果选择得当、较好地结合了其自身优势和潜能，将能够协助青年与职业系统建立起持续、稳定的资源交换关系，不断更新和提升其在学校所学到的技能，使其成功地适应社会。但同时，如果选择不当，就业岗位与青年的优势和潜能不相协调或符合，则很可能使其一直无法或者只能在短时间内与职业系统建立起良好的资源交换关系，致使其本身的文化资源与劳动力市场需求的差距日渐扩大，导致其陷入失业的境况。失业问题如果未能得到及时解决，给青年带来的影响很可能会持续一生，同时，也会在社会上形成中年群体的长期失业问题。择业的考虑不周所导致的个人和社会后果都将是严重的。博彩业在澳门地区的一业独大，排挤了其他一些行业的就业岗位，减少了澳门青年在其他行业就业的机会，缩小了他们的就业空间。在博彩业长期持续发展的情况下，这种就业的单一产业化可能不会造成过度的负面影响，但一旦博彩业的发展陷入困境，将会引发大规模的裁员浪潮，使社会的失业率和失业者人数急剧增加。这些失业者可能会因为长期在赌场工作而技能低下、单一，难以在政府干预方案的帮助下在短时间内重新再就业，给社会带来较大的不稳定因素。

产业结构变动对就业具有双重作用，即产业结构升级对就业的影响既有正的一面——增加就业，也有负的一面——减少就业（段敏芳、徐凤辉、田恩舜，2011）。如果产业结构的变动是迈向单一化，很可能会增加低端劳动力的需求和劳动报酬，缩小社会成员尤其是年青一代的就业选择空间，使他们过早地停止接受学校教育而选择就业，且只能在较为单一的行业里就业，这就增加了他们的就业风险：该行业一旦陷入困境，从业人员的裁减将难以避免。如果这些被裁减人员的学历和劳动技能低下，将很有可能较难在短时间内重新回到劳动力市场，形成长期失业问题。部分澳门青年对这种就业风险有清楚的认识，但宏观的产业结构最终可能还是会迫使他们不得不进入赌场就业。要改变这种状况，主要还是得依赖政府的宏观政策。因此，中国在推动产业结构调整和升级时，必须高度重视产业结构对青年群体就业选择的影响，确保青年群体的利益诉求能够在政策制定中得到切实和合理的反映。

三、潜在风险分析

博彩业在澳门地区的一业独大，增加了对低端劳动力的需求和劳动报酬，使部分澳门青年过早地停止接受学校教育而选择就业，限制了澳门人力资源的受教育水平。一旦博彩业的发展陷入困境，将会引发大规模的裁员浪潮，使社会的失业率和失业者人数急剧增加。如果这些被裁减人员的学历和劳动技能低下，将很有可能较难在短时间内重新回到劳动力市场，形成长期失业问题，给社会带来不稳定因素。美国的博彩业也一度经历发展的黄金时期，但在2008年全球金融风暴的冲击下，近年来也陷入了严重的困境，不得不进行大规模的裁员和减薪。

澳门博彩业的发展中存在很多不确定性和潜在的风险。就中期而言，外围竞争的加剧无疑会减少澳门博彩业的收益。2012年，马祖成为台湾地区第一个博彩业特区，当地政府计划全力发展博彩业。这与澳门博彩业的发展形成了竞争。尽管由于基础设施薄弱、内地赴台限制、客源受阻等问题，马祖难以在短期内给澳门博彩业的运营和收益带来过大的负面影响，但基础设施的完善只是时间问题，内地赴台自由行的开放步伐在近年来也在不断加快。可以预期，与澳门相比，马祖目前的主要劣势将会不断消减，其在地理上与内地各大城市平均距离更短的优势将会逐步得到展现。这种交通上的便捷，很可能会吸引大量内地游客，同时，前往澳门旅游的内地游客可能会显著减少。

根据澳门旅游局的统计，2011年，内地访澳游客占澳门游客总数的比例高达57.7%，博彩业的发展对内地客源的依赖已经十分明显。同年，内地游客总数约为1 616万，其中来自福建、浙江、江苏、上海和北京等12个更靠近马祖的省市的游客人数将近420万，大概占25%。此外，台湾地区更为广阔的地域和更加丰富的旅游资源，无疑会使赴台自由行的附加值比赴澳自由行的附加值要高；更多的游客将会前往台湾地区，前往澳门的游客总量将会被进一步稀释。因此，马祖博彩业的发展很可能会使澳门博彩业的收入减少1/4甚至更多。产业收入的减少，将引发对劳动力资源需求的降低，形成失业问题。

就长远发展而言，澳门自1999年回归祖国以来，在"一国两制"框架内，其博彩业得以延续，并在"赌权开放"的政策推动下得到长足发展。但展望未来，"一国两制"的制度安排是有一定的时间区间的。《澳门特别行政区基本法》的总则第五条规定，澳门特别行政区不实行社会主义的制度和政策，保持原有的资本主义制度和生活方式，50年不变。而中国现行的《刑法》明令禁止以营利为目的、聚众赌博或者开设赌场的行为。在二者不相容的情况下，为期50年的"一国两制"制度再过30多年将会到期，到时会带来澳门特区博彩业的存废问题。如果澳门特区最终必须终止博彩业的运营，那么从事博彩业相关工作的劳动者将不得不面临失业的困境。假设一名劳动者在2012年刚满18岁时就进入赌场工作，那37年后他55岁，尚未达到澳门政府现行的60岁的退休年龄。此外，澳门特区政府正准备推行65岁退休的政策方案。倘若这个方案得以在未来几年实施，那么这位劳动者到时至少需要再等10年才可以退休。而那些年龄比他更小的劳动者，则必须面对更长的无业时间甚至长期失业的问题和困境。

这些劳动者由于长期在赌场工作，从事的也是低端的工作，劳动技能比较低下。如果澳门博彩业歇业，导致他们必须重新进入劳动力市场，寻求其他行业的工作岗位，劳动技能的低下将会严重限制他们的再就业空间。作为一个典型的先例，中国内地在20世纪90年代推进国有企业改革时，带来了较大规模的"40""50"失业人员的再就业问题。他们当中的很多人由于学历和劳动力技能低下，长时间无法成功地实现再就业，最后不得不求助于城市的最低生活保障制度而维持最基本的生活（唐钧，2003）。这对于他们个人以及全社会而言，都是一种劳动力资源的浪费。而这种浪费的根源，正是前期劳动力资源开发中所存在的不足和问题。

第二节 青年农民工的工会参与

中国农民工的人口总量在 2013 年达到 2.6894 亿人,其中 1980 年及以后出生的新生代农民工 1.2528 亿人,占农民工总量的 46.6%(国家统计局,2013)。新生代农民工已经成为中国农民工和产业工人的重要组成部分,是构建和谐劳动关系的重要方面(肖香龙,2011)。他们的工会参与问题,迫切需要得到更多的关注和探讨。

对于工会参与的影响因素,国际学术界已经取得了较为丰富的研究成果。研究主要围绕劳动者的心理动机与工会的组织特征而展开。譬如,格林(Green)和奥尔(Auer)(2013)从社会支配理论(Social Dominance Theory)的视角出发展开实证分析,发现工会认同和工会参与之间的正相关效应在那些相信工会有助于实现工作场所公平的劳动者身上更加强烈,而身份认同动机和工具性动机是工会参与的基础。在工会的组织特征方面,梅特奇(Metochi)(2002)的研究指出,活跃的工会领导者能够通过他们对工会成员态度的影响,直接或间接地促进工会成员的工会参与。弗勒德(Flood)、特纳(Turner)和威尔曼(Willman)(1996)依据调查数据证明,工会的组织架构和服务质量等外在呈现与工会参与存在显著的正相关,其中服务变量的影响局限于工作场所内部,而组织变量的影响则在工作场所的内部和外部同时存在。也有一些学者聚焦于中国的社会脉络,对工会参与的影响因素进行探讨。陈(Chan)、冯

(Feng)、雷德曼（Redman）和斯乃普（Snap）（2006）的研究发现，中国的劳动者对于工会的积极态度有助于提升他们的工会参与。在国内，学术界对农民工的工会参与开展了一定的理论分析，主要探讨了农民工参加工会的现实困境和政策思路。譬如，曹亚雄（2008）指出，农民工的工作性质、组织观念、思想意识以及对工会的认同度不高等因素制约了农民工加入工会。蓝光喜（2006）从身份、法律、社会进步等方面论述了农民工加入工会的客观依据，探讨了公有制企事业单位农民工未加入工会的主要原因，认为体制障碍、利益分配和个人观念等因素妨碍了农民工的工会参与。

一、工会与劳动关系

劳动关系学的正统多元论学派指出，雇员对公平和公正待遇的关心与企业管理层对经济效率和组织效率的关心是相互冲突的，但同时，双方在具体利益上的冲突是可以通过双方之间存在的共同的根本利益加以解决的（Kochan and Katz, 1988）。由于市场地位不平等（企业在劳动力市场上居于支配地位）、信息不对称（企业占有信息优势）和管理关系的不平等，劳资双方实际上是不平等的，需要加以矫正以实现相对公平（刘诚，2008）。而工会的形成和发展，正是针对这一社会需求而产生。工会以社会制度的形式嵌入劳工市场，并将它们整合到一个社会的道德经济当中——工会使市场尊重作为商品的劳动力与其出卖者的物质与社会生活之间的关联，保证劳动力的雇佣能够遵从社会规范和义务（Scott, 1976）。同时，针对雇主依靠权力优势压低劳动力价格的行为，工会通过调整分配使劳动力符合价值标准，通过由社会结构生成的集体行动来弥补这一差距（White，2002）。

在工会的统一组织和协调下，以往分散的个体劳动者能够整合成一个集体，使用人单位在劳动力交换中所面对的不再是只能对他们的经济运营行为产生微弱影响的个别劳动者，而是能够完全干扰和中断这种经济运营行为的劳动者集体。在马歇尔（Marshell）（1964）看来，作为集体行动者的工会跨越了政治与经济的边界，并且结合了政治与经济的最本质的特征：首先，工会使得工人能够集体行动，在市场上而不是在政治中获取他们的社会权利，通过基本的公民权利而不是政府权力去议定合同，让个体工人变成工人的组织化集体；其次，工会在形成一个组织之后，就通过自由、自愿和契约的方式，在市场的公民权范围内追求集体的目标。由于工会制度尊重市场运作逻辑，所以能比国家的直接干预更少地破坏劳动关系的市场效率——集体谈判是将政治行为嵌入经济领域的一项制度以及劳工市场上的社会权力。工会是将公共市民的身份变成市场与契约的私人范围内的政治经济行动者。在以往，劳动者一般以个人协商的方式去争取自身的劳动权益。但由于个体劳动者的可替代性较高，无法对用人单位的劳动生产形成足够大的影响，因此劳动者往往只能被迫向资方妥协或者采取极端的手段引起社会的广泛关注和媒体、政府的介入，从而促使资方做出让步。后一种方式尽管能够帮助劳动者保护自身的劳动权益，却不得不付出较高的社会运行成本，从长远来看是不可持续和重复使用的。而工会的建设和运行，有助于弥补个体劳动者在谈判力量上的不足，形成集体的合力，使劳动者能够影响甚至中断雇主和企业的生产运营过程，并有助于劳动者更好地运用法律资源和社会舆论，部分地抵消雇主在这些领域所拥有的一些优势（如拥有更多的资金聘请高水平的律师），从而平衡劳资双方的谈判权力格局，促使用人单位对劳动者的权益要求进行更积极的回应。

现阶段，中国的劳动关系正由个别劳动关系调整向集体劳动关系调整转型（常凯，2013）。工会在集体劳动关系的劳动权益保护中，将会承担起更加重要的职能。依据《中华人民共和国劳动合同法》，用人单位在制定、修改或者决定有关劳动报酬、保险福利等直接涉及劳动者切身利益的规章制度或者重大事项时，应当与工会或者职工代表平等协商确定。工会能够使劳动者克服个人力量薄弱的问题，得以通过集体影响力对企业的决策和管理过程施加影响，维护自身的合法权益。2008年10月，也就是在《劳动合同法》正式实施的两个多月之后，中国工会第十五次全国代表大会通过了《中国工会章程（修正案）》。其中规定："中国工会是中国共产党领导的职工自愿结合的工人阶级群众组织，是党联系职工群众的桥梁和纽带，是国家政权的重要社会支柱，是会员和职工利益的代表。"这一规定更全面准确地反映出当前中国工会的性质。首先，中国工会是中国共产党领导的工人阶级群众组织——强调了党的领导地位。其次，中国工会是党联系职工群众的桥梁和纽带——反映出工会在中国政治生活中所承担的重要责任。再次，中国工会是国家政权的重要社会支柱——凸显出工会背后的广泛社会基础。最后，工会是会员和职工利益的代表——突出了工会维护会员和职工利益的重要职能。1988年，中国工会十一大明确提出，工会具有维护、建设、参与和教育四项社会职能。2008年的工会十五大延续了这种职能定位。

（1）维护职能。劳动关系既有平等性又有隶属性。劳动者隶属于用人单位，服从用人单位的管理，对用人单位有一定的人身依附性。这是劳动关系中"强资本、弱劳工"格局的社会基础。因此，工人组织起来与资本抗衡是市场经济条件下解决劳资矛盾的通用做法，中国当然也不例外。1992年，《中华人民共和国工会法》首次在法律层面明确了工会的维权职能，将其表述为："工会在维护全国人民总体利益的同时，维护职工的合法权益。"2001年，《中华人民共和国工会法》将工会的维权职能修改为："维护职工合法权益是工会的基本职责。工会在维护全国人民总体利益的同时，代表和维护职工的合法权益。"

（2）建设职能。工会的建设职能主要表现在两个方面。第一，工会是职工利益的代表者和维护者，而职工利益的实现归根结底依赖于生产力的提高和经济社会的发展，因此，工会必须从工人阶级的整体利益和长远利益出发，动员和组织广大职工积极参加建设和改革。第二，职工是改革开放和经济建设的主力军，其素质直接影响到国家产业升级的速度和经济发展的水平，所以，工会要围绕企业技术创新、管理创新、产品创新、节能降耗和安全生产等主要内容提高职工的技术水平，推动经济有质量的发展。

（3）参与职能。参与职能是指工会代表和组织职工参与国家和社会事务管理，参与企业、事业单位民主管理，实施民主监督。在政府层面，国家机关在组织起草或者修改直接涉及职工切身利益的法律、法规、规章时，应当听取工会意见。县级以上人民政府及其有关部门研究制定劳动就业、工资、劳动安全卫生、社会保险等涉及职工切身利益的政策、措施时，应当吸收同级工会参加研究，听取工会意见。在企业层面，企业违反职工代表大会制度和其他民主管理制度时，工会有权要求纠正，保障职工依法行使民主管理的权利。

（4）教育职能。在市场经济条件下，市场在劳动力资源配置中发挥基础作用。在劳动力市场中，劳动者的地位、利益主要取决于个人的素质。劳动者要在激烈的市场竞争中立于不败之地，有效地维护自身的合法权益，就必须提高自己的素质。这就需要学习，需要接受教育和培训。工会的教育职能包括思想政治教育和文化技术教育。通过这些教育，不断提高职工的思想道德、技术业务和科学文化素质。

目前，中国的工会正处于良好的发展状态。根据《2010年工会组织和工会工作发展状况统计公报》的统计，2010年，全国基层工会达到197.6万个，比上年增加了13.1万个，增长7.1%；其中，企业工会143.2万个，占72.6%。全国省、地（市）级地方工会参与制定的地方法规有145个。其中，涉及职工权益的有86个，占59.3%；涉及工会权益的有24个，占16.6%。工会参与制定的地方性规范文件（除法规外）488个。此外，基层以上的工会中取得劳动争议仲裁员资格的工会干部有5 316人，其中受聘者有3 517人，工会劳动仲裁员参与处理的仲裁案件达2.7万件。

工业化和城镇化推动了农村劳动力转移到城市就业的进程，越来越多的农村人口前往城市就业，形成了日渐庞大的农民工群体。农民工群体在现阶段已经是中国产业工人的重要组成部分，而且，作为外来人群和劳动力市场中的弱势群体，他们的法定劳动权益往往得不到充分的保障。依据 2007 年的《国务院关于维护职工合法权益工作情况的报告》，维护农民工权益方面存在的主要问题是：劳动合同签订率低、劳动环境差、劳动时间长、职业病和工伤事故多、工资水平偏低、工资拖欠时有发生、农民工参加社会保险的比例不高等。农民工的劳动权益保障问题在国内学术界得到广泛的关注，一般被认为是劳动法律执行情况的"重灾区"。在国家统计局的农民工监测调查报告中，农民工的权益保障是单列的内容，作为重点监测的数据。

将农民工群体纳入工会组织，更好地保护他们的劳动权益，成为中国工会发展的一项意义重大的历史任务。《中华人民共和国工会法》明确规定：在中国境内的企业、事业单位、机关中以工资收入为主要生活来源的体力劳动者和脑力劳动者，不分民族、种族、性别、职业、宗教信仰、教育程度，都有依法参加和组织工会的权利。同时，工会在推进农民工市民化的进程中，也能够发挥十分重要的作用，包括维护和实现农民工的市民权利、促进农民工的行为转变、构建和谐的转变环境等（高华，2011）。一般而言，在城镇企业就业的农民工，工资收入是其主要的生活来源，他们同样符合法律所规定的参加和组织工会的资格。2003 年，中华全国总工会在《关于切实做好维护进城务工人员合法权益工作的通知》中指出，进城务工人员是新兴的以工资收入为主要生活来源的劳动者，他们已经和正在成为中国职工队伍中新的成员和重要组成部分，要依法维护进城务工人员参加和组织工会的权利；各级工会要依照《工会法》《劳动法》和《中国工会章程》的规定，组织进城务工人员加入工会。这个报告强调，凡与用人单位建立劳动关系（含事实劳动关系）的职工，不论其户籍是否在本地区或工作时间长短，都有依法组织和参加工会的权利，任何组织和个人不得阻挠和限制。

2009年的《全国人民代表大会常务委员会执法检查组关于检查〈中华人民共和国工会法〉实施情况的报告》指出，农民工入会积极性不高，两亿多农民工当中，加入工会的不到1/3；可能是由于宣传工作不到位、农民工流动性大等多种原因，部分农民工不了解《工会法》和工会的作用，加之有些基层工会作用发挥不够，凝聚力不强，农民工入会积极性不高。在这种情况下，全国总工会的研究报告强调，要以新生代农民工为重点对象，创新工会的组织形式和入会方式，推进工会组建和发展会员工作（中华全国总工会，2010）。在这种情况下，亟须尽快通过实证研究明确新生代农民工参加工会的影响因素，从而为工会组织形式和入会方式的创新提供科学的基础。

二、青年农民工的工会参与

本次研究所运用的数据来源于国家社科基金项目资助的"劳动者就业状况调查"。此次问卷调查从2010年下半年开始，在上海、深圳、天津、南京、长沙、成都、温州、厦门、绵阳和长春10个城市展开；共发放调查问卷2 000份，收回有效问卷1 813份，问卷的有效回收率约为90.7%。其中，来自新生代农民工群体的有效问卷591份。调查样本中新生代农民工的基本情况见表3-5。

表 3-5 新生代农民工样本的基本情况

变 量	指标及其百分比
性 别	男性，61.3%；女性，38.7%
年 龄	16~20岁，12.9%；21~25岁，68.8%；26~30岁，28.3%
婚姻状况	未婚，80.6%；已婚，19.4%
受教育程度	初中及以下，22.7%；高中，42.8%；大专，21.2%；本科及以上，13.4%
来源地	本地，25.3%；外地，74.7%
单位工龄	5年以内，82.3%；5~10年，16.5%；10年以上，1.2%
职务岗位	管理类，7.3%；技术研发类，10.4%；生产服务类，18.5%；行政事务类，7.6%；市场销售类，41.3%；其他，14.9%
所有制性质	国有企业，12.9%；私营企业，70.6%；外资企业，11.6%；其他，4.9%
行业类别	建筑业与制造业，37.8%；商业，18.7%；服务业，43.5%
企业规模	300人以下，72.8%；301~1 000人，14.8%；1 000人以上，12.4%

在本次研究中，新生代农民工的工会参与被划分为工会的组织参与和工会的活动参与两个层次。其中，工会的组织参与是指新生代农民工加入工会组织，成为工会成员，获得正式的会员身份。而工会的活动参与，则是指新生代农民工参加工会所组织的各种活动，能够从活动参与方面反映出新生代农民工对于工会参与的积极程度。这两种层次的划分，有助于更深入地探讨新生代农民工的工会参与问题及其影响因素。因此，本次研究将这两种情况均设为因变量。工会的组织参与，在调查问卷中的问题设置是"你是否参加了工会组织？"备选答案是"没有参加"和"已经参加"。而工会活动参与的对应问题是"你是否参加过工会活动？"备选答案是"没有参加过"和"参加过"。

在自变量的设置中，本次研究主要针对新生代农民工的人口社会特征、就业雇佣特征和劳动权益的损害经历三个方面进行探讨。其中，新生代农民工的人口社会特征包括农民工的来源地、性别、年龄、受教育程度。就业雇佣特征方面，关注他们务工的企业规模、行业类别、所有制性质、岗位类别、单位工龄、工作更换和劳动合同签订等情况。最后，纳入了他们的劳动权益损害经历，包括工资拖欠和劳动纠纷两个变量。劳动权益的损害经历，很可能会促使劳动者更加充分地认识到个人力量在权益维护方面的薄弱，从而肯定工会的重要性，提高他们的参与积极性。为了检验和比较各种因素对新生代农民工工会参与的影响，本次研究建立了 Logistic 回归模型进行多元回归分析。Logistic 回归模型因变量分别为"是否参加了工会组织"和"是否参加过工会活动"，均为二分变量，适用于二元 Logistic 回归模型。

调查结果显示，新生代农民工的工会参与仍有很大的提升空间。在调查样本中，只有 9.2% 的新生代农民工加入了工会组织。同时，只有 8.1% 的人参加过工会的活动。在已加入工会组织的新生代农民工当中，85.3% 的人参加过工会的活动，会员的活动参与率是比较高的。

Logistic 回归模型的分析结果表明，对新生代农民工的工会组织参与具有显著影响的是企业规模、所有制性质、岗位类别和劳动合同签订，模型的解释力达到 24.4%，而人口社会特征变量、劳动权益损害经历以及行业类别、单位工龄和工作更换等变量不存在显著影响。对活动参与影响显著的是性别、婚姻状况、企业规模、所有制性质、岗位类别、劳动合同签订和工资拖欠经历，模型的解释力是 19.4%，而来源地、年龄、受教育程度、行业类别等其余变量则没有显著影响。同时，两个模型的多重共线性检验结果显示，回归方程中各个自变量的多重共线性通过检验，模型中自变量的回归系数可以代表其对因变量的单独影响。模型的回归分析结果见表3-6。

表3-6 新生代农民工工会参与的 Logistic 回归模型

变量		组织参与		活动参与	
		回归系数	发生比率	回归系数	发生比率
来源地	（本地）	/	/	/	/
	外地	-0.159	0.853	-0.139	0.870
性别	（男）	/	/	/	/
	女	0.383	1.467	-.620*	0.538
婚姻状况	（未婚）	/	/	/	/
	已婚	0.403	1.496	0.694*	2.002
年龄（岁）	（16~20）	/	/	/	/
	21~25	-0.656	0.519	-0.207	0.813
	26~30	-0.520	0.595	-0.200	0.819
受教育程度	（初中及以下）	/	/	/	/
	高中	0.194	1.215	-0.353	0.702
	大专	-0.315	0.730	0.335	1.398
	本科及以上	0.238	1.269	0.755	2.127
企业规模	（300人及以下）	/	/	/	/
	301~1 000 人	-0.850**	0.427	-1.123*	0.325
	1 000 人以上	0.585*	1.795	0.317	1.373
行业类别	（建筑业与制造业）	/	/	/	/
	商业	-0.383	0.682	0.079	1.082
	服务业	0.278	1.321	-0.090	0.913

续表

变量		组织参与		活动参与	
		回归系数	发生比率	回归系数	发生比率
所有制性质	（国有企业）	/	/	/	/
	私营企业	-1.082***	0.339	-1.191***	0.304
	外资企业	-0.541	0.582	-0.508	0.602
	其他企业	0.573	1.774	-0.884	0.413
岗位类别	（管理类）	/	/	/	/
	技术研发类	-0.626	0.534	-0.461	0.630
	市场销售类	-0.642	0.526	-1.616**	0.199
	行政事务类	-0.524	0.592	-0.776	0.460
	生产、服务类	-1.298***	0.273	-1.603***	0.201
	其他岗位	-1.799**	0.165	-1.721***	0.179
单位工龄	（5年以内）	/	/	/	/
	6~10年	-0.058	0.944	0.439	1.552
	10年以上	0.109	1.115	1.095	2.989
工作更换	（没有）	/	/	/	/
	有	-0.574	0.563	-0.180	0.836
劳动合同签订	（没有）	/	/	/	/
	有	1.527***	4.605	0.842**	2.321
工资拖欠	（没有）	/	/	/	/
	有	0.632	1.881	1.404**	4.071
劳动纠纷	（没有）	/	/	/	/
	有	0.579	1.784	0.546	1.727
常数	/	0.938	0.391	-0.939	0.391
R^2	/	0.244		0.194	

注：括号内为对照组。* 表示 sig<0.1，** 表示 sig<0.05，*** 表示 sig<0.01。

在工会组织参与的统计中，企业规模为 301~1 000 人的，其回归系数是-0.850，发生比率是 0.427。这说明，在这种规模的企业中，务工的新生代农民工参加工会组织的可能性，只有在 300 人及以下企业中务工的新生代农民工的 42.7%，参加的可能性大幅度下降。同时，参加工会的可能性在 1 000 人以上的企业中重新上升，发生比率达到了 1.795。这表明，新生代农民工参加工会的可能性，是 300 人及以下企业中务工的新生代农民工的 1.795 倍。具体到不同的所有制企业，在私营企业中，务工的新生代农民工参加工会组织的可能性明显下降，只有国有企业的 33.9%。而生产、服务类岗位的新生代农民工在工会组织的参与上，也和管理类岗位的存在显著差距，只有后者的 27.3%。最后，劳动合同的签订有助于提高新生代农民工参加工会组织的比率：与没有签订劳动合同的人相比，签订了劳动合同的其发生比率是 4.605，超过 4 倍。

在工会活动的参与方面，女性参与的可能性明显下降，但处于已婚状态的人是未婚者的 2.002 倍。与工会组织参与的情况类似，在规模为 301~1 000 人的企业和私营企业中，新生代农民工参加工会活动的可能性显著下降。在管理类岗位工作的新生代农民工，也会更多地参加工会活动。劳动合同签订与工会活动参与的正相关程度有所下降，但发生比率仍为 2.321，即未签订者与签订者的差距超过 2 倍。最后，在工资拖欠经历上，有过工资拖欠经历的新生代农民工，参加工会活动的可能性大幅度提高，是没有相关经历的新生代农民工的 4.071 倍。尽管工资拖欠经历对新生代农民工的工会组织参与并不存在显著影响，但对其工会活动参与的影响不但显著，而且影响力是相当高的。

综合工会组织参与和工会活动参与的两个模型分析结果来看，可以发现雇佣就业特征是唯一在两个模型中都具有显著影响的因素。在工会组织参与模型中，来源地、性别、年龄、婚姻状况以及受教育程度等人口社会特征变量，以及工资拖欠、劳动纠纷等劳动权益损害经历，对新生代农民工的参与情况并无显著影响。农民工是否加入工会组织，取决于他们务工的企业规模、企业所有制、工作岗位以及是否与企业签订了劳动合同。

工会组织的参与，主要是一个成员身份的获得过程。只要劳动者符合工会的入会资格，企业的工会就应该允许其加入。因此，在不存在歧视性因素的情况下，包括新生代农民工在内的以工资收入为主要生活来源的劳动者能否加入工会，主要取决于他们所供职的企业是否建立了工会组织。由此看来，企业规模和所有制性质对新生代农民工工会组织参与的显著影响，很可能是因为企业的工会建设问题。规模在 1 000 人以上的企业，在工会的建设方面更加健全，从而提高了新生代农民工的参与率，而规模在 301~1 000 人的企业则由于工会组织的欠缺，导致了较低的参与可能。同时，国有企业的工会组织建设一般较为完善，而私营企业往往并未对工会建立工作给予足够的重视，甚至有个别企业还有可能出于各种原因而阻挠工会的组建。依据中华全国总工会研究室发布的《2012 年工会组织和工会工作发展状况统计公报》，2012 年，私营企业的工会会员数达到 9 809.5 万人，只占私营企业雇员总人数的 47.4%；同时，私营企业的工会数量是 139.7 万个。然而，同年的私营企业数量已经高达 591.11 万个（国家统计局，2013）。可以发现，私营企业的工会组建率仍然很低。工会组建数量的不足，很可能直接导致新生代农民工的工会组织参与不足。最后，工作岗位和劳动合同签订的情况说明，工会的组织参与在目前很可能仍存在一定的歧视现象。这使得管理类岗位的人拥有更多的机会参加工会组织，而没有签订劳动合同的新生代农民工，尽管符合《中华人民共和国工会法》中"以工资收入为主要生活来源"的资格条件，但因缺乏正式的企业员工身份而遭受身份歧视，参加工会组织的机会受到限制。这些因素在阻碍新生代农民工参加工会组织的同时，也进一步地给工会活动的参与设置了障碍。在缺乏工会组织建制的情况下，新生代农民工的工会活动参与因为缺乏基础而无从谈起，而歧视性问题的存在也不利于他们的活动参与。同时，规模较大的工会可能会由于行政机制的复杂化而抑制工会成员的活动参与（Barling，1992）。

此外，与工会的组织参与相比，工会的活动参与需要劳动者进行更多的投入，如时间的投入、精力的耗费以及资源的运用等。依据期望—价值理论，工会活动的参与行为受到个体活动参与的成本和收益预期的影响（Klandermans，1984）。很可能是由于个体存在成本—收益的权衡，工资拖欠经历对工会活动参与的影响变得显著。获得更高的收入，是新生代农民工进城务工的主要原因之一。而工资的拖欠直接影响了他们的收入，很可能给他们带来较大的冲击，让他们更深刻地认识到个人力量的不足，从而更加积极地参加工会活动，使自身与工会的关联更加密切。工会能够通过集体行动缩小劳动者与雇主之间的力量差异，并缩小劳动者内部成员之间的经济社会不平等（Cornfield，1991）。同时，在已婚的状态下，个人的经济负担增加，稳定的劳动关系和工资收入变得更加重要，这促使个体更加积极地寻求和运用那些能够维护劳动关系和工资收入稳定的途径和方法。在这种情况下，个体对于工会活动参与的预期收益也有所增加。这也可能是促进新生代农民工参与工会活动的原因之一。

本节聚焦于新生代农民工的工会参与，利用上海、深圳和天津等10个城市的问卷调查数据，运用Logistic回归模型探讨新生代农民工工会参与的影响因素，取得了以下主要成果：（1）对新生代农民工的工会组织参与具有显著影响的是企业规模、所有制性质、岗位类别和劳动合同签订等变量；（2）对工会活动参与影响显著的变量是性别、婚姻状况、企业规模、所有制性质、岗位类别、劳动合同签订和工资拖欠经历；（3）在中等规模企业或私营企业内务工的新生代农民工，以及在生产、服务类岗位工作或者没有签订劳动合同的新生代农民工，加入工会组织和参加工会活动的可能性较低；（4）女性或者处于未婚状态的新生代农民工，以及没有遭遇过工资拖欠经历的新生代农民工，参加工会活动的可能性较低；（5）工会组建的数量不足和工会参与的身份歧视问题，阻碍了新生代农民工的工会参与，而对工会参与预期收益的增加，有助于促进新生代农民工的工会活动参与行为。

第三节 社会工作的介入分析

工业社会工作属于社会工作的实务领域之一，是"社会工作者将社会工作的理念与方法运用到工业界，以其专业知识与技术，调动企业自身和社会的资源，帮助员工解决个人的、家庭的和工作上的各种困扰，提高员工解决问题的能力，促进其形成良好的工作适应关系，使其身心健康、生活稳定，提升合理而有效率的生产（工作）环境，使其能最大限度地发挥自身的潜能，取得良好的工作绩效，更快更好地实现企业的组织目标"（李迎生，2010）。工业社会工作具有专业行动优势，注重人的问题解决，是一种具有强烈的实践取向的社会行动，同时，社会工作也强调受助者个人行为、态度、身心和所处环境的改变，以实现助人自助的目标（方舒，2010）。

在西方工业化国家，工业社会工作起步较早。在其发展过程中，工业社会工作者致力于将社会工作的一般原则与方法应用到解决员工问题的工作中，形成了一系列工业社会工作的职业方案与计划，而比较著名的工业社会工作方案是员工协助方案（李晓凤，2010）。工业社会工作将员工视为企业的核心角色，关注员工的优势和潜能；以人性化和全面发展的视角尊重员工的需要和追求平等发展的机会；提高员工的工作积极性，建构企业内和谐的人际环境，达到劳资双方的可持续发展目标（唐晓英等，2010）。青年群体作为劳动关系中的重要参与者，是工业社会工作的行动对象之一。在香港地区，社会工作介入青年就业服务的推行模式包括三个面向，即微观层面上以"人力资本论"为基础的培训和规划服务、中观层面上以"社会资本论"为基础的社会网络工程和宏观层面上以"需求不足论"为基础的创造职位政策；在人力资本方面，社会工作针对不同青年需求提供多样化、一站式的就业服务；在社会资本方面，响应社区需要、发挥不同群体的互补效能，改变青年的价值观；在劳动力需求方面，通过多种形式创造岗位，舒缓青年失业问题（雷杰、黄婉怡，2014）。

在澳门地区青年的就业困境议题上，社会工作者可以学习香港社会工作的实践做法，分别在微观、中观和宏观侧面协助他们去应对澳门的产业结构所导致的失业风险问题。首先，在微观的人力资本方面，社会工作应当采取积极的手段，缓解澳门青年的辍学问题，推动澳门青年的人力资本积累。人才资本对经济增长的贡献率远远大于劳动力资源的贡献率，而劳动力资源需要通过开发和转变才能成为人才资本（赵国友，2006）。现代社会的劳动力市场一般以经济收入作为主要的回报，促使社会成员去接受更多的学校教育和职业培训，从而推动整个社会的劳动力资源开发，保持经济社会的持续发展和稳定。博彩业高额的行业利润和工作岗位特点，使得其可以非常高的劳动报酬去聘请一些低技能的劳动者，这在一定程度上改变了劳动力市场的结构性安排。在一个区域范围内，如果博彩业只是其中的一个规模较小的行业，对劳动力的需求十分有限，那它对当地劳动力资源开发的影响应该是不大的。但如果博彩业在当地处于主导性行业的地位，吸纳了大规模的劳动力，那它对劳动力资源开发的负面效应将会显著加大，制约当地劳动力资源的发展水平。现阶段的一个显著问题是澳门中学生的辍学问题。因此，社会工作者可以适当介入，到选择辍学的中学生群体当中，尤其是那些选择辍学而进入劳动力市场就业的中学生，尝试去了解和明确他们所面临的具体问题。对于那些与学校系统存在资源交流困难（如文化资源贫乏或者经济资源贫乏）的青年群体，社会工作可以从生态系统理论的实务模型出发，采取有效的方式进行修补，如寻求政府的政策资源，给家庭经济情况较为困难的青年群体提供教育补贴、助学贷款等外在支持，让他们可以重新建立起与学校系统的良好交流，从而完成学业。

在中观的社会资本层面，社会工作者可以在辍学问题较为严重或者就业范围较为显著地集中在博彩业的社区，制定有针对性的介入方案，协助社区中的青年群体更深刻地认识博彩业发展的正面和负面影响，同时改变一些可能存在的"金钱至上"的价值观，树立正确的人生观和价值观，将个人潜能的发挥和对社会发展的贡献作为人生追求的主要目标。在宏观的劳动力需求层面，博彩业的一业独大增加了澳门经济的脆弱性。在博彩业发展受阻或陷入低迷的情况下，将会给澳门的经济社会发展带来严重的影响。因此，社会工作者必须积极倡导，促使中央与澳门特区政府高度重视博彩业给劳动力资源开发所带来的负面效应，尽快降低博彩业发展对劳动力市场所带来的不利影响，保障和加强劳动力素质与劳动收入的对应性安排，积极拓展澳门的产业类别，完善澳门的产业结构，从而保证区域内学校教育和劳动力资源开发机制的正常运作，减轻产业结构单一化的负面影响，实现澳门人力资源的持续发展和社会的和谐稳定。

此外，社会工作者应积极介入青年农民工与工会的关系当中。加入工会有助于实现青年农民工与雇主劳动关系的长期化。而且，新生代农民工的工会参与，在民主政治发展中具有重要的意义。现阶段，城乡二元体制的影响以及人户分离的现状，使农民工的政治参与处于边缘状态，无论是参与迁出地还是迁入地的社会公共政治活动的概率都非常低（邓秀华，2009）。在这种情况下，工会参与是新生代农民工政治参与的一项重要内容。而且，工会成员的身份有助于提升个体在城市区域的政治参与（Zullo, 2008）。因此，必须尽快制定切实有效的政策措施，缓解和消除工会组建不足、身份歧视等阻碍新生代农民工工会参与的因素，从而更好地促进新生代农民工的工会参与。社会工作者可以依据员工协助方案的工作理念，积极关注青年农民工群体的工作诉求和权益保障。员工协助方案是西方工业社会工作中所推行的一种系统的、长期的员工援助和福利计划，通常借助于社会学、组织行为学、管理学等理论和技术，通过整合个人、家庭、组织和社会等多方资源，旨在全方位帮助与解决员工及其家庭成员的各种心理和行为问题，提高员工在组织中的工作绩效，改善组织气氛和管理（李晓凤，2010）。譬如，社会工作可以在青年农民工群体中广泛宣传工会的宗旨和工作职能，使青年农民工群体认识到工会是劳动者在企业层面的代表，承担着保障职工利益的重要职能，从而更加积极地参与到工会中来——通过需求的拉动，推进工会的建设工作。

第四章 女性发展议题

现代社会的不断发展使越来越多的女性进入劳动力市场，在兼顾家庭生活的同时，有了自己的职业发展空间。在农业社会，农业生产对体力和力量的要求使男性成为最主要的劳动力，女性更多地只是承担辅助性的角色，做一些简单的农活，大部分的时间是在家庭里度过。随着工业化的推进以及工商服务业的发展，全新的行业对劳动者的体力和力量的要求显著降低，尤其是知识型经济的兴起，使女性与男性之间的体能差距变得不那么重要。女性的人生不再局限在传统的家庭当中，而是可以和男性一样进入劳动力市场，去追求工作和事业上的成功。反映到学校教育上，越来越多的女性进入高等院校接受良好的专业教育。《中国青年人口与发展统计报告（2015）》指出，2014年，在校女研究生有87.85万人，比上年增加3.61万人，占比为48.97%，与上年持平；同时，在校本专科生中女生已超过一半，女性青年在高等教育方面已基本实现撑起半边天的格局（邓希泉，2015）。

然而，尽管女性已经获得了更多的机会去追求个人发展，但传统的关于性别的刻板印象以及在此基础上形成的性别歧视仍未得到及时转变。同时，传统的性别角色分工和角色期待，也要求女性在家庭中承担起主要的养育子女和照顾老人的责任。这些因素导致女性在谋求事业发展时，遭遇到相对于男性更多的障碍和困难。兴起于20世纪中叶的女权主义运动，正是为了直面女性在职业发展中的困境，力图破除社会中的性别歧视，实现性别平等。美国人类学家卢宾（Rubin）在1975年提出"社会性别"一词，将社会性别与生理性别相区分，在肯定男女两性生物学差异的基础上，指出社会性别差异是造成男女不平等的根本原因（李方，2010）。作为现代社会应对社会问题和扶持弱势群体的一种方式，社会工作同样关切女性发展的议题，务求给女性发展提供必要的支持。

第一节 女性农民工的城市融入问题

伴随着中国工业化和城市化的经济社会转型，农民工群体所代表的城乡二元结构分割下的农村劳动力转移就业以及由此所产生的社会分化，其相关问题日渐成为影响中国未来发展的重要研究议题，得到社会学、政治学、经济学、法学、人口学、人类学等众多社会科学学者的广泛关注和深入探讨。

在工业化和城镇化的进程中，越来越多的农村女性劳动力向城镇转移就业。国家统计局2009年的专项调查结果显示，上一代农民工中女性的比例仅为26.9%，但在新生代农民工中女性的比例已经达到了40.8%，两者合计超过5 000万人，约占全部外出就业农民工人数的34.9%（国家统计局，2010）。到了2015年，农民工的总量达到27 747万人，而女性农民工的比例为33.6%，多达9 322万人（国家统计局，2016）。目前，女性农民工已经成为中国城镇职工队伍的重要组成部分，在推动经济社会发展方面承担着不可或缺的重要作用。为了更好地反映和回应女性农民工的诉求，越来越多的学者开展了女性农民工的专项研究或者农民工群体内部的性别差异研究。譬如，李朝阳（2011）探讨了女性农民工的劳动权益保护问题，李实和杨修娜（2010）分析了农民工工资的性别差异及其影响因素，而胡宏伟、曹杨和吕伟则（2011）则尝试对女性农民工所面临的独特心理压力进行深入认识。然而，尚未有研究针对女性农民工的城市融入问题以及该问题的性别差异进行探讨。

一、农民工的城市融入

作为农民工研究的一个重要领域，城市融入研究是对农民工在经济、社会、政治等方面逐步融入城市各种制度设置的一系列问题所做的探讨，对维持城市的稳定发展、促进中国的城市化进程具有重大的意义。近年来，相关研究主要在两个层面即经济社会层面和政策层面上向前推进。

在经济社会层面的探讨，当前主要集中在职业流动、劳动权益、社交网络和城市归属感等领域——既有理论层次的应用分析，也有经验层次的测量界定。总体而言，研究者普遍认为当前农民工的城市融入仍处于相当低的水平，农民工在城市体系中仍居于边缘位置。依据自韦伯以来社会学所强调的经济地位、政治地位和社会声望三个向度的社会地位测量模式，李强（2004）通过分析和实证研究指出，由于农村在中国城乡二元体系中处于整体劣势地位，农民工尽管在近20年来的城市建设中做出了巨大的贡献，但至今还是处于城市阶层体系的边缘位置。在具体形式上，刘传江、周玲（2004）较为全面地归纳了农民工边缘位置的主要体现：（1）工作性质边缘性；（2）居住分布边缘性；（3）社会地位边缘性；（4）社会心态边缘性；（5）边缘性的子女继承性。一系列研究支持农民工城市融入低层次性的论断，下面按"经济—社会"的基本维度加以分述。

就业和职业流动是农民工经济融入的主要方面。罗华荣（2005）指出，由于农民工的农业户口身份，遭遇到一些对农村流动劳动力实施总量控制和实行差别就业等限制性措施，被人为地进行职业分隔，只能进入收入低、工作环境差、待遇差、福利低劣的劳动力市场，从事那些脏、累、苦、险、差等属于次级劳动力市场的职业，主要集中在制造、建筑、采矿、清洁、环境保护、清洁、厨师、服务员、车工、钳工、钟点工或保姆等行业。同时，李强（1999）通过经验研究指出：第一，农民工的职业流动、工作变动是比较频繁的；第二，农民工通过初次职业流动（从农民到工人）实现了地位的明显上升；第三，农民工的再次职业流动地位变化微小，尽管频繁更换工作，但地位的总分值只有微小上升；第四，无论初次职业流动还是再次职业流动，城市市民的地位上升都高于农民工。次级劳动力职业、频繁工作更替和再次职业流动的限制，综合反映出现阶段农民工经济融入的低层次性，以及持续停留在城市职业体系的边缘位置。李强（1999）进一步分析了上述现象的原因：首先，频繁的工作变动源于农民工所参与工作的临时性质和由此而来的心理归属感缺失，以及农村家属与工作的限制，同时，主要受雇于私营的单位或各种公司，所奉行的劳动力自由雇佣的市场交换原则使他们更多的是以辞职来解决单位内部矛盾；其次，农民工再次的职业流动地位变化微小是受到主客观的限制，缺少地位积累、地位继承和社会资源，受教育水平低、技能缺乏、户籍身份限制以及城市社会关系网隔绝。

农民工经济融入的低层次性的另一个反映，在于其在城市参与经济活动的一系列基本权益在现阶段并未得到有效的保护。除了合同签订、工资获取等劳动权益之外，简新华和张建伟（2005）归纳了农民工缺乏社会保障的主要表现：（1）缺乏劳动保护，工作严重超时，工伤事故和职业伤害对身体健康造成损坏；（2）缺乏医疗保障，遭受到工伤疾病等问题无法及时就医；（3）缺乏失业救济，只能依靠个人积蓄和借债维持失业期间的生活；（4）缺乏老年保障，在年老时将处于老龄社会而面临困境。同时，尽管近年来面向农民工权益保障的多种法律和政策得到制定、颁布，但路径依赖、结构影响等众多制度性因素使这些努力在目前对农民工的权益保障仍未能得到实质性的提升。聚焦于农民工的伤残问题，郑广怀（2005）指出，目前伤残农民工的维权道路上存在一个与赋权完全相反的剥权的过程，源于资本和地方权力体系在制度运作实践中所形成的去合法性、增大维权成本、对制度的选择性利用和弱化社会支持四种制度连接机制而导致的制度文本与制度实践运行的悖论，造成完备的法律政策规定与劳工维权实际遭遇的巨大断裂；农民工所应获得的权益在维权过程中被逐步剥夺殆尽，针对他们的剥权的实践运作和制度连接依然如故，形成农民工权益保护的制度悖论。

在社会融入方面，李汉林（2003）通过经验研究指出，农民工进城后在社会交往中依赖和选择同质群体和初级社会关系，并以此为基础、以"我"为中心构造交往和互动的差异格局，组织虚拟社区，由此即使与城里人混杂居住，其和城里人仍缺乏足够的社会交往。这种社会交往的局限，朱力（2002）总结为内倾性和表层性：内倾性指他们交往的对象指向为同乡和从其他地区来的农村人，在工作和生活上如果出现问题更多的是找同乡帮忙；表层性是指与城市居民交往过程中更多的只涉及业缘关系，而没有情感上的交流，相互之间缺乏深入交往的支持点，带有明显的功利性质。米庆成（2004）进一步指出，农民工在地域上表现出对城市的强烈归属与认同，但由于对城市的群体归属感受到社会歧视的抑制而导致了交往障碍；部分农民工选择以原有人际网络为基础，在城市重建原来的生活方式和文化模式，构建一种以农民工为主要成员的初级社会群体和亚文化生态环境，从而形成农民工在城市中的聚居区。

子女教育问题是农民工社会融入的一个特定侧面。在现代社会，参与学校教育是构建同辈群体网络的主要途径之一。农民工子女参与城市义务教育的状况，从侧面反映出农民工社会融入的深度。项继权（2005）通过经验研究发现，尽管目前中央在政策上确立了"流入地政府为主"和"公办学校为主"的解决农民工子女上学的"两为主方针"，但在实际操作中不少公办学校以种种理由拒收或少收农民工子女入学，而有的地方政府则指定部分学校接收农民工子女，通过"分校"及"分班"的办法将农民工子女和城市居民的子女相隔离。子女教育的隔离、社会交往的内倾性和表层性以及由此转化而成同质聚居，表明了当前农民工社会融入的低层次性。

研究者一般认为，农民工的城市融入目前之所以仍处于相当低的层次，主要源于以户籍管理制度为核心的一系列城乡分割政策和制度，这也成为农民工融入城市的制度性障碍。由此，政策层面的探讨同样是农民工社会融入研究的重要方面，具体可分为政策基础、劳动权益与社会保障、户籍制度改革和城乡一体化构建四个主要维度。

聚焦于政策制定的前提和基础，李雪平（2004）以我国《劳动法》中有关平等就业、工资报酬、工会加入以及劳动争议解决等的规定为例，对农民工实际享有的"保持特性和维护认同""有效参与"和"自由与和平交往"等权利予以分析，强调农民工在其迁入地的经济和社会发展中做出了巨大的贡献，但其应当得到的与其所付出的存在严重的不均衡，其权利应当得到有效保护。以工资拖欠为例，杨瑞龙、卢周来（2004）分析了该问题的深层次原因：第一，农民工工资被拖欠的主要原因并非农民工与雇主之间非正式的口头契约无法有效实施，而是受国家明文保护的、应该由国家作为第三方强制实施的正式契约无法有效实施。第二，正式的契约无法得到有效实施，农民工的合法权益也得不到国家的保护。其原因在于，一方面，国家存在部分的绝对权力，而这种绝对权力在追求租金最大化的动机下被滥用；另一方面，作为国家强制力的司法体系的相对权力被少数利益群体所削弱，无法有效进行强制实施。第三，国家作为第三方在保护农民工合法权益方面的失败，必然导致农民工选择契约以外的其他执行方式，这使得契约的实施由"公共强制"倒退回"私人秩序"，进而可能导致暴力的出现，危及社会稳定，反过来又迫使政府加大力度地实际使用权力。第四，要重新建立国家作为强制实施的第三方在保护农民工权益中的权威，就必须考虑"第三方权力的最优化"问题。而要做到"第三方权力最优化"，就必须在事前建立起能有效制衡第三方的集体选择机制。

在社会保障方面，研究者也进行了广泛的探讨。卢海元（2004）从为农民工城镇化提供制度保障入手，在总结中国城乡社会保险制度实践经验的基础上，提出以"准入制度"替代"集体排他性政策"，即通过建立符合农民工特点的社会养老保险制度，推进土地换保障等一系列积极的城镇化政策。同样聚焦于养老保险，郑功成（2002）从农民工流动性、社会保险部门管理难度和运作成本以及保险费率对企业用人成本影响等因素做出综合权衡，并对相关实践做出反思，指出有必要设计两种以上的农民工的养老保险方案供有稳定职业的农民工（有较长时期的劳动关系和稳定的工作岗位）和无稳定职业的农民工（经常处于流动状态）自主选择，而在此之前可对农民工进行适当分类：对达到规定居住年限及有相对固定住所和单位的农民工，给予享受本市居民权益的资格条件并正式纳入当地的养老保险体系；对不符合条件的农民工，则用另外的方案加以解决，并视情形逐步纳入。郑功成强调，必须规范用工，让所有用人单位均须与所雇佣的农民工依法签订劳动合同，并接受政府部门的监督；同时，在规范缴费工资的条件下降低费率，将费率控制在用人单位与农民工可接受的限度，以避免由于这一政策的推行而造成用人单位生产成本的急剧上升与农民工即期收入的大幅减少，以及造成用人单位大量裁减农民工的负面影响。

对城乡分割的户籍制度进行改革，是大部分研究者的共识和倡导。一些研究者探讨了户籍制度得以延续的深层原因，并开始对其他制度性障碍展开研究。陈映芳指出，受到广泛、严厉批评的城乡二元分割的户籍制度之所以被推行、被维持，首先是因为其在国家和各级地方政府的社会秩序管理方面承担着特殊的功能，国家安全部门和行政管理系统已经形成对这套制度系统的依赖。同时，现行户籍制度还承担着十分重要的社会资源配制功能，而国家解决农民工问题的途径主要是将国家层面上的"公民权"问题转换成城市层面上的"市民权"问题，没有做出实质性的制度调整，构成了城市开放市民权的一个现实障碍（黄玉捷，2004）。从新制度经济学出发，黄玉捷（2004）通过研究指出，户籍制度在农民工就业过程中并没有起到根本性的阻滞作用，而且农民工社会保障制度的建立困难是源于企业激励机制弱化而非户籍制度所划定的社会保障范围阻碍，需要通过农民工就业制度的外生性制度和内生性制度的互动以及内生性制度的制度化，来实现并强化企业的激励机制。这为户籍制度延续的背景下解决农民工社会保障问题提供了一个重要工作领域，将"企业"纳入探讨对象，拓展了农民工城市融入研究的视野。

依据关信平（2005）的归纳，围绕着解决农村劳动力转移的长期性社会政策问题，研究者们提出了三种主要的政策模式的选择思路：（1）维持二元结构模式下的社会政策模式；（2）在城市中建构双重社会政策体系；（3）建立统一的和城乡一体化的社会政策体系。在综合分析的基础上，关信平指出第三种模式是最有前途和前瞻性的选择，据此在现阶段先要解决农村转移就业劳动者的基本社会保障和社会服务问题，在这方面应遵循以下一些基本原则。首先，需要改变目前对农村转移就业劳动者基本权利地位的定位，实现从"农民工"向"新移民"、从"失地农民"向"新城市居民"的概念转化，建立、实行新的城乡统一社会政策的政治和经济基础。其次，在政策方案的设计中应该注意，不只是要解决他们眼前的问题，而是要着眼未来社会政策的长期发展；不是要单独为农村转移劳动力设计一套社会政策体系，而是要通过对现有城市社会政策体系的改造而使之能够逐渐容纳并延伸到农村转移劳动力，以便最终建立长期的城乡一体化的社会政策体系；同时，目前的政策设计不是只分门别类地探讨转移劳动力的就业、社会保障、子女教育、医疗、住房等方面的问题，而是要先构筑基本的社会政策框架，然后在此框架下再分别探讨社会政策各个方面的具体方案。

二、女性农民工的城市融入

城市融入依托的是社会融入的概念。社会融入是与社会排斥相对应的概念。依据欧盟的官方界定，社会融入是一个过程，在这个过程中贫困和遭受社会排斥的群体逐步获得足够的机会和资源，全面地参与当地的经济、社会和文化生活，"获得当地社会一般化的标准生活和福祉，并在影响他们生活的政策制定中获得更大的参与，保证他们的基本权利"（The World Bank，2005）。在本章针对农民工群体的研究中，城市融入主要是指农民工在进入城市后，在经济、社会和心理等方面适应城市的相关制度设置的要求，并获得城市社会的包容和接纳，从而逐步融入城市社会，实现与本地居民同等标准的生活。现有的研究指出，城市融入程度对女性青年农民工的媒体求助意愿具有显著性影响，对当地语言的熟悉能够促进女性青年农民工的求助动机（张蓓，2014）。女性青年农民工在城市融入的过程中面临四重困境：（1）就业困境。就业层次低，收入少，缺乏技能培训，劳动权益难以得到保障，她们可能会因此产生一种被剥夺感。（2）生活困境。居住环境恶劣，医疗条件差，子女就学困难，生活满意度较低。（3）社会交往困境。女性青年农民工交往的群体同质性强，与城里人的交往存在隔膜，缺少有效的社会支持。（4）心理困境。女性青年农民工的心理困惑更多的来自个体的情感体验，城市边缘人的身份使她们感到迷茫、失落和孤独、压抑，情感无所寄托（康绍霞，2009）。

在城市融入概念的操作化和测量框架方面，本次研究采用了杨菊华所设定的指标体系。杨菊华对1990年中期以来影响较大的流动人口社会融入研究成果进行了总结，并进一步在社会融入理论的指导下，探讨和构建了一个具有普适性的城市融入指标体系。该指标体系由三级因素构成：城市融入概念下辖经济整合、行为适应、文化接纳和身份认同四个维度（第一级）；维度下辖工作环境、收入水平、人际交往等16个具体指标（第二级）；指标下辖可以直接测量的若干变量和参数（第三级）。其中的经济整合和行为适应维度是显性客观因素，而文化接纳和身份认同维度是隐性主观因素（杨菊华，2010）。这些维度最终反映出流动人口社会融入的总体状况。就目前而言，该指标体系是国内社会融入研究中一个较为全面和深入的测量框架。本部分对农民工社会融入的性别差异的探讨，将主要依据这一指标体系展开。

在指标下辖的测量变量和参数方面，本次研究设定了一系列定类变量（如单位所有制性质、工作性质和主要交往对象等）、定序变量（如就业状况、就业难度和社区活动参与等）和定距变量。其中，定类变量和定序变量的分析采用了韦伯的理想型研究模式。具体而言，本次研究在测量中以变量选项所反映出的社会融入度高低作为统一依据，对变量选项进行由高到低的赋值。各个项目的最高值,共同构成了农民工社会融入的理想型,即最理想的融入状态。譬如,在经济整合维度的单位所有制性质的测算中,本次研究划分有国企、外企、私营企业、集体或乡镇企业、个体户5个选项。依据经验判断,本次研究将国企就业作为农民工融入城市的最高值,并依次赋值为5到1。在参保情况中,"目前参保""过去曾参保但现在没继续"和"从未参保"分别设置为2、1和0。"目前参保"作为农民工融入城市的最高值,"过去曾参保但现在没继续"作为中间状态,而"从未参保"则被视为未能融入城市生活,因此被赋值为0。

最后,为了能够清楚地表明农民工社会融入的性别差异,本次研究对各项统计变量的性别差距进行了标准化处理。从性别差异的研究目的出发,标准化处理的公式是:标准化差距=性别差距/(区间最高值-区间最低值)。这一标准化公式以区间的最高值作为100%的社会融入度,将最低值视为0%,借此更好地明确女性农民工与男性农民工的差距。

在数据上,本研究采用南开大学"农村劳动力转移就业的社会政策研究"课题组在广州、昆明、上海、沈阳和天津五大城市进行的农民工抽样问卷调查结果。此次调查采取随机抽样和当面访问的方法进行,最终的有效问卷为2 508份。其中,男性被访者为1 557人,占样本总体的62.1%;女性占37.9%,有951人。

(一)经济整合与行为适应

经济整合是指流动人口在流入地经济结构方面面临的挑战及在劳动就业、职业声望、工作条件、经济收入、社会福利、居住环境、教育培训等方面的融入情况,是个体经济地位的综合反映（杨菊华，2010）。本次研究主要考察了就业机会、职业声望、工作环境、社会保障、居住环境、教育培训和收入水平7个方面，并对当中具有明确区间值的项目（如就业状况、就业难度、就业歧视等）进行了差距的标准化处理。其中，在每周工作天数的测量上，以每周工作5天的城镇标准工作时间为社会融入程度的最高值，工作7天为最低值。同样，每天工作时间以8小时为社会融入的最高值，更长的工作时间代表着相对较低的社会融入度。数据统计的详细结果见表4-1。

表4-1 经济整合维度的对比

	描述项	区间值	女性	男性	差距	标准化差距（%）
就业机会	就业状况	1~3	2.71	2.71	0	0
	就业难度	1~4	2.10	2.17	-0.07	-2.33
	就业歧视	1~3	2.41	2.36	0.05	2.50
	无业时间	/	19.84	25.23	-5.39	/
职业声望	单位所有制性质	1~5	2.69	2.56	0.13	3.25
	工作性质	1~5	1.66	1.99	-0.33	-8.25
	工作持续时间（月）	/	24.05	26.18	-2.13	/
工作环境	工作天数（周）	0~7	6.39	6.48	-0.09	-1.29
	工作时间（日）	0~12	10.13	9.98	0.15	1.25
社会保障	参保情况	0~2	0.22	0.14	0.08	4.00
	累积缴费时间（月）	/	22.87	45.66	-22.79	/
居住环境	居住区域	1~3	2.28	2.31	-0.03	-1.50
教育培训	人均培训次数	/	0.38	0.44	-0.06	/
	培训总天数	/	30.98	61.29	-30.31	/
收入水平	月平均收入（元）	/	954.64	1 156.84	-202.2	/

统计结果清晰地表明：女性农民工在经济整合维度上的社会融入程度要明显滞后于男性农民工。在上述7个方面共15个测量项目中，女性农民工有10个项目的分值要低于男性农民工，而只有4个项目的分值相对较高，1个项目的分值持平。譬如，在就业机会这个指标上，除了就业状况基本一致外，农民工在就业难度、就业歧视和无业时间等方面均呈现出明显的性别差异。女性农民工比男性面临更大的就业难度，在过去一年里在城市里没有工作的时间也更长。在职业声望方面，女性农民工所从事的工作性质得分明显低于男性农民工的同项得分。在得分都相当低的情况下，性别之间还存在0.33的差距，标准化差距为-8.25%，是全部15个项目当中差距最大的一个。与男性农民工相比，女性更多的从事职业技能较低的工作。同时，依据工作天数和工作时间的测量方法，女性农民工的每周工作时间较短，与每周工作5天的城镇标准工作时间更为接近，这表明了更高的社会融入程度；但在每天的工作时间上，则略长于男性农民工。在社会保障方面，男女农民工都呈现出非常低的社会融入度，在0~2的分值区间当中分别都只有0.22和0.14的得分，双方的标准化差距为4.00%，也属于相对较大的差距。

行为适应是流动人口在流入地融入与否及其融入程度的显性指标，而人际交往、生活习惯、婚育行为、人文举止、社区参与等都是衡量行为适应的可行性指标（杨菊华，2010）。本次研究重点考察了人际交往、社区参与以及人文举止三项指标（见表4-2）。

表4-2 行为适应维度的对比

	描述项	区间	女性	男性	差距	标准化差距（%）
人际交往	朋友数量	1~5	3.37	3.46	-0.09	-2.25
	主要交往对象	1~6	2.21	1.90	0.31	6.20
	邻里交往	1~4	2.25	2.21	0.04	1.33
社区参与	社区组织联系	0~4	1.55	1.52	0.03	0.75
	社区组织求助	0~3	0.29	0.28	0.01	0.33
	求助结果	0~2	0.82	0.72	0.10	5.00
	社区活动参与	1~4	1.26	1.30	-0.04	-1.33
人文举止	子女就读学校类型	0~5	2.95	2.46	0.49	9.80

表4-2的统计显示：在行为适应维度，女性农民工的社会融入程度明显高于男性农民工。只有在朋友数量和社区活动参与的分值上，女性农民工才低于男性农民工，其余的6个变量的分值都相对较高；其中，在"主要交往对象"的分值上高于男性农民工约6个百分点，在"子女就读学校类型"上更是高达约10个百分点。在向社区组织求助的情况下，女性农民工也相对较多的得到社区组织的支持和帮助。然而，尽管女性农民工在社区参与指标上的社会融入程度要高于男性，但就指标测量项目本身的得分而言，女性农民工仍然处于一个相当低的水平。在社区参与指标的四个测量项目当中，女性农民工没有一个项目的得分可以超过项目总分的一半，尤其是在"社区活动参与"测量项目上，女性农民工在1~3的分值区间中只获得1.26分。这些数据表明女性农民工在社区参与方面的社会融入度是十分低的。同样的情况也存在于人际交往指标中的"主要交往对象"项目和"邻里交往"项目上。综合来讲，女性农民

工在行为适应上仍未能较好地融入城市社会。

(二) 文化接纳与身份认同

文化接纳即农民工对城市文化和社会理念的了解和认可程度,包括价值观念和人文理念等指标(杨菊华,2010)。社会保险制度是现代社会工业化和城市化的产物,超越了传统的乡土社会的家庭养老模式。中国的农村社会保险制度,在当前仍然处于起步阶段。社会保险制度可以被视为一项城市的独特文化,对其的了解和认可、参与程度,能够在一定程度上反映出农民工对城市的融入程度。因此,在价值观念指标上,本次研究考察了农民工对养老保险的了解程度及其在参与上的性别差异。而在人文理念指标上,则重点探讨了其对子女教育方式的期望和对子女最高学历的期望(见表4-3)。

表4-3 文化接纳维度的对比

	描述项	区间	女性	男性	差距	标准化差距(%)
价值观念	养老保险的了解程度	0~3	0.75	0.84	-0.09	-3.00
	养老保险的参保意愿	0~3	1.82	1.96	-0.14	-4.67
人文理念	子女教育方式期望	0~5	4.23	4.01	0.22	4.40
	子女最高学历期望	0~8	7.67	7.72	-0.05	-0.62

表4-3的统计数据显示,在农民工群体对养老保险的了解程度总体较低的情况下,女性农民工的了解程度比男性更低。这种状况同样反映在养老保险的参保意愿上,只是农民工群体的总体参保意愿相对较高。统计结果表明,在价值观念的融入程度上,女性农民工相当明显地滞后于男性农民工。在人文理念的子女教育方式期望方面,女性农民工的期望较高。而在子

女最高学历的期望方面，则不存在较大的性别差异。总的来看，女性农民工在文化接纳维度上的社会融入程度要滞后于男性农民工。

身份认同主要包括心理距离、身份认同等主观指标，具体可包括流动人口与目的地人群的距离感、对家乡的依恋程度，以及在排除客观因素后是否从心理上打算回到家乡等变量（杨菊华，2010）。在本次研究中，心理距离指标进一步被细化为总体满意度、对未来的信心、社区安全感、社区居民信任度以及对社区的归属感 5 项测量变量，而身份认同指标则被细化为返乡定居可能性、工作打算（包括有"长期留在城市工作""回到农村务农""回到老家农村从事非农产业""回老家的县镇上打工"等选项）、定居地选择以及非农户籍换取意愿 4 项测量变量（见表 4-4）。

表 4-4 身份认同维度对比

	描述项	区间值	女 性	男 性	差 距	标准化差距（%）
心理距离	总体满意度	1~5	3.63	3.49	0.14	3.50
	对未来的信心	1~5	4.02	3.95	0.07	1.75
	社区安全感	1~5	3.44	3.47	-0.03	-0.75
	社区居民信任度	1~4	2.93	2.99	-0.06	-2.00
	对社区的归属感	1~5	3.41	3.29	0.12	3.00
身份认同	返乡定居可能性	1~5	2.51	2.29	0.22	5.50
	工作打算	0~1	0.53	0.47	0.06	6.00
	定居地选择	1~5	4.04	3.93	0.11	2.75
	非农户籍换取意愿	1~3	2.09	2.17	-0.08	-4.00

在心理距离方面，女性农民工的总体满意度、对未来的信

心以及对社区的归属感得分较男性农民工要高，但在社区安全感和社区居民信任度上分别低 0.75% 和 2.00%。5 个项目的标准化差异的汇总数值为 6.50，表明女性心理距离指标的社会融入程度相对于男性农民工更高。而在身份认同方面，女性农民工在返乡定居可能性、工作打算以及定居地选择等项目上也有较高的得分，分别比男性农民工高 5.50、6.00 和 2.75 个百分点。只有在非农户籍换取意愿上，女性农民工的意愿相对较低，低于男性农民工 4 个百分点。项目标准化差异的汇总项目数值同样为正值，显示出女性在身份认同指标上有更高的社会融入度。综合两个指标的数据可以得出：女性农民工在身份认同维度上的社会融入度相对较高，领先于男性农民工。

本次研究所采用的是一个普适性的流动人口社会融入指标体系。新的指标体系在某些数据的可靠性、可信度和稳定性方面可能还存在一定的不足（姜秀花，2006），但就其全面性和系统性而言，这个指标体系的优点还是明显的。从数据分析结果来看，农民工的社会融入是存在显著的性别差异的。女性农民工在社会融入的隐性主观因素方面明显高于男性农民工，而且在分值区间中也处于中等偏上的位置。其性别差异具体表现为，女性农民工在文化接纳和身份认同两个维度上的总体得分更高。而在社会融入的显性客观因素方面，女性农民工在行为适应维度上同样高于男性农民工，但在经济整合维度上则较为显著地滞后于男性农民工，尤其是在职业声望指标上只有中等偏下的得分，融入度较低。而且，尽管相对于男性农民工而言处于一个更高的水平，但女性农民工在行为适应维度上的社会融入程度仍然是非常低的。聚焦于女性农民工本身，她们在主观上呈现出较高的社会融入度，表明了她们对城市社会和生活的认同,但在客观的现实生活中,社会排斥等因素的影响使她们的社会融入程度尚处于较低的阶段,迫切需要相关社会政策的跟进和介入。

第二节 夜班工作对女性的影响

工作时间是指在劳动关系中劳动者为用人单位履行劳动义务而从事劳动或者工作的时间(王林清,2012)。近年来,工作时间的延长和夜班的时间安排对劳动者尤其是青年劳动者的影响受到政府和社会越来越多的关注。在卫生医疗系统、金融业和软件业等领域,接连发生了青年劳动者因持续加班和过度劳累所导致的猝死事件,并导致了家庭的破裂。这使得政府和社会都开始更多地反思工作时间对劳动者的影响,思考如何有效地减轻和缓解这种影响,从而更好地保护劳动者的身心健康。

关于夜班工作对劳动者的影响,现有的研究成果集中在卫生医疗系统,而且往往是聚焦在护士群体身上,对医生以及包括财务人员在内的辅助人员的关注不多。因此,在研究对象的群体范围方面迫切需要得到尽快的扩展,以便给政府的政策制定提供更具有针对性的支持。社会性别理论在承认性别的生物性基础上,更加注重与此相伴生的社会性,认为男女两性处于平等的主体地位,考察两性问题应该将其放在男女两性共同塑造的社会角色和权力结构中,不能将两性孤立地割裂开来,要注重不同政策或项目对两性影响的分析(周萍,2016)。16~

19岁、20~24岁、25~29岁和30~40岁四个年龄段中，城镇就业女性青年的工作时间分别为49.2小时、46.7小时、46.0小时和46.3小时，都比每周40个小时的工作时间要长（邓希泉，2015）。由此，本次研究聚焦于在零售业参与夜班工作的青年劳动者，通过对6位女性青年劳动者的深度访谈，探讨零售业领域的夜班工作对青年劳动者的影响。

一、零售业的夜班工作

现阶段，随着零售业行业规模的持续扩大和容纳的劳动力越来越多，其夜班工作给劳动者带来了更大的影响。在扩大内需政策的带动下，零售业获得了良好的发展环境。再加上人们的生活水平和消费能力不断提高，都使得零售业得到了极大的发展，销售规模和经营单位不断增加。而经营单位数量的增加，也容纳了大量的劳动力在这个行业就业。零售业有其自身区别于其他行业的特点，其中就包括对接消费人群的消费安排。就目前而言，大部分消费者在周一到周五的工作时间内都不具备前往零售业经营单位进行消费的条件，只有在下班之后（包括周中的晚上和周末的时间）才能够在零售业进行消费。只有少部分消费者（如退休人员）能够在周中的白天时间段内进行消费，但他们往往不是消费力和消费意愿最强的人群，消费规模是比较有限的。在这种情况下，零售业要实现盈利和增长，必须使其经营单位的营业时间能够对接大部分消费者的消费时间，这样才可以促进消费，获得更多的收益。尤其是在大型的百货商场、购物广场等消费场所，营业时间普遍至晚上10点。因此，夜班的工作时间安排是现阶段国内零售业经营方式的一个必备的组成部分。在零售业工作的劳动者，大多需要在夜晚时段进行工作。

那么，零售业的夜班工作给女性青年劳动者带来了哪些影响？女性青年劳动者是如何认知这些影响的？本次研究运用质性研究的深度访谈方法进行探讨，在调研中访谈了6名目前或曾经在零售业工作的女性青年劳动者。这些劳动者的个人资料背景如表4-5所示。

表4-5 零售业访谈对象的个人资料

序号	访谈对象	性别	年龄	访问时间	备注
1	YWT	女	23	2015-04-16	曾在零售业工作5个月，2015年3月辞职
2	LCB	女	22	2015-04-17	目前在零售业承担部门经理的工作，已工作半年
3	WSY	女	21	2015-04-17	曾在零售业工作4个月，目前转做文职工作
4	WYH	女	23	2015-04-19	曾在零售业工作2个月，目前待业
5	LL	女	22	2015-04-19	曾在零售业工作4个月
6	LQ	女	22	2015-04-20	目前在零售业工作，已工作6个月

二、对女性的影响

（一）对身体健康造成的影响

访谈结果显示，零售业的夜班工作对青年劳动者的睡眠质量产生了较大的负面影响。很多商店和大型商场都是在晚上10点才结束营业，但这个时间仍不是劳动者的下班时间。因为消费者在挑选商品的过程中会带来一定程度的凌乱，所以在商店和商场结束营业之后，劳动者还需要对凌乱的商品进行整理，重新将商品摆放整齐，以便第二天早上能够正常营业。这导致劳动者在很多时候都要到晚上11点左右才能下班回家，再加上等车、乘车和步行等通行时间，以及回家之后的洗澡、洗漱等时间，劳动者真正能上床睡觉的时间往往都要在半夜12点之后。这给劳动者的睡眠质量带来了较为严重的影响。

LCB：晚上2点到3点之间休息。（第二天）上早班身体会非常疲惫，需要咖啡。

WHY：下班回到家快到12点，洗洗弄弄，晚上1点多才能睡觉。白天上班很辛苦，每天要保证8小时的睡眠，10点起床，之后吃饭、又上班。感觉每天全天都在为了起床工作。最大的感受就是睡眠不足，感觉自己在透支生命。

WYH：上夜班是工作到晚上11点半才下班。有时候睡觉不踏实，很容易感冒，脸上长痘痘、粉刺。

LL：上夜班，因为需要收拾好场上的东西才能下班，基本是在10点半后才能下班。但回住处需要时间，所以在上夜班的时候一般是12点半才能休息。若第二天是上早班的，身体会觉得颇为疲惫。

YWT：很多时候上夜班都是晚上11点多下班，回到家都12点了。有时1点左右才睡觉，身体感觉很疲惫。

睡眠是维系人体正常功能的重要生理过程，睡眠和人的生理、心理关系密切并影响人的健康水平、生活质量和工作效率等诸多方面，良好的睡眠能提高人的思维能力、学习能力及工作效率（谢世发、范成香，2010）。但对于在零售业工作的青年劳动者来说，夜班的工作严重影响了她们的睡眠质量，使她们身体疲惫。访谈结果进一步显示，这种由于夜班工作所产生的疲惫感，在青年劳动者上夜班的过程中也存在，并直接影响了工作效率。而且，过于频繁的夜班工作安排所造成的影响更加显著，对青年劳动者的身心健康更有影响。

LCB：90%以上的工作时间是夜班，很烦躁，想早一点下班。身体很疲惫，可是下班以后睡不着。第二天很晚醒来，接着继续去上夜班。

WSY：一周上班五天，调休两天，上班时间以内部协调为准。因为公司开源节流，大多时候没有安排早班。一周五天，其中最多会给我安排一天早班，也就是一周四天（时间）都是晚班。身体上特别疲惫，每天中午1点上班，晚上10点结束营业，但是正常下班的时候都在23点。

WYH：每周六日（要）上夜班。每天的工作时间是早上11点到晚上11点。工作期间除了一个小时的吃饭时间，其他时间都是站着。站得多，小腿酸痛，腰椎疼痛。每到晚上7点，我因为睡眠不足，站着也会打瞌睡，精神状态不大好。

YWT：因为客人都是下午才开始多，下午又要出货，体力消耗较多。到了晚上客人更多的时候，有时真的忙不过来，吃饭的时候往往会推迟到7点后。吃饱就要出去干活，所以晚上会有时感到头晕，身体也特别疲惫。关店后还要收拾凌乱的场，所以一般都11点后才能下班，感到很累。

同时，长期的夜班工作，也使得她们用于体育锻炼的时间明显减少。而且，夜班工作所带来的工作繁忙和生活不规律，也导致她们饮食不规律，饮食质量不高。这造成了身体素质的进一步下降。

LCB：业余活动时间明显减少，因为大量的夜班工作，我们需要更长的休息时间。原本休息时间就不多，因此业余活动变得非常少。饮食不规律，养成了（吃）夜宵的习惯。工作节奏非常快，饮食、作息并不规律。

CCK：工作前都会有时间健身和跑步，但是工作之后特别是晚班，没有时间锻炼身体。因为是长期吃快餐，所以觉得身体比较上火。再加上少锻炼，身体总体来说比较虚弱。

WHY：休息的时候只想睡觉，没有体力干其他的事。吃饭不定点，食欲也不会很好。

WYH：上夜班我爱吃夜宵，一下子发胖很多。

YWT：业余时间一般都是想睡觉，因为平时工作量有点大，所以业余时间也很少会去锻炼。有时上班太忙，都是随便去吃个麦当劳，因为比较方便快捷。

（二）对人际交往的影响

零售业的夜班时间安排也使得青年劳动者的工作时间和休息时间与大部分的劳动者不一致。在其他劳动者下班休息、进行家庭交流和社会交往活动的时候，这些劳动者正处于上班时间，在工作场所工作。这种状况导致她们缺乏条件与家人和朋友进行更多的互动和交流。根据时间地理学家赫格斯特兰德的观点，人类有目的的活动受人的身体的不可分割性、时空容纳能力的有限性等条件的约束（Hägerstrand，1970）。吉登斯进一步指出，任何社会互动都需要拥有两个或更多个人的交会的时间—空间途径才能完成，即需要同时性的日常接触和社会交往的场合（吉登斯，1998）。由于零售业夜班工作的时间和地点安排，青年劳动者并不具备与其他人交会的时间—空间途径，这严重地限制了她们的社会互动。

首先，在家庭关系方面，由于劳动者下夜班后回到家时家人都已经入睡，导致她们与家人无法进行更多的交流，进而影响了她们与家人的关系。

　　WHY：上晚班那几天，父母虽然表示理解，但心中总有抱怨。父母会在我不在家的时候吐槽我的工作。

　　YWT：由于工作时间的特殊，所以也很少时间回家，直接在外面租房子了，跟家人的沟通也减少了很多。

　　LL：减少了家庭、朋友聚餐，因为上夜班大多数都是在公司解决。所以一般上夜班的话，晚上的活动都基本与我无关了。

其次，在访谈中，9位受访者都提到夜班工作影响了她们与朋友的交往时间。在她们上夜班的时候，即使有朋友邀约，她们也没法出席。而且，夜班工作的疲劳，也经常使她们在休息时间缺乏动机去参加朋友的聚会活动。这使得她们与朋友的交往减少，导致朋友圈逐渐缩小，同时还可能让她们产生挫折感。

　　LCB：大部分人（在）晚上都处于休息的状态，会在这个时候选择打电话或者约会，但是因为上夜班，我没办法参与到活动中，甚至没办法及时接听电话，一定程度上影响了我的幸福感。朋友圈渐渐缩小，只能和同事或者一些"夜猫（子）"交流，朋友圈集中于工作圈。

　　LL：当每次与很长时间没有见面的朋友相聚，但因上夜班不得不取消时，自己感到深深的无奈。虽然说是因为工作，但觉得长期这样下去会影响到自己的社交圈子。

WHY：基本上没有时间和朋友交流。工作时间不固定，休息时间也不在周六日，感觉没有办法和朋友同步生活。社交圈子，因为工作时间的关系，社交圈只能是同事。

YWT：由于节约工时，经常都是上夜班，所以很多时间晚上下班就洗澡，累到直接睡着了。有时候休息都觉得之前的夜班太累了，在家睡觉休息都不愿出门，所以很多时候都没有跟朋友约会，跟朋友的联系也减少了。很多时候看到朋友圈大家都去玩了，自己还在上晚班，很不是滋味。

（三）对职业成就感的影响

从事零售业经常需要上夜班，但这种夜班工作在现阶段能够给青年劳动者带来的工作回报（经济收入、职业声望等）是有限的，这导致劳动者的职业成就感很低。零售业的夜班工作任务量大，工资水平也不高，还会导致休息不足、身体疲惫，影响劳动者和朋友、家人之间的交往，所以夜班工作往往得不到劳动者家人和朋友的认同和支持。

LCB：大部分（亲友）不支持夜班工作，认为这损害个人健康。小部分人认为年轻人应该吃苦，这是人生的一个阶段，要学会接受和调整。

LL：基本都是不赞同，特别是下班时间比较不稳定，回到住处甚至已是深夜，影响了自己的生活。长期上夜班对身心都有坏影响。

WHY：家人非常反对，朋友也表示不理解。

YWT：家人都觉得我工作辛苦，吃饭不定时，晚上下班太晚，担心安全问题。朋友也觉得太辛苦了，劝我不要找上夜班的工作。

职业成就感不高也直接影响到青年劳动者继续从事零售业夜班工作的意愿。当被问到婚后是否从事零售业的时候,有受访者明确表示,不会继续选择从事零售业的夜班工作。

  LCB:不会从事基层零售行业。如果是生活较为规律的管理或者其他office(办公室)岗位,(还)可以考虑。

  WSY:不会。会找一个工作时间固定,没有那么多突发变动工作时间的工作。零售行业还有一个让我不喜欢的地方,就是人员变动大,离职率高。

  WYH:不会。零售业的薪酬与付出不成正比,工作时间长但工资不高。我可能会找文员的工作。

  YWT:不会。因为晚班的时候跟家人沟通太少了,以后还可能会影响对孩子的关爱和教育。找一份正常的白天上班的工作。

  LQ:不会。(会去找)行政或者检测类(的工作)。

从访谈结果来看,零售业的夜班工作对女性青年劳动者的生活造成了多方面的影响。首先,零售业的夜班工作使得女性劳动者的睡眠质量下降,导致休息时间和工作期间身体疲倦,平日用于体育锻炼的时间明显减少,对身体健康带来较大的负面影响。其次,零售业的夜班工作使得女性劳动者的工作时间与休息时间和其他大部分劳动者不能同步,同时,交往动机也因为疲劳而减弱,这导致她们与家人、朋友的相处、交流时间减少,影响了家庭关系,朋友圈缩小。最后,零售业夜班工作的经济报酬较低,往往得不到女性劳动者家人和朋友的认可,导致她们的职业成就感很低;当存在其他就业机会或者进入人生新的阶段(如结婚、生育等)之后,她们会辞去零售业的夜班工作，选择不需要上夜班的工作岗位。这也导致了零售业行业较高的离职率。适度的人员流动有利于人力资源的优化，而过度的人员流动则会增加零售企业的培训成本，降低企业的运作效率，同时，会增加零售业的显性成本与隐性成本（田建春、陈婉梅，2015）。因此，无论是从保护劳动者的角度，还是从促进零售业健康发展的角度，都必须尽快、有效地应对夜班工作对女性劳动者的影响问题。

第三节 社会工作的介入分析

面向女性的社会工作服务是现代社会工作实务的重要内容。对于不同层次的社会工作介入行动，社会工作者都可以使用生态系统框架去更深入地理解和认识性别主义是如何影响女性所经历的心理问题，以及如何影响女性所处的社会情境，然后去分析和评估性别不平等所导致的个体、社会和经济后果，并据此制定合适的目标、改变结果和介入方案（Morales, Sheafor and Scott, 2012）。同时，社会工作者作为一名社会成员，同样有可能受到社会中关于女性的刻板印象的影响。因此，社会工作者必须对自身可能存在的性别偏见有清楚的认识，避免这些偏见给介入方案的制定和实施带来影响。另外，还需要更多地了解关于性别差异、性别角色、性别社会化以及男性和女性不同生活体验的最新的研究成果和进展（Morales, Sheafor and Scott, 2012）。

经过一段时期的发展，中国当前的社会政策已经不仅是为了保障社会成员的基本生存，还要促进整个社会更加公平地分配各种资源；不仅要维护社会稳定，而且要提升社会公平的价值，构建更加和谐的社会（关信平，2010）。包括性别平等在内的公平正义既是衡量和谐社会的重要标准，又是和谐社会价值观的具体体现（谭琳，2007）。社会工作要积极引领社会的价值观建设，参与社会心理建设，特别是建构大众参与、相互关怀、共同富裕的"国家心灵"（何雪松、杨超，2016）。在女性发展议题上，社会工作努力倡导性别平等，寻求和开拓女性的发展机会和空间。其中，女权主义的视角给女性社会工作的开展提供了有力的支持。

女权主义的发展初期主要有自由派女权主义、社会主义女权主义和激进派女权主义三个流派；此后，文化女权主义成为激进女权主义的分支，后现代女权主义是对文化女权主义的回应，妇女主义是对应自由派女权主义而生（Voorhis，1999）。不同的场所、对象和实践，需要不同的解决方法，社会工作者应在不同的女权主义分支中做出明智的选择；为了在实践中有效地应用女权主义，社会工作者必须熟知女权主义的各个分支，避免极端化或者想一劳永逸地寻求一个适合所有需求、解决所有女性问题的简单的、巨大的理论（Saulnier，1996）。在劳动就业的议题上，女权主义者使用一种比较形象或者不那么抽象的、以各种劳动力市场结构为基础的模型，揭露了那些使得两性职业分隔或性别隔离相对稳定的种种原因，其中就包括：尽管女性的受教育程度越来越高，参与劳动力市场和政治生活的机会越来越多，对于劳动条件的规制也在不断变更，但得到的报酬仍相对不平等（Charles，2003）。女权主义者指出，传统的人力资本理论狭隘地把人力资本界定为通过教育、培训以及实际工作经历而获得的技能组合，从劳动力市场需要的角度出发把人力资本局限化，而与女性的工作相关的各种辛苦活动诸如看护劳动、情感性的劳动、美感劳动等都得不到承认，或者其价值被贬低（Gottfried，2006）。作为一种歧视性因素，这很可能也会导致女性农民工在岗位类型和职业声望方面只能从事较为低端的工作，从而影响了她们的经济融入水平。另外，也迫使很多女性青年只能从事零售业领域的工作，不得不去面对和处理夜班工作与家庭生活的协调和整合问题。

在社会工作实务中，针对社会工作者如何帮助服务对象快速有效地摆脱困扰的问题，已经发展出"能力建设""心理调适"和"社会支持"三大策略（童敏，2008）。本章的调查数据表明，女性农民工作为现阶段一个人口规模已十分庞大的群体，她们的利益诉求迫切需要得到良好的反映和回应。从能力建设的角度出发，社会工作者应当积极协助女性农民工提升自身的劳动技能，提高在经济方面的融入程度。同时，社会工作者可以设计有针对性的小组工作方案，协助女性农民工在心理和行为方面进行有效的调整，从而更好地适应和融入城市生活。最后，在社会支持方面，社会工作者应当推动政府在设计农民工社会融入的社会政策过程中，充分考虑农民工社会融入的性别差异，有针对性地设置面向女性农民工的政策方案和项目，以便反映出女性农民工的利益诉求，保证政策制定和实施的性别平等及公平正义。

针对零售业的夜班工作对女性青年劳动者的影响，社会工作者应积极倡导，推动政府相关部门尽快制定有效的政策措施，给女性劳动者提供更有效的保护。譬如，细化和促进劳动立法，使女性劳动者能够减少从事夜班工作的频率，在夜班排班时留出较为充裕的休息时间，重点管制并避免长期的连续多天上夜班的情形，从而降低夜班工作对劳动者身体健康的影响。同时，政府部门以及零售业的企业和行业协会，应针对零售业的营业时间进行深入考察，研究和探讨营业至晚上10点的时间安排是否存在调整的可能和空间。譬如，是否可以在全行业内调整营业时间，将下班时间提前到晚上9点。在法国，晚间9点到次日凌晨6点加班，原则上属于违法行为，如法国知名化妆品连锁店丝芙兰的旗舰店曾经在夜间加时营业，最后被裁定为违法行为，被勒令在晚上9点关门歇业（东莱，2014）。这充分体现出法国的劳动法规对劳动者的保护和人文关怀。在国内，政府和相关组织也应当充分重视零售业的夜班工作给女性青年劳动者所造成的影响，从性别平等的政策理念出发，尽快推进深入的研究，完善零售业的夜班制度，更科学地进行排班和营业时间设置。最后，对于女性青年劳动者而言，也需要调整心态，建立起良好的睡眠习惯和饮食习惯，并积极参加体育锻炼和社交活动。

此外，对于女性社会工作者而言，面向女性的宏观社会工作实务工作还要求她们必须清楚地认识到性别主义同样有可能存在于她们的工作系统中，或者存在于她们所希望影响的社会系统中。譬如，行政和社区组织工作长期以来被认为是男性主导的工作领域，另外，社会工作者所希望改变的政策、项目和服务方案往往是由男性所控制和监管，因此，女性社会工作者在实务工作开展的过程中需要应对诸如性别刻板印象、排斥、怀疑、歧视甚至性骚扰等问题（Morales, Sheafor and Scott, 2012）。为了给女性案主提供足够的救助，女性社会工作者必须对这些挑战进行有效的应对。在中国内地，"重男轻女"的传统观念仍然有很广泛的影响，政策系统中的性别不平等仍较为严重，社会工作者要推动女性社会工作实务工作的开展，必须做好充分的思想准备，并对可能出现的挑战和困难做好预案，争取最大化地保障女性案主的诉求和权益。

第五章 制度改革议题

在工业化和城市化的进程中,制度的建设和改革是世界上很多国家所共同面对的挑战。其中,对一些原有的制度进行改革,使其适应社会的变迁和发展,是推动社会进一步发展的关键环节之一。针对部分制度的改革,可能会涉及社会中不同人群的利益再分配,从而带来利益格局的重组,形成制度改革的受益者和受损者。青年群体作为社会中的一个年龄群体,往往会在制度改革中受到较大的影响。一方面,制度改革释放了社会发展的潜能,给青年群体提供了广阔的发展空间和施展才华的舞台,另一方面,制度改革也有可能在短期内给青年群体的就业和生活带来一定的冲击。青年群体必须尽快对自身的行为进行有效的调整,从而适应制度的变化。

作为一个显著的实例,青年群体议题是美国医疗保障制度改革的重要内容。在原有制度框架下缺乏医疗保障的人口当中,19~29岁的青年人口所占的比例在2009年高达30%,成为比例最大的年龄组别,人口总数超过1 300万(Schwartz and Schwartz, 2010)。青年人口的缺席是美国原有制度安排的后果之一,也作为其中的一个重要因素导致了美国医疗保障费用的过度增长。如何将这个庞大的年龄群体纳入制度的覆盖范围,是奥巴马医改法案的重点内容之一。奥巴马的医改行动一方面能够给青年群体带来更加完善的保障，但在短期内可能会使青年群体的就业状况恶化。为了协助青年群体应对冲击，美国政府在医改法案中制定了有针对性的措施。2017年，随着特朗普的走马上任，奥巴马的医改法案即将被替代，但其内含的在制度改革过程中对青年群体的诉求和利益的关切，作为一种制度改革的实践，仍十分值得其他国家和地区借鉴。

社会工作100多年来的发展所信守的价值目标和宏观使命是社会正义，在当代，具体而言，就是分配正义，即人们有权获得社会产品，包括物质的和非物质的（Wakefield，1998）。同时，社会工作的服务对象往往是被排斥在主流社会之外的弱势社会群体。弱势群体在经济利益、政治权利方面处于较弱的地位，缺乏资源和机会。社会工作的基本价值在于协助弱势群体及其成员，通过行动去增强适应环境的潜能，通过社会政策和计划去营造一个正义的社会，为社会成员提供平等的接近资源的机会（Lee，1994）。换言之，社会工作要推动增长的包容性，从经济增长的主体、内容、过程、成果等方面关注"包容性"，也就是强调"参与""共享""就业"等内容（何雪松、杨超，2016），确保社会中的弱势群体能够在社会发展和变迁中获得公平的对待。由此出发，本章拟对制度改革中所涉及的青年问题以及青年政策进行深入的探讨和分析，这或许会有助于中国在制度改革和建设中提升对青年群体的关注和支持，更加全面和长远地考虑相关的政策议题，提高制度的整体运行效率，促进社会的和谐和公平。为此，本章首先分析美国的医疗保障制度改革，然后探讨中国的户籍制度改革对青年群体的影响，最后探讨社会工作的介入路径。

第一节 美国医疗保障制度改革

奥巴马于 2008 年上任后，他所极力推动的美国医疗保障体系改革受到了全世界的广泛关注。很多国家都存在医疗保障费用过度增长的问题，而对医疗保障制度的改革将会带来利益格局的重组和资源的再分配，形成制度改革的受益者和受损者。如何平衡各方利益，推动医疗保障制度改革和发展成功实现，是各国普遍关心的政策议题。这也是美国这次医改备受瞩目的重要原因。

美国商务部在 2009 年 9 月公布的统计数据显示，1987～2008 年，美国缺乏医疗保障的人口比例并没显著增加，只是从 1987 年的 12.9% 波浪式地增加到 2008 年的 15.4%。在过去的 17 年（1992～2009 年）里，一直都是在 15% 的比例左右徘徊，始终没有超过 15.8%（2006 年和 1998 年的比例）。而且，美国通过非营利医疗服务机构的免费服务以及联邦医疗救助对这些人群进行了事实上的制度覆盖。这些数据和资料表明，奥巴马所推动美国医疗保障体系改革，首要目的是控制政府财政中的医疗开支增长，实际上主要是美国政府与商业保险公司以及医疗服务机构之间的一场博弈和利益再分配。下文主要从政府财政收支的视角出发，对美国的这次医疗保障改革予以全景式的勾勒。

一、现行体系的问题

美国现行的医疗保障体系采取的是补缺型的制度模式,即政府只是对市场中的弱势人群提供一定的公共医疗保障项目,而其他人群需要在市场中通过商业保险获得医疗保障。在过去相当长的时间里,补缺型的保障制度模式一般被认为能够减少和限制政府在市场经济运作中的责任和介入程度,避免因福利项目的过度覆盖导致劳动力成本的高涨,以维持经济发展的速度和整体竞争力。但美国政府逐步发现,现实中的状况并非完全如此。在过去的几十年,美国政府用于医疗方面的财政开支所占的比例持续上升。同时,美国的人均医疗开支也在不断增长,到2008年,比建立了全民医疗体系的加拿大和英国还要多。上述问题,根源于美国医疗保障体系的具体设置。

从政府财政开支的角度出发,美国政府所提供的公共医疗保障项目实际上不仅包括直接的医疗保障项目,还包括间接的税收支出。为了推动雇主为雇员购买商业医疗保险,美国政府对雇主的这部分开支提供税收减免,同时将雇员的缴费开支排除在个人所得税的纳税范围之外。这部分资金,最终通过医疗保险保费的形式流入了商业医疗保险机构。这样,美国政府实际上是通过减少自身的税收收入,用这些资金向商业医疗保险机构进行了补贴。依据美国商务部2009年9月的统计数据,2008年雇主协助参与的商业医疗保险计划覆盖了美国58.5%的人口。而在这当中,实际上包括了政府的税收支出所做的支持,而税式支出的具体数额与商业保险公司所设立的医疗保险保费紧密相连。医疗保险保费的提高,增加了雇主和雇员所支付的金额，实际上也使政府的税式开支增加。

美国政府提供的直接保障项目主要包括联邦医疗保险、联邦医疗救助、联邦儿童健康保险项目、为联邦雇员提供的各类健康保障项目以及为现役和退伍军人提供的医疗保障等。在这当中，联邦医疗保险是面向65岁以上的美国公民和永久居民的医疗保障项目，采取社会保险的再分配模式运行。要在65岁之后获得联邦医疗保险的支持，劳动者需要在之前获得至少40个社会保险积分，即至少缴纳10年的社会保险税。联邦医疗救助则是专为贫困人群提供的非保险手段的医疗福利，面向资产和收入低于特定贫困线的所有人，由政府的财政收入进行全额资助。

无论是商业医疗保险计划还是政府的公共医疗保障项目，都采取第三方付费的支付模式，即由商业医疗保险机构或政府向医疗服务机构支付患者的医疗费用。在美国现行的第三方付费体系下，个人一般只需要承担其医疗费用的1/5。这极大地降低了个人对医疗费开支的敏感度，使个人主要关注医疗的效果和自身的康复状况，而不是相应的费用开支。同时，在医患信息不对称的情况下，患者一般依赖于医生的诊断和医治方案。在患者人数与医疗服务机构利润紧密相连的商业模式下，为患者提供完善和优质的服务成为医疗服务机构生存和发展的关键。这当中就包括了先进医疗技术的研发和使用。先进的医疗技术和设备能够吸引更多的患者前来就医，从而增加医疗服务机构的利润。而研发和使用尖端设备和医疗技术的成本，大部分转嫁到第三方付费机构，即商业医疗保险机构和政府那里。这种成本的转嫁，迫使商业医疗保险机构不断提高医疗保险保费。而在政府方面，则不得不持续增加公共医疗保障项目的开支，相应的税式支出数额也愈加庞大。

在过去的 10 年（1999~2009 年）里，美国各地的商业医疗保险保费都有 90%~150% 的增长，远远超过个人工资的增长速度。就美国全国的平均值而言，在同期通胀率实际上为负值的情况下，单人医疗保险保费从 1999 年的 2 196 美元增加到 2009 年的 4 824 美元。家庭医疗保险的保费增幅更加显著，从 1999 年的 5 791 美元剧增到 2009 年的 13 375 美元。医疗保险保费的不断增长，使越来越多的中小企业雇主出于运营成本的考虑而不为雇员提供商业医疗保险计划。同时，商业保险公司按照市场原则运作，出于获利的考虑，将保险项目的提供以及保费额与参保人的状况紧密相连。在 2006~2008 年的 3 年里，有将近 1 200 万人的投保要求因为自身的状况而被商业保险公司拒绝，或者因为过高的保费要求而最终无法参加。统计数据表明，在缺乏任何医疗保障的人当中，大部分是收入略高于贫困线的劳动者及其家属。他们在遭遇严重的疾病问题时很可能会陷入经济危机。他们在资产和收入高于贫困线的时候可以到非营利的医疗服务机构获得免费的医治，而在低于贫困线时可以被纳入联邦医疗救助制度的覆盖范围，其医疗开支由政府财政支出来买单。对于非营利机构而言，为了填补这方面的开支，需要提高医疗服务价格。这进一步推动了医疗保险保费的提高，使无法参加商业医疗保险计划的人数增加，形成恶性循环。

综合来说，第三方付费的支付模式降低了患者在医疗费用支出方面的敏感度，使医疗服务机构的医疗技术和设备成为在市场竞争中生存和发展的关键，引发了医疗服务的过度提供和使用。这直接推动了商业医疗保险保费的持续提高和政府公共医疗保障项目开支的不断增加，以及政府因商业医疗保险保费的增加而相应增加的税式支出。同时，这也增加了企业的劳动力成本，抑制了产品和服务在市场尤其是国际市场上的竞争力。对于个人而言，在自付比例不变的情况下，也意味着越来越高的医疗费用开支。

二、改革方案的内容与难点

根据美国的官方资料，奥巴马的医疗改革方案包括三个核心部分：给有保险的人提供更多的安全保障；给没有保险的人提供在他们经济支付能力范围内的可靠选择；缓解医疗保健体系给美国家庭、企业和政府带来的开支增长压力。

在第一个部分的计划中，主要有以下改革内容：（1）保险公司基于投保人健康状况的拒保行为，将会被界定为违法行为；（2）限制保险公司基于投保人的性别或者年龄的保费歧视和拒保行为；（3）禁止保险公司在参保人需要保险支持时取消对参保人的保险覆盖；（4）对参保人的自付金额设定上限，并禁止保险公司对参保人的医疗费给付金额设定一个年度的或者一生的限额，防止参保人因病致贫；（5）去除预防性医疗方面的额外收费，保证所有人可以获得免费的预防性医疗服务；（6）更好地维系面向老年人的联邦医疗计划，提高服务质量并降低项目成本；（7）弥补联邦医疗计划中的处方药覆盖面不足。

在第二部分的改革计划中，关键是要完善对低收入人群的制度支持。这方面包括以下具体措施：（1）改革市场结构，建立一个新的全美医疗保险交换体系，促进市场竞争，使没有保险的人和小企业可以选择合适的保险计划；（2）向低收入人群和小型企业提供税收减免，使更多的人可以得到保障；（3）建立一个具有公共性的医疗保险计划，促进保险市场的竞争，抑制保费的上涨；（4）在新的全美医疗保险交换体系建立之前，向因为健康状况而无法获得商业医疗保障的人提供即时的保障支持。

第三部分的改革计划一般被认为是推动这次医疗改革最终顺利通过的保证，具体包括下面的内容：（1）改革所需的经费，将全部由改革所带来的医疗开支节省和新的财政收入所承担；（2）如果预期的医疗开支节省额度未能实现，政府将进一步节省开支，以保证改革的费用不会增加政府的财政赤字；（3）开展医疗输送系统方面的改革，促使医院、医生以及其他人提高医疗质量，同时降低医疗服务开支；（4）成立一个由医生和医疗专家所组成的独立委员会，核查医疗系统当中所存在的浪费、欺骗和滥用等问题；（5）推动相关的改革项目，协助医生将病人的需要放在第一位，而不是强调预防性药物的使用；（6）要求大企业为它们的所有员工提供医疗保险计划，或向全美医疗保险体系缴纳一笔费用，以降低商业医疗保险项目的个人成本，使这些员工可以参与商业医疗保险计划。

上述三个部分的改革，务求通过一种内部收支平衡的方式完成对美国医疗保障体系的制度改革。改革推进的难点，一方面是商业医疗保险机构的阻扰，另一方面是内部收支平衡的实现。上述改革方案中第一部分的主要内容，实际上是通过法规的形式，强制性地要求商业保险机构将之前排斥在保障范围之外的多个人群重新纳入保障范围，将商业保险资金再分配范围向这些弱势人群延伸。在市场经济的架构下，这种延伸对于商业保险机构而言意味着利润的减少。而且，从商业保险公司的角度来看，这些弱势人群之前实际上是覆盖在政府的公共医疗保障项目之内，政府措施的实质是将原先的医疗费用开支强制性地转移到商业保险公司身上。同时，政府这些开支的转移，并没有给商业保险机构提供相应的资金补贴。在这种情况下，商业医疗保险机构无疑会对医改方案进行强烈的抵制。如何成功地应对这些抵制，推动改革进程的向前发展，是美国医疗保障体系改革前期和初期的核心问题。

从中长期来看，医改的主要难点在于实现制度改革的内部收支平衡。而要达到这个目标，关键在于推动医疗服务机构外部成本的内在化，即此前由第三方机构（商业医疗保险机构和美国政府）所承担的医疗技术和设备研发的外部成本内在化到医疗服务机构的运作成本当中，借此逐步降低医疗费用的开支。如果在改革的前期和初期可以化解商业医疗保险机构的阻力和抵制，成功推动商业医疗保险机构进行医改方案中的改革，将有助于将这些机构纳入政府的改革阵营中，共同促使医疗服务机构努力降低医疗服务成本。在第三方付费的支付体系下，要推动医疗服务机构降低成本，必须强化第三方机构对医疗服务机构的监控。共同作为第三方机构的美国政府和商业医疗保险机构能否在这方面达成共识并一同推动，就成为目标实现的关键。如前所述，要达到这一点，同样面临着诸多的挑战和重重的困难。

克林顿政府医改方案的夭折，充分显示出推动美国医疗保障体系改革中的利益困局和重重挑战。但同时，也正是因为克林顿政府改革方案的夭折，使原有的医疗保障体系得以延续，而它所带来的各种问题的进一步严重化，使美国政府和普通民众对医疗保障体系改革的必要性有了更深入和更清楚的认识。这有助于奥巴马此次医改方案的通过和最终实施。奥巴马的数次演讲均表达出推行这次医疗体系改革的决心，他多次对商业医疗保险机构可能采取的抵制措施和反对意见进行了直接的正面回击。然而，这并不意味着改革的反对派就完全没有抵制成功的可能。实际上，共和党强烈的反对声音已经表明了此次改革尚存在诸多的变数，最终仍有可能被国会否决，以失败告终。

假设医改方案可以得到国会的批准，改革的前景将主要取决于美国政府在财政收支方面的运作，即能否通过由改革所带来的医疗开支减省和新的财政收入所承担，抵消由医改所带来的巨额支出。如果可以抵消，无疑将可以逐步推动医疗体系改革的深入，并最终完成全面的改革。但如果无法成功抵消，医改所带来的财政开支将会逐渐转移到普通民众的纳税金额上，或者增加在商品税赋上而变相增加民众的税赋。这样，很可能造成普通民众的可支配收入并没有因为医疗体系的改革而有所增加，反而因承担了更重的税赋而进一步缩减。这将会导致改革进程的倒退或者不彻底，同时，这一点肯定会被共和党穷追不舍，作为在下届大选中击败民主党的主要筹码。

美国的这场医疗保障体系改革，形式上是制度的发展和变迁，实质是利益格局的重组和调整。在利益相互制衡的情况下，各方都不可能在一个较短的时期内将某一方的利益进行较大的转移或再分配。不彻底的制度变迁，将很可能是这场声势浩大的医疗保障体系改革的最终归宿。

三、原有制度下青年群体的保障状况与问题

美国原有的医疗保障制度是补缺型福利制度的典型模式。对于19~29岁的青年人而言,要获得医疗保障主要是通过以下几种途径:(1)作为雇员,获得雇主所提供的商业医疗保险计划;(2)以家庭成员的身份,获得他们父母的雇主所提供的家庭医疗保险计划;(3)以学生的身份,参加学校所提供的商业医疗保险计划;(4)以个人的身份,自行参加商业医疗保险计划;(5)符合特定的资格条件(如贫困、残疾、服兵役等),获得政府医疗保障项目的覆盖。

首先,青年群体可以选择进入劳动力市场就业,以雇员的身份获得雇主所提供的商业医疗保险计划。一般情况下,雇主会为参保的员工支付大部分保费。2008年的数据显示,雇员平均需要支付单人医疗保险保费的16%,而雇主承担84%。在第二种途径中,青年作为企业雇员的子女纳入父母的雇主所提供的家庭医疗保险计划当中。在2008年,这种家庭医疗保险计划需要由雇员承担保费的27%,而雇主承担73%。家庭医疗保险计划一般会将雇员的未成年子女纳入覆盖范围,但在他们年满19岁之后,纳入与否就取决于各州的地方性法规。很多州政府将19岁以上的青年人视为独立或半独立的劳动者,允许企业雇主和保险机构把他们排除在家庭医疗保险计划的覆盖范围之外。2004年的调查报告显示,有将近60%的企业在向雇员提供家庭医疗保险计划时,没有将年龄超过19岁的雇员子女纳入覆盖范围(Collins, Schoen, Doty and Holmgren, 2004)。

这种状况在过去几年得到了一定改善。部分州政府通过地

方性法规规定，雇主必须将符合特定条件的 19 岁以上的青年也纳入雇员的家庭医疗保险计划。具体的资格条件在各个州有所区别，一般是针对青年人的教育状况、婚姻状况和居住状况做出规定，如未婚、和父母一起居住或本身是学生。如果雇员的子女继续作为全职学生升读大学，通常可以继续被覆盖在雇主的家庭医疗保险计划当中，直到一定的年龄。一些州政府设立的资格条件更为宽松。譬如在纽约州，青年居民只要是未婚，就可以继续被覆盖在父母的家庭医疗保险计划当中，直至年满 30 岁。在印第安纳州，子女可以一直被覆盖在计划当中直至 24 岁，不需要满足任何额外条件。

此外，部分大学会向学生提供医疗保险计划。与雇员的团体保险计划类似，这些医疗保险计划一般是学校以集团的方式向医疗保险机构购买。最后，个人可以自行参加商业医疗保险。个人医疗保险方案和企业的团体医疗保险大致相同，只是个人需要支付所有的保费。作为政府的一种支持措施，个体经营户购买个人医疗保险的收入可以在税前列支，免缴个人所得税。

政府提供的医疗保障项目涉及青年群体的，主要包括联邦医疗保险、联邦医疗救助和军人保健计划。在这当中，联邦医疗保险只覆盖青年群体当中长期残疾的人，以及有晚期肾脏疾病的患者。作为另外一项大型的公共医疗保障方案，联邦医疗救助覆盖以下 4 类人群：（1）从未成年儿童的家庭资助项目接受救助的家庭；（2）孕妇和养育有 6 岁以下小孩的妇女，并且她们的收入不能超过联邦贫困线的 133%；（3）享受补充保障金项目资助的老年人、盲人和残疾人；（4）其他特殊群体（段家喜，2009）。在这种制度安排下，19~29 岁的青年人要获得联邦医疗救助必须至少符合以下 3 个条件中的一个：怀孕、作为儿童的监护人或者身患残疾（Schwartz and Schwartz, 2008）。

2009 年的调查结果显示，在获得医疗保障覆盖的 19～29 岁的青年人当中，61% 的人是通过雇主所提供的商业医疗保险计划；其中，57% 的人是通过本人的雇主，而其余 43% 的人是通过父母的雇主。此外，17% 的人得到联邦医疗救助的支持，10% 的人自行参加商业医疗保险计划，4% 的人拥有联邦医疗保险，1% 的人参加大学所提供的医疗保险计划，其余 7% 的人通过服兵役或其他来源而获得医疗保障（见表 5-1）。

表 5-1 2009 年美国 19～29 岁青年的医疗保障覆盖途径分布　　（%）

商业医疗保障计划			政府医疗保障计划及其他		合　计
雇主提供的保险计划		61	联邦医疗保险	4	/
	本人的雇主	57	联邦医疗救助	17	/
	父母的雇主	43	军人医疗保障及其他	7	/
自行参加保险计划		10	/	/	/
大学提供的保险计划		1	/	/	/
小　计		72	小　计	28	100

资料来源：The Commonwealth Fund Survey of Young Adults (2009).

根据这项调查结果，商业医疗保险计划是青年人获得医疗保障的主要途径，其中又以雇主提供的商业医疗保险计划为主。这就涉及企业的劳动力成本问题。商业医疗保险费用的不断上涨会增加企业的劳动力成本，迫使雇主直接减少雇佣人数，降低支付费用，或者把很多劳动者排斥在保障的覆盖范围之外。在过去的 10 年时间，美国各地的商业医疗保险保费都有 90%～150% 的增长，远远超过个人工资的增长速度。就全国的平均值而言,在同期通胀率实际上为负值的情况下,个人医疗保险保费从1999年的2 196美元增加到2009年的4 824美元,增幅超过一倍。医疗保险费用的不断上涨,使越来越多的企业尤其是中小企业出于运营成本的考虑,放弃或拒绝为雇员提供商业医疗保险计划。即使是为雇员提供商业医疗保险计划的企业,也往往需要雇员承担较高的保费支付比例。这导致相当部分雇员无法承担这些开支,而放弃购买医疗保险。而且,在这些企业当中,新员工和临时工往往会被排除在医疗保险计划之外。

这对进入劳动力市场就业、以中小企业为主要就业单位的青年人而言,影响是十分显著的。反映在上述调查结果中:在缺乏医疗保障的19~29岁青年中,大部分是全职的劳动者,所占的比例高达56%;另外,有15%的青年是兼职的劳动者,8%的是全职学生,而其余的21%是非工作者(Non-workers)。这当中,全职或者兼职的雇员一共占了71%的比例,将近3/4。同时,缺乏医疗保障的青年人当中,有55%是在员工人数在100人以下的中小企业工作,而在2007年只有58%的中小企业向员工提供商业医疗保险计划(Schwartz and Schwartz,2008)。这表明,由于大部分青年人的就业空间局限于中小企业,而这些企业由于保费的急剧上涨而未能向员工提供商业医疗保险计划,或者需要青年人承担更高比例的保费,逐步限制了青年群体获得商业医疗保障覆盖的机会。青年群体缺乏医疗保障的主要原因并不是他们脱离了劳动力市场,而是在劳动力市场中无法获得足够的支持,无法参加商业的医疗保障计划。

在商业医疗保障没有给青年提供足够支持的情况下,政府原有的公共医疗保障项目的制度安排——除收入之外还设置有其他方面的资格条件（如怀孕、残疾、长期病患、服兵役等），实际上也阻隔了很多青年人，尤其是低收入家庭的青年人。反映在调查数据中，家庭收入越低的青年，缺乏医疗保障的比例也越高。家庭收入在联邦贫困线的 200% 以下的青年，无保障率超过 40%。而家庭收入在联邦贫困线的 200%~299% 之间以及 300%~400% 之间的青年，无保障率也分别为 28% 和 17%（见表 5-2）。

表 5-2　2008 年美国青年群体医疗保障状况与家庭贫困水平

		人口数（百万）	百分比（%）	无保障的人口数（百万）	百分比（%）	无保障率（%）
青年群体		45.3	100	13.7	100	30
家庭收入与联邦贫困线的比率	≤133%	16.1	35	7.3	53	45
	134%~199%	6.3	14	2.5	19	40
	200%~299%	7.7	17	2.1	16	28
	300%~400%	5.2	11	0.9	7	17
	>400%	10.1	22	0.9	6	9

来源：Schwartz and Schwartz, 2010.

商业医疗保障与政府医疗保障的双重阻隔最终导致青年群体当中缺乏医疗保障的人数不断增加且居高不下。在原有制度框架下缺乏医疗保障的人口当中，19~29 岁的青年人口一直占很高的份额。这个比例在 2009 年高达 30%，成为比例最大的年龄组别，人口总数超过 1 300 万（Cantor, Monheit and Belloff, 2010）。医疗保障的缺乏，阻碍了青年群体获得及时的医疗服务。美国的研究表明：与拥有医疗保障的青年相比，缺乏医疗保障的青年更有可能因为花费的原因而推迟或者取消他们所需要的医疗服务，具体的差距在 2~4 倍（Callahan and Cooper，2006）。这很可能会引发更加严重的疾病，导致更高的医疗费用开支和社会总体资源的浪费。此外，统计学的理论和实践都已经证明，保险池的投保者人数越多，保险制度的运行效率就越高（俞炳匡，2008）。在这方面，青年群体发挥着比其他年龄群体更加重要的作用。这是因为青年群体同样对保险基金做出了贡献，但比其他年龄群体更少地使用相关的服务，从而在实际上给其他年龄群体进行了费用补贴（Merluzzi and Nairn，1999）。青年群体在风险池中的缺席，将会导致其他年龄群体承担更高的费用，同时，降低制度的整体运行效率。

四、医改法案中的青年政策

青年群体是现代医疗保障制度中的重要议题。尽管青年群体的医疗服务需求相对较少，但他们处于一个抵御长期疾病风险的关键时期（Cantor，Monheit and Belloff，2010）。医疗保障的缺乏会影响青年获得及时的医疗服务，当他们在生命的中后期面对更加严重的疾病时将导致更高的医疗费用开支。对整个国家而言，这意味着社会总体资源的低效率运用。而且，青年群体在医疗保障制度中的缺席还会削弱医疗保险制度的风险分化功能，加重医疗救助制度的运行负担，降低制度的代际再分配功能和整体的运行效率。现代社会要充分实现和保证医疗保障制度的功能和作用，必须针对青年群体制定出行之有效的举措。

尽管人口规模最大的青年群体是医改法案的主要目标群体，但作为一项全民性的医疗保障制度改革，医改法案并不是单纯面向青年群体推行，而是面向全社会所有的年龄群体。青年群体作为当中的一个群体，可能需要承担制度改革和转型的成本。医改法案包括三项核心目标，即给已有保险的人提供更多的安全保障、给没有保险的人提供可承受的保障方案以及缓解医疗保健制度给美国家庭、企业和政府带来的开支增长压力。在青年群体议题上，这三项目标的达成一方面需要提高青年群体内部的医疗保障覆盖率，另一方面，为了社会总体覆盖率的提高，可能需要加大代际再分配效应，让青年群体承担部分额外的保费开支，使其他年龄群体可以获得更多的保障机会，进而提高总体覆盖面。因此，要全面认识医改法案中面向青年群体的应对措施，除了原有制度下青年群体的覆盖状况及问题之外，还需要进一步分析医改法案所制定的、需要青年承担制度改革成本的项目和措施。在这两者的共同背景下，分析医改法案当中的青年政策。

医改法案中需要青年群体承担制度改革成本的主要措施是限制基于年龄的保费增加。这项措施务求降低制度的撇脂效应。撇脂（风险选择）是指保险机构寻求承保风险低于平均风险的个人，并且阻碍或者拒绝承保风险高于平均风险的个人的过程（Mossialos and Thomson，2009）。撇脂效应所导致的主要后果是某些个人不能或者买不起足够的保障。它的存在不仅会引起严重的公平性问题，也可能导致无效率，尤其是当风险选择所带来的财务收益大于提高运营效率所获得的潜在收益时，保险机构将缺乏足够的动机在有效管理或服务质量方面进行相互竞争（Gauthier，Lamphere and Barrand，1995）。在医改法案之前，商业保险机构一般可以向年龄较大的参保人收取更高的保费，费用额度往往相当于年轻参保人的6~7倍。为了降低撇脂效应，法案对保险公司依据年龄而提高保费的额度进行了限制，把上述比率限制为3∶1。这意味着保险机构基于年龄所能多收取的保费被限制在了3倍以内。

在发病率等外部数据没有大幅度变动而人口逐步老龄化的情况下，保险机构为了维持自身的利润和运作平衡，在近期必须至少收取和以前同样的保费总额，并且一步一步地增加。在年龄较大群体的保费被迫下降的框架内，一种直接的应对方法就是提高青年群体的保费额度，在3∶1的比率下使最后的保费总额可以维持在以往的数量上。这样，青年群体需要支付的保费额度，在医改法案实施之后，实际上将会有所增加。如果缺乏相应的配套措施，更高的保费开支会把更多的青年阻隔在医疗保障制度的覆盖范围之外。

为了在上述措施的框架下提高青年群体的覆盖率，医改法案主要在以下三个方面进行了推进：（1）强化家庭系统对青年的支持；（2）规范和强化企业对青年的支持；（3）增加弱势青年的就医机会和能力。

（1）强化家庭系统对青年的支持。医改法案扩大了家庭成员受援助者的年龄范围，并放松相关的资格条件，使青年在年满26岁之前仍可以继续覆盖在父母的家庭医疗保险计划当中。家庭成员受援助者的年龄范围的扩大，在美国全国范围内使26岁以下的青年人有机会进入商业的家庭医疗保险计划。同时，相对于以往多个州在婚姻状况、居住状况和教育状况等方面的规定，医改法案制定了更为宽松的措施，剔除了这些资格条件。青年人即使没有和父母一起居住，或者不是学生，或者并没有在经济上依赖父母，甚至已经结婚，都可以继续覆盖在父母的家庭医疗保险计划当中，前提是他们的父母参加了雇主所提供的家庭医疗保险计划。

（2）强化企业尤其是中小企业对青年雇员的支持力度。这当中主要是采取税收抵免的措施。在 2010~2013 年，总雇员人数在 25 人或以下、人均年工资不超过 5 万美元的小企业，如果为其雇员提供医疗保险计划并承担和支付一半或以上的参保总费用，将可以获得数额等同于企业支付保险费用的 35% 的税收抵免。总雇员人数在 10 人或以下、人均年工资不超过 2.5 万美元的小企业，将可以获得全额的税收抵免。税收抵免的数额会随着企业雇员人数和人均年工资的增加而逐步减少。那些免税企业的小企业，如果符合上述条件，也可以获得数额等同于企业支付保险费用的 25% 的税收抵免。在 2014 年之后，相关的税收抵免额会进一步提高。这项措施有助于促进当时没有向雇员提供医疗保险计划的小企业提供相关的保险计划，而对于已经提供了保险计划的小企业而言，这会有助于他们继续提供或者降低雇员所需承担和支付的保险费用，使更多的年轻雇员可以加入到计划当中（Schwartz and Schwartz，2010）。

同时，法案对企业的雇佣行为也进行了规范。当一名全职雇员开始工作后，他进入企业的商业医疗保险计划的等待时间最长不能超过 3 个月。另外，法案还制定了处罚措施。对于雇员数量（包括兼职雇员）超过 50 人的企业，如果没有为全职雇员提供商业医疗保险计划，同时，有至少一名全职雇员由于收入过低而需要申请政府的医疗保障专项补贴，该企业将会被处以高额的罚款。而对于提供了医疗保险计划的企业，如果其全职雇员中有至少一人申领医疗专项补贴，同样会被罚款。这些措施旨在促使企业给雇员提供足够的支持，保证他们获得医疗保险计划的覆盖。

（3）增加弱势青年的就医机会和能力。对于低收入或者身体健康状况较差的弱势青年，医改法案制定了多方位的措施，增加他们的就医机会和能力。首先，作为一项全民性的措施，医改法案规定，所有医疗保险的参保人都能够得到免费的预防性医疗服务，包括体检和疫苗注射等。对于由于收入过低而无法获得这些服务的青年人来说，这项措施增加了他们预防疾病和及时治疗的机会，有助于避免生病或者疾病恶化之后的更多开支。其次，医改法案规定，在2010~2014年设立一个临时性的高危人群保险计划。这个保险计划面向所有此前由于身体健康状况较差而无法获得商业医疗保险超过6个月的人。该保险计划的保费依据标准人群确定，即不会因为这类人群较差的健康状况和潜在的医疗开支而设立较高的保费。而且，这项计划设定了最高的保费限额，以保证这些青年及其家庭可以承受相关的开支。最后，对于低收入的青年，政府将提供专项的财政补贴，协助他们参加医疗保险，降低他们使用医疗服务时的开支。从2014年开始，联邦医疗救助的覆盖范围会进一步扩大到年收入在联邦贫困线133%以下的所有人。同时，年收入在联邦贫困线400%以下的人，可以获得联邦政府提供的专项补贴，以协助他们参加医疗保险计划。具体的补贴金额取决于青年人的收入和保费开支。而且，为了维持低收入人群的生活水平，医改法案进一步对医疗费用的报销提供专项补贴，降低他们所需承担的费用总额，提高医疗保险计划给他们所带来的实际效益。这些补贴方案，是以财政预算为约束，通过成本模拟来确定不同的收入界限所对应的补贴金额，务求实现资源的最佳运用（见表5-3）。

表 5-3　美国政府的医疗保险补贴方案（2014年正式实施）

收入水平 （相对于联邦 贫困线的比率）	补贴后保 费占年收入 的百分比限额	收入水平 （相对于联邦 贫困线的比率）	补贴后的医疗 费用实际 报销比例
133%或以下	2%	100%或以下	100%
133%~150%	3%~4%	100%~150%	94%
150%~200%	4%~6.3%	150%~200%	87%
200%~250%	6.3%~8.05%	200%~250%	73%
250%~300%	8.05%~9.5%	250%~400%	70%
300%~400%	9.5%		

卫生公平一般包括健康公平性、卫生服务利用公平性、卫生筹资公平性和卫生资源分布公平性四个方面（李顺平、孟庆跃，2005）。其中，卫生服务利用的公平性主要体现在社会不同人群利用卫生医疗服务的能力的均等化。在建立了医疗保险制度的国家，医疗保险制度发挥着收入再分配的功能，可以对社会不同人群利用卫生医疗服务的能力进行均等化调节。因此，制度的覆盖面和运作机制对社会不同人群利用卫生医疗服务的能力具有显著影响，直接体现了医疗保险制度的公平性。而且，由于涉及收入的再分配，医疗保险的制度改革将会带来利益格局的重组和利益的再分配，形成制度改革的受益者和受损者。如何保障和平衡各方的利益，实现制度改革的公平性，是推动制度改革和发展成功实现的关键。在以往的制度框架下，青年的覆盖度显著不足。为此，美国医改法案制定了青年群体的专项措施，以增加他们获得医疗保险覆盖的机会，扩大他们选择医疗保险计划的空间，降低他们在医疗费用方面的开支。这些专项措施务求将所有青年人纳入制度的覆盖范围，以扩大制度的覆盖面和覆盖人数，显著改善以往制度运行效率低

下的问题。同时，这也彰显出青年群体在医疗保障制度运行中所承担的重要作用：现代社会要充分实现和保证医疗保障制度的功能和作用，必须针对青年群体制定出行之有效的举措。

此外，对某项政策方案的研究，必须分析它能够应对和解决什么问题、无法应对和解决什么问题，以及有可能导致什么新问题。而且，对这些问题的探讨需要针对短期和长期两个方面进行。现代社会保障制度作为一项促进劳动者保护的制度安排，也会同时增加企业的短期劳动力成本，在一定程度上导致劳动力市场需求的减少，引发"雇佣机会"与"社会保障"对立的困境。这同样是美国医改法案所面临的严峻挑战之一。奥巴马的医改法案给在原有制度框架下处于边缘和被排斥地位的青年提供了多方面的支持，协助他们进入医疗保障制度，但同时，由制度覆盖所带来的劳动力成本增加，如果无法通过配套的政策措施加以有效消减，将很可能会进一步加剧青年失业问题，给青年群体带来显著的负面影响。而且从长远来看，人口结构老龄化的发展趋势会带来抚养比的变化，这很可能导致医疗保障制度代际契约的持续性和互惠性都受到挑战。如果相关制度不能经受人口结构老龄化的挑战，不能得到延续并实现代际契约，将会导致民众尤其是年青一代对医疗保障制度不信任感的日益加重，甚至拒绝参保缴费，逐步形成医保基金"空洞化"的恶性循环。这是在制定青年专项政策时必须加以充分考察和应对的一个长期问题。

在实际的运转过程中，奥巴马的医改方案遇到了制度运行成本的问题。其中的一种表现是，在特定行业工作的劳动者需要缴付比以前更多的医疗保险费用。这引发了他们对奥巴马医改法案的抵触和反对。同时，尽管在方案实施初期，一些地区能够有多家医疗保险机构提供相应的保险计划，可以通过保险提供方相互竞争的机制压低保费，但随着高风险人群的逐步加入而带来的保险开支增加，很多医疗保险机构在这项计划中面临入不敷出的困境，这导致它们逐步退出了这些地区，出现了一些地区只存在一家保险机构提供服务、保费快速上涨的问题。在2016年的美国总统大选中，共和党候选人特朗普正是抓住奥巴马医改法案所产生的问题，强调在当选后会尽快废除奥巴马的医改方案。尽管他的这一政纲在选战期间受到了来自民主党和民间的反对，但他还是获得了很多美国民众的支持，并最终成功当选。他就任美国总统后，也的确很快推出了奥巴马医改方案的替代方案。奥巴马的医改法案逐渐退出历史舞台，然而，其制度改革实践中对青年群体的关注的重要性无法被忽视，政府将在更长远地考虑制度改革方案、确保制度长时间成功运转的基础上，更好地保护包括青年群体在内的社会各个群体的利益。这也给其他国家和地区带来了更深入的启示。

第二节　中国户籍制度改革

一、户籍制度改革

城乡分离的户籍制度使同样在城市就业的城市市民与农民工在多个方面形成显著的差距。在很长的一段时间里，虽然农民工可以区隔性地享受部分城市社会保险待遇（如工伤保险），但由于户籍制度的制度性障碍，其依然无法被纳入完全的城市社会保障覆盖范围，所得到的社会保险获益也因为其就业的迁移性而在事实上无法充分实现。随着2011年《中华人民共和国社会保险法》的出台，农民工的社会保险问题在全国范围内得到初步应对。地区与地区之间的区域协调制度的基本框架开始成型。在基本养老保险、基本医疗保险和失业保险的条款中都明确规定，职工跨统筹地区就业的，其养老保险关系、医疗保险关系和失业保险关系随本人转移，缴费年限累计计算。在养老保险条款中还明确，当个人达到法定退休年龄时，其基本养老金分段计算、统一支付。但由于历史原因以及制度衔接与协调的困境，农民工的社会保障权益仍会遭遇一定的损失。对现行户籍制度做出必要改革，保障农民工的合法权益，对当前快速工业化和城市化背景下促进中国劳动力资源的合理配置、推动经济发展、维持社会稳定具有非常重要和深远的意义。

近年来，地方政府不断推进户籍制度改革，出台了多项改革措施。但当前这些措施主要集中在小城镇的区域范围内，在户籍二元分离问题最为显著的大城市，相关的改革步伐仍十分缓慢。同时，改革的具体项目所取得的成效，总体而言并不让人满意，一些力度较大的政策更是因为城市的准备不足而不得不暂时停止。在下一步的改革中，提高改革措施的针对性和有效性是一个非常重要的环节。在渐进模式下，要确保改革的先行措施具备足够的针对性和有效性，一个必要的前提就是通过社会调查明确政策受益者的需求。

二、户籍制度改革与青年群体

作为农民工群体的主要组成部分，青年农民工是现行户籍制度下受影响最为明显的人群之一，其需求是改革措施制定的重要出发点。由此，本节通过对天津市的实证调查，探析当前青年农民工对户籍制度改革的主导性需求，务求从政策受益者的角度为下一步的户籍制度改革提供有益的建议。本次问卷调查采用典型抽样的方式，集中在天津市南开区万兴街展开。万兴街街道内行业分布多样，劳动力需求大，长期以来一直是天津市市内农民工比较集中的区域。通过面对面的访谈，本次调查一共访问了131名在该街道工作的青年农民工。在性别上，被调查者中的男性占57.4%，女性占42.6%；在年龄上，16~20岁的占17.6%，21~25岁的占47.7%，26~30岁的占24.6%，31~35岁的占10.1%；在文化程度方面，小学及以下的占7.7%，初中的占62.4%，高中、中专的占26.3%，大专及以上的占3.6%。这些数据显示，调查样本在性别方面男性多于女性约14个百分点；在年龄方面以20~30岁的年龄段为主，其中又以20~25岁的青壮年劳动者所占的比例最大；同时，学历程度总体偏低，初中学历者超过半数。调查样本的这种人口社会学分布状况，大体符合青年农民工群体的一般性特征。

在进城务工的基本情况方面，被调查者当中有5.0%的人在天津工作的时间少于2年，18.8%的人在2~4年，60.6%的人在5~7年，15.6%的人在8年或以上。同时，大部分被调查者的每天实际上班时间是比较长的，62.1%的人在8小时以上，18.2%的人在12小时以上。在行业分布方面，建筑业的劳动者占样本总体的7.6%，纺织、服装业的占8.2%，电子、机械制造类的占16.5%，饮食服务行业的占22.2%，交通运输业的占5.7%，其他行业的占39.9%。另外，只有17.9%人签订了劳动合同，而且超过80%的被调查者没有参加社会保险。这些结果显示，被调查者的工作行业分布是较为分散的，同时，在工作时间、劳动合同签订和社会保障参与上，与一般意义上的青年农民工群体的基本状况大体相似。这些数据也显示，大部分被调查者进城务工的年数是比较长的。在城市较长的居留和工作时间，意味着这些劳动者对户籍制度对自己的影响会有更深入的认识，所提出的需求建议也更有针对性。总体而言，本次调查的样本具有一定的代表性，对于解决本次研究所针对的问题能够提供相当重要的信息。

(一) 户籍制度改革的总体目标

户籍制度改革的总体目标所涉及的最基本问题是农村劳动力转移到城市就业的合理性。对这个问题的不同回答，决定了社会各个群体对户籍制度改革的基本态度。在这个问题上，被调查的青年农民工的看法是比较一致的。对于目前存在的一些限制性措施，66.2%的被调查者认为是不合理的；有18.8%的被调查者认为可以理解，觉得这有利于维护城市当地人的权益；其余14.9%的人对此没有明确的态度。在认为这些措施不合理的意见群体中，82.9%的人认为这些措施应该在综合权衡下逐步改革，只有17.1%的人认为应当马上废除。可以发现，被调查者主要认为，限制农村劳动者入城务工的政策在整体上是不合理的，应当对相关的政策体系进行改革，逐步去除那些阻碍劳动力自由转移的措施。同时，有将近20%的人对限制性措施表达出一定的理解，认为那是维护城市当地人权益的一种方式。这在一定程度上表明，青年农民工群体对限制性措施的认识是较为理性的，并没有因为这些措施对自身的限制而表现出极端的反对情绪，而是肯定这种措施也存在合理的一面。概括起来说，青年农民工对农村劳动力转移到城市就业的合理性是肯定和支持的，基本认同相关的政策体系应该做出改革以支持这种劳动力转移的看法；同时，他们对农村劳动者前往城市给城市带来的压力也有一定的认识，了解当前城市的限制性措施是有其存在的基础的，认为改革应当在城乡双方权益的综合权衡下逐步推进。这些较为清晰和理性的认识，给现行的渐进式改革提供了受益者基础。

另一个与户籍制度改革紧密相连的问题是进城的农村劳动者的定居地设想。这个设想影响着户籍制度改革和其他现行城乡分离制度改革之间的主辅关系。如果农村劳动者只是准备在城市短期就业，然后返回农村，户籍制度改革的力度可以相对减轻；当前改革的焦点应该更多地放在城乡社会保障一体化的建设上，通过社会保障的城乡一体化保证进城的农村劳动者可以获得其在城市工作时所应获得的社会保障权益。另一方面，如果这些劳动者打算在城市长期生活乃至定居，那么制度改革的焦点仍将主要在户籍制度本身。调查结果显示，超过半数（50.6%）的被调查者明确表示会争取在天津定居，只有22.4%的人目前打算暂时在外面工作，将来一定回家乡。另外，有5.1%的人要看自己的工作状况而定，12.8%的人认为如果天津不能发展就到别的地方去。脱离天津这个具体的城市，有将近2/3的被调查者（60.9%）希望将来在城市定居，另外29.5%的人对此持无所谓的态度，只有不到10%的人明确表示不想在城市定居。可以认为，在进城务工的农村转移就业劳动者当中，相当一部分人将会长时间在城市居住和工作。在这种背景下，对现行户籍制度进行改革，使其可以覆盖进城就业的劳动者，应当是当前城乡分离制度改革的重点所在。这种做法在政策受益者的定居点选择方面得到了足够的支持。

在上述看法的基础上，被调查者对于户籍制度改革的目标建议依次是"取消户籍管理，实行一般化的身份证管理"（选项百分比51.3%，个案百分比40.3%）、"取消二元户籍制度，实行城乡一体化"（选项百分比47.3%，个案百分比37.2%）、"建立城市绿卡体制"（选项百分比12.7%，个案百分比9.9%）、"完善暂住证体制"（选项百分比7.3%，个案百分比5.8%）、"建立蓝印户口体制"（选项百分比8.7%，个案百分比6.8%）。从这些数据可以发现，取消户籍的城乡分离，实现一体化，是青年农民工最为支持的改革目标。问卷中设定的两种一体化目标得到了将近八成（77.5%）的被调查者的支持。而"建立城市绿卡体制""完善城市暂住证体制"和"建立蓝印户口体制"三种目标，均主要指向在延续现行城乡分离的户籍制度的基础上，建立城乡之间的过渡机制。这三种目标一共只得到少数（22.5%）青年农民工的支持。总的看来，实现户籍的城乡一体化是青年农民工的主导性政策需求。

（二）户籍制度改革的路径选择

在户籍城乡一体化的总体改革目标下，本次研究在问卷中提供了两种过渡性方案作为目标实现的推进路径：其一，是首先通过一定的申领条件（如一定数额的费用、正式稳定的职业或合法的自有住所等）申领城市户口的过渡性措施，由此逐步取消城乡分离的户籍划分；其二，是在现行的暂住证制度上逐步附加功能，最终形成城乡一致的户口制度，即居住地登记户口制度。这两种方案，在问卷中各涉及一个方案的基本问题和几个延伸性的问题。其中的基本问题考察该方案的总体支持率，而延伸性问题则用于进一步确定该方案的支持率，并细化方案的具体事宜。

对于第一种方案，被调查的青年农民工无法取得较大范围的一致性意见。在被问及是否愿意通过一定的申领条件（如一定数额的费用、正式稳定的职业或合法的自有住所等）为自己或家人申领城市户口时，42.3%的被调查者表示愿意，30.9%的人表示不愿意，其余26.8%的人表示无所谓。愿意接受这种方式的被调查者不足半数，而且只比不愿意接受的多了不到12个百分点。可以发现，这种方案尽管对于相当部分青年农民工而言是可以接受的，但对于总体来说，并不具备普遍的适用性，有接近1/3的被调查者无法接受这种方案。同时，作为这种政策方案的延伸，本次研究进一步询问了婚姻关系和血缘关系是否可以作为农民工家属获得城市户籍的条件。在被问及解决夫妻另一方或其他直系亲属随农民工迁入城市是否应当有条件限制时，13.4%的被调查者认为应当有条件限制，28.9%的人认为不应当有，超过半数的人（57.7%）觉得这个问题不好说。可以认为，青年农民工对这种政策方案至少是无法形成比较一致的意见的，这种方案目前在青年农民工群体中没有得到足够的支持。

第二种方案——在目前的暂住证制度上附加功能，是另一种可供选择的改革推进方式。调查结果显示，被调查的青年农民工群体中有将近八成（78.6%）明确表示支持这种方案。这种方案获得的支持率是相对较高的，和第一种方案相比具有更好的适用性。

问卷中的延伸性问题是为了进一步细化该方案的实施细节，主要询问被调查者目前最希望获得的附加服务功能。结果显示：如果在暂住证制度上增加服务功能，被调查者最想得到的福利和服务依次是"购买城市社会保险"（选项百分比66.4%，个案百分比51.1%）、"购买经济适用房"（选项百分比40.4%，个案百分比31.1%）、"子女入学免收借读管理费"（选项百分比22.6%，个案百分比17.4%）和"其他"（选项百分比0.7%，个案百分比0.5%）。作为间接的延续性问题，本次研究调查了青年农民工在二元分离的户籍制度下所面临的主要困难。在被调查者眼里，在现行的城乡二元户籍制度给他们在城市就业所带来的困难当中，排在第一位的是"无法得到诸如社会保障等像城里人那样的社会福利待遇"，占25.3%，有57.7%的被调查者选择此项；其次是"无法在城市定居"，占17.9%，有40.9%的人选择；再次是"没有正式户口，子女不能在城市里上学"，占17.3%，有39.4%的人选择。社会保障待遇、居住支持和子女教育，是户籍制度对被调查者的三个主要影响。这两种方案的调查结果相似，表明社会保障、住房问题和子女教育是目前青年农民工最为期望的政策改革领域。相关的政策改革应当首先在这三个领域重点推进，逐步将相关的政策功能附加在现行的暂住证制度上，最终实现城乡的一体化。

总的来看，本次调查的结果显示，现行户籍制度的城乡分割使大部分青年农民工的户口仍留在农村，但尽管如此，相当部分的农村转移就业劳动者仍会选择长时间在城市居住和工作。在这种缺乏户籍身份的背景下，在这种继续在城市居留的预期下，社会保障待遇、居住和子女教育依次成为现行户籍制度下青年农民工迫切需要解决的三个问题。在指出现行户籍制度对其迁移就业造成困难的同时，青年农民工对户籍制度的认识也是较为理性的，具体表现为：青年农民工对农村劳动力转移到城市就业持肯定和支持的态度，强调政策体系应该做出改革以支持这种劳动力转移；但同时，他们对农村劳动者进城就业给城市带来的压力也有一定的认识，了解当前城市的限制性措施是有其存在的合理性的，认为改革应当在城乡双方权益的综合权衡下逐步推进。由此可以认为，目前户籍制度的渐进式改革模式具备较好的政策受益者基础，是应当继续坚持的改革方式。

青年农民工对户籍制度改革的需求是较为一致的，对于户籍制度改革的总体方向或替代制度的思路也是比较统一的；他们主要认同取消户籍的城乡分离、实现一体化的改革目标，而较少支持建立城乡的户籍过渡机制。在户籍制度改革的过渡性措施上，调查结果显示：相对于通过一定的申领条件（如一定数额的费用、正式稳定的职业或合法的自有住所等）申领城市户口的过渡性措施，在暂住证制度上附加功能是更加可取的选择。而目前青年农民工最希望获得的附加功能领域，依次是社会保障待遇、居住支持和子女教育。

第三节　社会工作的介入分析

一般而言，社会工作实务是在微观（以个人、群体或家庭为对象）和宏观（以组织和社区为对象）两个层面上开展工作，而在宏观层次上开展工作的社会工作者一般从事的是所谓的"政策性工作"（Jansson，1999）。宏观社会工作的实践所关注的焦点是社会问题，其目标是从组织行政架构和社区地域两个层面对问题进行干预,引致在服务推行、政策制定、观念等方面的变迁(熊跃根、周健林,1998)。由于社会工作专业的特点,对政策、行政等组织架构方面的考虑是宏观实践的特点,社会工作的实务应从更高的层面来理解社会问题和社会需要,以及从宏观政策制定、社会策划组织管理等角度来推行干预策略(Rothman,1995)。在制度改革的过程中,关注并积极宣传弱势群体的权益诉求,是宏观社会工作的一项重要任务,其中包括面向青年群体的公平的资源分配和制度安排。

美国政府在明确原有制度下青年群体的医保覆盖状况后,结合医改法案需要青年人口承担改革成本的措施,研究和制定面向青年群体的政策安排。从美国的经验来看,要实现这种资源分配和制度安排的代际公平,最基本的首先是要强化代际意识,从代际公平的高度出发审视社会政策问题;其次,是要建立全面的配套机制(政策分析机制、信息收集机制、财政支持机制等),使代际公平的意识在政策设计和实施中可以得到有效的传递和体现。而在中国的户籍制度改革中,青年农民工群体的诉求和对改革的期待,同样应当得到足够的关注。社会工作在宏观实务工作中,必须通过积极的行动去争取实现下列目标。

(一) 制度改革应该反映青年群体的诉求

制度的建立、发展和改革,在不同的年龄群体当中会产生收入的再分配和重组,从而对各个群体产生影响。面向政策受益人群的需求评估,是社会政策制定和制度改革过程中的重要环节。以医疗保障制度为例,作为现代社会实施收入再分配的一种方式与途径,医疗保障制度存在代际之间的收入转移与再分配。由于涉及广泛的公共利益,医疗保障制度要符合实际情况，就必须广泛考察和吸纳各方面的意见，充分、恰当地表达与综合利益相关群体的合理利益诉求。作为社会中十分重要的年龄群体，青年群体需要得到足够的关注和支持，以保证他们的诉求能够得到有效的反映。在医疗保障制度的建设和发展中，青年群体议题和代际公平意识必须作为其中的一个基本方面加以权衡。

同样，户籍制度改革会涉及城市中本地人口与外来人口的利益再分配。作为现行户籍制度下受影响最为明显的人群，青年农民工对户籍制度改革的看法和建议集中反映出其对新户籍制度的相关设置和施行方案的主导性需求，应当作为改革措施制定的重要参考来源之一。需求评估的结果表明，应当将改革现行户籍制度、促进劳动力转移就业作为长期的基本方向；但不应否认现行制度中的合理因素，可取的改革路径应当在这些合理因素的坚持、完善和发展下，实施过渡性的措施，逐步推进对现行制度的改革，实现城乡户籍制度的一体化。过渡性措施的实施应当聚焦于社会保障待遇、居住和子女教育这三个领域，采取功能附加的方式在现行的暂时证制度框架下推进改革。这三个领域也是现行户籍制度下青年农民工所面临的主要问题所在，应当寻求这三个方面逐个或全面的突破，以解决农村转移就业劳动者目前最迫切的需求。

（二）青年群体诉求的反映有助于提升新制度的运行效率

群体利益在制度改革中的合理反映，有助于提升该群体对改革后的新制度的合法性认可和参与，从而有助于提升新制度的运行效率。譬如，在医疗保障制度改革问题上，青年群体诉求的反映有助于提升其医疗保障制度的参与度，从而扩大医疗保障制度的覆盖面和参加人数；通过大数法则提高制度的风险分担和互助效应,提高制度的运行效率。而且,作为医疗服务需求较少群体,青年人口实际上发挥着补贴其他群体的作用,承担着十分重要的功能。针对青年群体制定专门的医疗保障措施,在以往根据收入水平划分保障对象的基础上,将年龄因素也考虑在内,有助于更好地反映青年群体的诉求,提升制度的运行效率。一个国家要控制医疗费用的过快增长,提升医疗保障制度的运作效率,其医疗保障制度必须在青年群体方面制定有效的政策。而在户籍制度改革方面,青年农民工在制度改革过程中的参与,有助于推动制度改革的顺利进行以及在新制度下青年农民工群体对城市发展的积极参与。

(三) 青年群体诉求的反映需要和其他群体的诉求相平衡

制度改革的中利益再分配效应,要求制度改革必须尽可能地兼顾和协调各方面的利益。譬如,在医疗保障制度改革方面,由于医疗保障制度存在代际再分配效应,青年群体诉求的过度反映同样会损害其他年龄群体的利益,从而减少制度的参与度和覆盖率,降低或限制制度的运行效率。所以,青年群体的诉求必须在合理的范围内予以表达。这种合理性,需要在全体社会成员的框架内加以考虑。如何平衡和保障社会各个群体的利益,是推动医疗保障制度改革和发展的关键。美国医改法案并不是单纯提高青年群体的覆盖率,而是以社会总覆盖率的提高作为根本,并以此出发分析和制定青年群体的政策。青年群体和其他年龄群体的利益在医改法案当中都得到合理的反映,这确保了制度的平衡性和合理性。在户籍制度改革议题上,青年农民工群体的诉求也必须和城市户籍居民的利益诉求相协调。必须避免单方面聚焦于青年农民工的需求,而将城市户籍居民的合理需求置之不顾,导致城市户籍居民的利益在制度改革中受到严重的损害,从而造成新的不公平。

(四) 完善的信息收集系统有助于有效地反映青年群体的诉求

青年群体利益诉求的合理反映,除了必须与其他群体相平衡之外,还必须建立在青年群体的现实状况的基础上。而这些现实状况的反映,需要有完善的信息和数据收集系统作支撑。在医疗保障制度改革议题上,美国自20世纪80年代就开始在医疗政策领域建立数据库。随着数据库内容的不断细化,青年群体也逐步得到越来越多的重视。而且,通过持续改进所采用的调查方案,逐步使收集到的数据具有高度的准确性。这使得医改法案中针对青年群体的政策内容具备了充分和坚固的事实基础。近年来,中国在医疗政策信息的收集和公开方面,已经有了一定的推进,但与美国相比,不仅数据公开的程度不够,数据收集本身也相对落后。这无疑限制了医疗政策实施的有效性。同样,在户籍制度改革方面,应当进一步加强现行户籍制度在农村转移就业劳动者范围内的宣传,增进这些劳动者对制度的了解,使其对现行制度的改革形成更为清晰的认识,从而更全面地提出相应的政策建议;同时,应当开展多方面的调查研究,汇总农民工群体对户籍制度改革的需求和建议。通过这两个方面的工作,在政策受益者方面保证改革措施的针对性和有效性。

(五) 精确的量化数据有助于促进政策的成本—效益分析,降低制度改革和新制度的运行成本

信息收集系统不但有助于反映青年诉求,而且有助于实现财政约束下的资源最优化使用。很多政策措施都存在成本—效益的权衡问题,需要在一定的财政收支框架下运用尽量少的财

政资源而达到政策目标，而精确的定量数据有助于使成本—效益分析更加准确。美国面向低收入青年的医疗保险补贴方案以财政预算为约束，通过成本模拟来确定不同的收入范围所对应的补贴金额，务求实现财政资源的最佳运用，减少政策方案的财政开支，减少资金和资源的耗费。这种方案措施的高度精确化，也得益于美国在医疗政策方面完善的数据收集和公开。这为相关政策的成本—效益分析提供了很大的支持。同样，在中国户籍制度改革议题上，如果改革之后的城市人口变动所形成的承载压力超过了城市的承载能力，那么改革将会得不偿失，引发严重的城市问题。譬如，户籍制度改革如果将福利申领资格中的户籍身份条件去除，部分低收入和失业的农民工会马上进入城市社会救助制度的覆盖范围；城市社会救助制度必须增加额外的支出，给这部分农民工提供支持和服务，从而形成制度改革的财政压力。过于激进地推行户籍制度改革，尽管有助于尽早实现城乡制度设置的区域公平，但结果很可能会得不偿失，导致财政压力过大和福利磁力问题，影响中国经济与社会的持续发展。

第六章 港澳台地区与内地的融合议题

在香港和澳门相继回归之后,"一国两制"政策顺利实施。港澳地区一方面保持了自身的经济与社会发展,另一方面,它们与内地的经济社会融合以及协同发展也得到进一步推动。在"一国两制"实施期间,促进港澳地区和内地的融合与发展也是实现平稳过渡的关键环节之一。

更加频繁的经贸往来是推动地区之间融合的重要动力,同时,基础设施尤其是大型交通工程的建设以及科技的发展,也将有力地推动地区融合。在社会科学领域,哈维(Harvey)(1990)从时间与空间概念的角度研究全球化,提出"时空压缩"概念,强调全球化改变了人们对时间和空间的感受和体验:全球化使个体跨越空间的时间急剧减少,空间收缩成一个"地球村";个体在经济和生态上的相互依赖显著增加。时空压缩现象正在改变个体对空间和距离的感知,而感知的变化刷新着个体的观念,观念的变化带来活动模式的调整,活动模式的调整将潜在地重塑城市与区域的发展格局(Janelle, 1968)。作为社会构成者的个体,从时空压缩的外部环境变化出发,重塑自身的活动空间范围,重塑与他人的交往和沟通方式、频率和质量,以及社会和经济网络,等等(刘贤腾、周江评,2014)。在国内,杨庆堃(1949)指出,空间本是隔离人与事之间关系的因素，两地相距越远，两地人群的关系越淡漠，两地之间的组织越松散，但空间的隔离作用会随交通、运输、通信的发展而减小：现代交通、运输、通信越发展，两地来往就越节约时间与费用，由此提高了人际交往的频率与办事效率，使人际关系和群体之间的关系更加密切。

有别于经济学领域主要从经贸合作的角度分析港澳台地区与内地的产业协同与融合发展，本章主要从社会学的视角展开分析，聚集于交通运输设施的发展所带来的社会互动的增加而形成的社会融合，以及由于婚嫁的社会活动所产生的融合问题，并在此基础上探讨社会治理的相关议题以及社会工作的介入路径。

第一节 港澳台地区与内地的人口流动

一、港澳地区与内地的人口流动

港澳地区与内地的人口流动涉及多个方面，存在于多个领域。本节主要针对港珠澳大桥的建设，探讨基础设施建设所产生的人口流动问题。港珠澳大桥是一项连接珠江口东岸和西岸的跨海工程，将会在香港、澳门和珠海之间形成一个大型的跨海通道。港珠澳大桥的修建化解了珠江口对西岸地区的阻隔，由此产生的"时空压缩效应"使得香港与澳门和内地的交通便利性得到极大提升，将能够促进地区间融合和区域一体化发展（Hou and Li，2011）。在理论上，"时空压缩效应"是指交通技术革新提高了社会成员的出行速度，缩短了各区域之间的时间距离，原有的空间距离在社会成员的主观体验上被收敛和压缩的现象（刘贤腾、周江评，2014）。这一效应将使个体的生活节奏加快、空间距离的障碍得以消减，同时，也将加速地区之间的政治、经济和文化等方面的交流（Harvey，1990）。

对内地城市珠海而言，港珠澳大桥的建设使其成为一个与港澳陆路相连的城市，交通更加便利，要素集聚能力增强，有利于吸引更高端的人力资源、资本、技术、资讯等经济要素流入珠海（杨少华、曾泽瑶、苏振辉，2015）。关于港珠澳大桥的修建所产生的经济效益以及对区域内经济发展和产业协同的促进作用，学术界已经开展了一些比较深入的研究，取得不少有益的成果。但遗憾的是，在大桥的建成和通车对社会行为的影响方面，以及由此所产生的社会政策与社会治理需求，现阶段仍未得到较为充分的探讨。这很可能会阻碍社会政策制度的发展和社会治理实践的推进，并限制港珠澳大桥的经济效益的充分实现，亟须尽快对大桥在社会治理方面的影响进行分析。由此出发，本节将首先分析港珠澳大桥对社会行为的影响，并在此基础上进一步探讨大桥的建成所可能产生的社会政策与社会治理需求。

（一）时空因素对社会行为的影响

时空因素对社会行为的影响作用，是国内外学术界的一个重要研究领域。而港珠澳大桥的建设落成，所产生的最本质影响是对时空的压缩效应。在港珠澳大桥建成之前，珠海与香港在珠江口隔海相望，陆路通道最近需经深圳绕道虎门大桥，陆路行程达200公里左右，需4小时；水路相距30~40公里，最快也要1小时，而且通行会受到台风等恶劣天气的影响（江宇、刘小丽，2007）。而港珠澳大桥的建成将能对两地产生显著的时空压缩效应，使珠海的时间可达性和费用可达性得到大幅度的提高，其中作为中短途载客主要运输工具的小型车将比大桥通车前的总费用最高节省近35.0%（吴旗韬、张虹鸥、叶玉瑶、苏泳娴，2012）。城市间的连接性增强将弱化物理邻近性，便捷的交通网络会加速城市群各城市间人流、物流、信息流、资金流、技术流等空间要素的流动，重新定义城市区位，区域空间关系被重新整合（沈丽珍、顾朝林，2009）。

对于个体的社会行为而言，时间可达性和费用可达性是相对于地理意义上的通行距离更重要的指标。时间方面的因素代表着个体能否在特定的时间界限内（譬如，白天12个小时的时间），完成在两个区域之间的往返和特定的行为内容（譬如，工作、聚餐、商务活动等）。这些特定的行为内容，需要足够的时间来完成。譬如，一般的办公室工作需要8个小时，而聚餐只需要2个小时。如果花在通行方面的时间较短，那么个人将能够较快地从某一区域前往另一个区域，并实施和完成那些需要较长时间的行为内容。以陆路交通为例，在港珠澳大桥通车之前，4个小时的单程通行时间使个体在白天12个小时的时间界限内从珠海前往深圳后能够完成的行为内容，只能局限在聚餐等能够在4个小时内完成的事项。但在大桥通车之后，半个小时的单程通行时间能够使个体往返两地并完成那些需要更长时间的行为内容（譬如，8小时的工作）。同时，费用方面的因素也是十分重要的。由于一些行为内容需要周期性地进行（譬如，一周5天的工作日），通行方面的开支将是个体进行行为决策时重点考虑的一个因素。通行费用的减少，将能够提升个体对跨区域行为的接受性，促进个体的跨区域行为。

结合学术界关于时空研究的一些成果,可以更深入地洞察港珠澳大桥对社会行为的影响。沿袭迪尔凯姆的分析路径,默顿关于时间的研究聚焦于社会时间领域。在默顿看来,社会时间"区别于年历时间和针对星球运动所测量的时间",是已经经历和已观察到的变迁的总和:社会时间的本质在于集体的经历(Merton,1985)。1984年,默顿对一个包括750户工薪家庭的新社区的居住者的行为模式进行研究,发现居住者的社交意愿以及与其他居住者的关系直接由其对居住在该社区的时间预期所决定,"居住者的期望持续时间独立于实际时间而影响居住者的行为"(Merton,1984)。据此,默顿提出"社会期望持续时间"(Social Expected Durations)的概念,并区分出三种形态:一是由制度支持的社会指定持续时间;二是集体持续时间(例如,对经济危机或政党联合持续时间的预期);三是短暂持续时间(这一类型主要存在于人际关系中)。社会期望持续时间作为社会结构的时态组成要素,将影响个体和群体的行为模式。默顿的研究发现,可以从符号互动论中找到支撑。符号互动论的基本原理是:个体依据其对事物所赋予的定义,对事物采取行动(波普诺,1999)。"社会期望持续时间"概念与这一原理存在紧密关联:当个体对其停留在某一区域的时间定义发生改变,其行为也将依据这一新的定义进行转变。

在港珠澳大桥建成之后,珠海对于香港居民而言,将不再像原来那样只是一个短暂停留的旅游城市,还将成为一个可以长时间居住的地方。换言之,他们将可能不仅仅是珠海的过客,而且有很大可能成为珠海的一个居住人群。从社会期望持续时间的理论视角出发,原来香港居民对于珠海的社会期望持续时间只是出于旅游需要的短暂停留,但是在大桥建成之后,这种预期的停留时间将会发生显著变化。大桥的时空压缩效应可以使香港居民对于珠海的社会期望持续时间变迁为基于生活需要的长期居留或居住，由短暂的停留变为长期的居住预期。在这种情况下，香港居民针对珠海的社会行为将出现重大的改变。譬如，从之前的入住酒店、购买特产的基于旅游需要的短期消费行为变迁为购买住房、购买养老服务等长期消费行为；从之前对珠海旅游服务的评价和建议，发展为对珠海社区服务和社会治理的关注和期待。作为这种行为变迁的一个例证，在2014年珠海南屏二桥建设的业主活动中，可以发现有香港居民的参与。他们参与活动，是因为在该区域购买了房产并在此居住，对珠海的地域认知从旅游场地转变为长期居住地，所以非常关注南屏二桥的建设对当地居住环境的影响，并最终参与到业主表达诉求的活动当中。

同时，对于珠海的劳动者而言，港珠澳大桥的建成也将改变他们对香港的认知和行为。香港将成为他们可以选择就业和工作的地方，而不再主要是单纯的旅游目的地。香港是一个国际大都市和国际金融中心，经济繁荣，城市管理水平高，文化多元，拥有优越的工作环境和优厚的工资收入，本身就对珠海以及内地其他地方的劳动者具有非常高的吸引力。人口迁移的"推—拉理论"指出，劳动力迁移的主要原因是劳动力迁出地和迁入地的工资差别——迁入地的较高工资收入形成劳动力迁移的拉力，而迁出地的低工资则形成推力，共同推动劳动力迁移就业的形成（仰滢、甄月桥，2012）。从这个理论视角出发，香港和珠海之间本来就存在较大的劳动力转移就业的潜在动力。这种潜在动力将会在大桥通车的推动下得到有效的释放。以往由于忧虑或无法承担香港高额居住成本的珠海劳动者，将可以在港珠澳大桥的支撑下，大幅度地降低前往香港就业和工作的经济成本，从而在两地之间的跨区域就业中获得更高的经济回报。换言之，在交通快捷和费用较低的情况下，"在珠海生活，在香港工作"的港珠3小时生活圈模式将成为一种可供选择和可以实现的行为模式。

另外，香港目前存在较为严重的人口老龄化问题，而且存在恶化的趋势。依据香港特别行政区政府在2013年发布的人口政策咨询文件，香港人口老龄化的速度比预期更快：到2041年，香港每3个人中就将有1人为65岁或以上，75岁以上的人口比例将上升至18.9%，同时劳动人口将出现严重不足；预计劳动人口在2018年上升至371万人的高位后将回落，劳动参与率将由2012年的58.8%跌至2041年的49.5%。在人口增长缓慢的情况下，香港无法通过自身来应对劳动力短缺的问题。这份文件也专门把引入外地劳工作为应对香港人口老龄化的政策方向之一。可以推测，香港对内地劳动力的需求将会在未来10年继续增长。这将会在需求方面进一步推动珠海—香港的劳动力转移就业。由上述分析可知，港珠澳大桥的建成，在社会行为方面将主要促进香港和珠海之间的人口流动和迁移，使更多的香港居民选择前往珠海居留和居住，同时使珠海以及内地其他地区的劳动力人口更多地前往香港就业和工作。

(二) 内地城市社会治理的新议题

作为一个与社会工作紧密关联的概念，社会治理是指政府、市场、社会组织、公民在形成合作性关系的基础上，运用法、理、情三种社会控制手段解决社会问题，以达到化解社会矛盾、实现社会公正、激发社会活力、促进社会和谐发展目的的一种协调性社会行动（陈成文、赵杏梓，2014）。在中国，社会治理是指在执政党领导下,由政府组织主导,吸纳社会组织等多方面治理主体参与,对社会公共事务进行的治理活动;社会治理涉及的通常是公民的社会生活和社会活动,主要包括社会公共服务、社会安全和秩序、社会保障和福利、社会组织、社区管理等社会领域的治理任务(王浦劬,2014)。

从社会治理的概念出发,城市社会治理的主要内容包括:(1)城市区域内的社会公共服务,具体涉及公共教育、公共卫生和基本医疗、公共就业、公共文化、公共体育等服务,为公民的社会发展提供有力的支持;(2)城市区域内的社会安全与秩序,统筹协调不同社会群体的利益和诉求,促进社会和谐稳定,建立健全公共安全和突发事件应急管理体系,加强社会治安防控,维护社会秩序;(3)城市区域内的社会保障和福利,构建完善的社会保障体系和住房保障体系,给社会成员规避生活风险提供有力支持;(4)城市区域内的社会组织与社区发展,大力发展社会组织,构建以社区为单元的基层社会管理服务体系,增强城市社区的服务功能。

依据城市社会治理的主要内容,公民的社会发展活动、生活风险、群体诉求等因素,都将影响城市社会治理的变迁。首先,城市社会治理的社会公共服务所针对的是公民的社会发展活动。活动的内容、方式或目标的改变,都很可能导致现行的社会治理出现短板,无法对接外部的治理需要,从而导致社会治理的变迁。其次,在公民的生活风险方面,经济全球化深度发展使社会成员面临一些全新的生活风险,迫切需要能够应对这些新风险的社会治理制度或政策的制定和实行。最后,城市区域内的群体诉求和利益格局会因为外来群体的加入而形成新的利益诉求,使利益格局出现进一步的分化。城市社会治理需要对全新的利益格局进行协调,从而推动自身的发展和变迁。针对由港珠澳大桥所可能产生的社会行为的改变以及由此而来的社会需求的变迁,内地城市的社会治理政策需要进行相应的调整和完善。在未来的5~10年,社会治理政策的调整和完善将包括多个议题。下文将聚焦于香港与珠海之间的人口流动进行分析。

1. 香港居民的社会融入议题

促进香港居民在珠海的社会融入,是促进香港与珠海融合发展的一个关键环节和必要基础。根据第六次全国人口普查的数据,居住在大陆并接受普查登记的香港居民超过23万人。由于地理位置邻近,这些香港居民目前很可能主要集中在珠江口东岸居住,但在港珠澳大桥建成之后,这种状况很可能会发生较大的改变。珠海原本就具有十分优良的生态和居住环境,获得过"国家园林城市""国家环保模范城市""国家级生态示范区"以及联合国"国际改善人居环境最佳范例奖"等奖项;在"2014年宜居城市竞争力前200名城市"中排名第一,再度被评为全国最宜居的城市,拥有优越的宜居环境。如果再加上大桥建设所带来的通行便捷,将会成为越来越多香港居民的居住地选择。可以预期,在未来将会有更多的香港居民选择在珠海居住。

这对珠海的社会治理而言,将会带来更多的外来人口,产生香港居民在珠海的社会融入议题。随着未来更多的香港居民选择前往珠海居住,他们的社会融入问题也需要逐步提上政策议程。

社会融入是一个内涵丰富的概念。一般而言,移民的社会融入主要划分为经济融入、社会性融入、政治融入等维度。其中，经济融入主要是指移民在劳动力就业市场、职业地位、经济收入、消费水平与消费模式、住房等方面的融合；社会性融入主要指移民在社会关系、规范、文化习俗、社会组织等方面的融入；而政治融入主要指移民在流入地社会参与政治性活动的情况以及移民合法政治权利的获得情况（梁波、王海英，2010）。同时，也有学者从新的角度出发，对社会融入概念进行了内涵扩展。譬如，恩泽格尔（Entzinger）和拜泽韦德（Biezeveld）（2003）指出移民在流入地社会要面临四个维度的融入，即社会经济融入、政治融入、文化融入、主体社会对移民的接纳或拒斥。其中，社会经济融入主要是指移民在经济就业、收入水平、职业流动、社会福利与社会保障、社会活动与社会组织参与等方面的改善状况。政治性融入主要涉及移民群体的合法政治身份、移民的政治参与和对市民社会的参与等。文化性融入主要涉及多元文化主义与同化主义的争论，包括移民对流入地社会基本规则与规范的态度、配偶的选择、语言能力等。最后，移民的融入也包含流入地社会自身在面对移民群体时发生的变化，其中包括当地社会对待移民群体的态度。

在经济融入方面，珠海需要从香港居民在珠海所从事的主要经济活动出发，规划和推行有针对性的政策措施。譬如，对于香港居民在珠海的投资行为，可以进一步推进珠海法治营商环境的建设，不断完善珠海的投资环境，使香港居民可以在经济方面更好地融入珠海。而对于社会性融入，则需要促进在珠海居住的香港居民与珠海居民的接触和来往，促进个体与群体之间的互动和交流，尊重和包容相互之间的群体差异。在文化融入方面，提升珠海市民的多元文化意识，理解区域之间文化差异存在的原因之一在于不同的外部生态环境，从而更好地接受外来群体的文化和价值观,加深相互之间的了解和认识,给香港居民营造出良好的文化融入氛围。

在"一国两制"的大背景下,香港居民的政治融入同样是珠海社会治理的重要内容。促进外来移民的政治融入,在现阶段作为一项全球性的议题,是对经济全球化及其后果的一种在公民权利和人类权利方面的回应(Hayduk,2014)。接纳外来移民,让他们作为选民、候选人、党团成员和政府工作人员进入政治运行过程,从民主政治的角度来说是必需的(Nacarino & Lageson,2013)。促进外来移民对政治过程的融入,不但对治理体制的稳定和持续发展十分重要,而且有助于提高社会的整合和包容能力,促进整体性的社会—政治整合,提升外来移民对迁入地社会的认同和融合(European Commission,2005;Olsen,2011)。

政治融入(Political Inclusion)的概念与政治参与的概念紧密相连。二者存在一定的重合之处,其中最主要的是都包含个体参加政治活动的行为。譬如,卡尔德(Kaldur)、凡更(Fangen)和沙林(Sarin)(2014)强调外来移民的政治融入主要包括四个方面:对政治议题的关注、参加政党或政治团体、参与诉求表达的活动以及在选举中投票。随着市民社会日益成为现代社会中政治性活动的重要内容,市民社会的参与也进入外来移民的政治融入范畴当中(Entzinger & Biezeveld,2003)。同时,政治融入的内涵相对于政治参与而言更加丰富。政治融入不但关注外来移民在迁入地参加政党、选举和工会等政治性活动的情况,而且关注他们的合法政治权利的获得情况(Heisler,1992;Penninx,2005)。一些学者将个体的主观体验也纳入政治融入的范畴。譬如,凡更(2012)认为外来移民的政治融入与以下三个方面紧密相连：（1）个体是否把政治系统体验和感知为自己的代表；（2）个体是否能够通过投票或公共领域的话语权而参与到政治过程当中；（3）个体的利益诉求是否曾得到社会福利部门和学校等权力机构的关注。如果外来移民在主观上对政治系统和机构并不信任，他们将很有可能降低政治精英及其决策的合法性，而且更少地把自己视为当地政治共同体的成员（Eggert & Giugni，2010）。可以发现，政治融入概念的核心内涵除了个体参加政治活动的行为之外，还包括政治系统对个体的行为回应（是否给予合法的政治权利、是否对其诉求进行回应等）以及个体对这些回应的主观体验（是否将当地政治系统视为自己的代表）。政治融入不仅仅是个体的单向行为，而且是个体与政治系统之间的互动以及互动的结果。

在海斯勒（Heisler）（1992）看来，外来移民政治融入的核心指标主要是他们能否在迁入地获得与当地公民同等的合法政治权利，能否在资格身份、政治待遇上得到同等的对待。政治权利主要包括选举权、被选举权以及组织或加入政党和政治团体等权利。这一核心指标的设置与现阶段外来移民问题的特殊性紧密相关：作为外来人群，移民在迁入地往往会面临一定的政治排斥。作为与政治融入相对应的概念，政治排斥是指个体被阻隔在政治活动的主流之外，并被阻隔在影响到自身生活的决策之外，这些决策最后是由其他人制定（Geddes，1995）。在国际移民的层面，外来移民在迁入地往往被视为二等公民，遭受到不同形式的歧视和排斥——这不仅存在于公共话语、劳动力市场或学校教育等领域，而且在政治活动的各个方面明显存在（Fangen，Brit and Erlend，2010）。在美国，尚未获得美国公民资格的移民不能在选举中投票，尽管选举产生的代表在未来所制定的政策很可能会影响到移民的生活（Hayduk，2014）。因此，政治权利的获取是保障和实现外来移民平等权利的必要支撑（Junger-Tas，2001）。这意味着外来移民可以对政策制度的制定和发展施加一定的影响，在一定程度上使政策制度能够反映自身的诉求。

因此，在香港居民的政治融入议题上，珠海需要通过制定综合性的政策措施，逐步推进这一融入进程，使在珠海居住的香港居民能够在涉及自身诉求的政策问题上进行诉求表达，使政策制度的发展更加合理，能够反映相关群体的利益诉求。外来移民的政治融入不仅有助于提高政治体制的合法性，还能够给政治精英提供更多关于外来移民诉求的重要信息（Eggert & Giugni，2010）。此外，外来移民的政治权利问题，归根到底是一个关于公平的问题：如果一个人是当地社区的一名成员，并对当地的经济发展和税收收入做出了贡献，那他（或她）就应该公平地获得对那些会直接影响其福祉的法律和政策制定的话语权（Hayduk，2014）。

2. 珠海与香港的社会保障合作议题

社会保障制度是现代社会协助社会成员应对生活风险的一项制度性安排，对于经济社会的和谐与发展也是不可或缺的。珠海与香港的社会保障合作议题，主要针对的是两类群体的社会需求问题：第一类是选择前往珠海居住的香港居民，而第二类是选择前往香港转移就业的珠海居民。在缺乏社会保障制度有效支持的情况下，社会成员可能会由于遭受特定的生活风险（疾病、失业等）而很容易陷入严重的困境。因此，在珠海与香港两地的人口流动与迁移日益频繁的情况下，一项重要的社会治理工作内容就是促进两地社会保障制度之间的衔接，给那些在两地之间进行区域迁移就业、跨越两地社会保障制度的社会成员提供有效的社会保障覆盖和支持，从而保证他们能够有效地应对生活风险，更好地维护自身的权益，促进经济社会稳定与发展。

现阶段，两地的社会保障制度仍未建立起衔接制度。珠海与香港的社会保障制度只是在各自的区域内独立运行，尽管对对方的区域有一定的延伸，但仍然缺乏系统对接的制度性安排。就目前来看，前往包括珠海在内的广东地区养老的香港居民已经可以享受到一定的香港社会保障福利，其中主要是香港特别行政区政府在2013年推行的"广东计划"。这个计划使移居广东的香港老人无须每年返回香港，直接在居住地就可以领取高龄津贴。但同时，这在目前仍主要是香港单方面的政策行动，而且只涉及十分有限的社会保障项目，无法给香港与珠海之间的人口迁移和劳动力转移就业提供必要的支持。在港珠澳大桥建成通车、香港与珠海的人口迁移和劳动力转移就业规模增大的背景下，珠海与香港的社会保障合作必须得到尽快的推进。

由于内地社会保障制度建设的历史原因，中央政府在1994年颁布的《台湾和香港、澳门居民在内地就业管理规定》并未纳入有关社会保障的内容，但在2005年颁布的《台湾香港澳门居民在内地就业管理规定》中明确规定，用人单位与聘雇的台、港、澳人员应当签订劳动合同，并按照《社会保险费征缴暂行条例》的规定缴纳社会保险费。在这一规定的推动下，地方政府相继出台了台湾居民在当地参加社会保险的规定。譬如，在地域上与香港更加邻近的深圳市在2005年年底颁布了《深圳市劳动和社会保障局关于台港澳人员在深就业参加社会保险有关问题的通知》，规定台港澳人员在内地流动，当地有社会保险机构并予以接收的，按深圳市非户籍参保员工的相应转移办法处理；离开深圳市未办理结转手续，重新返回深圳市就业并按规定继续缴纳养老保险费的，在深圳市的养老保险实际缴费年限可以累积计算；台港澳人员在领取基本养老保险待遇前与深圳市企业解除劳动关系，办理了就业证注销手续并离开内地的，其社会保险关系终止，其养老保险个人账户积累额和医疗保险个人账户实际结余额退还本人。同样，毗邻台湾的厦门在2005年实施的《关于在厦就业的台湾、香港、澳门居民纳入社会保险统筹范围的通知》规定，在厦门市就业的台湾居民，按外来员工或外来管理、技术人员的缴费标准参加基本养老保险、基本医疗保险、失业保险和工伤保险，并享受相应的社会保险待遇；同时，台湾居民在厦门的基本养老保险个人账户储存额和基本医疗保险个人账户结余额，可随同本人社会保险关系一同转移，无法转移的经批准后可一次性支付给本人。

在此后的几年里，尽管《中华人民共和国社会保险法》在2011年颁布实施，但并未实施更多面向台湾居民的政策法规，政策实践仍主要停留在地方层面。在2011年讨论《在中国境内就业的外国人参加社会保险暂行办法》时，在征求意见稿的第11条中曾规定：香港特别行政区、澳门特别行政区居民中的中国公民和台湾地区居民在内地就业的，参照本办法的规定参加社会保险。但在其后颁发的正式文件中，这一条文被删除。2013年，《人力资源和社会保障部办公厅关于台湾香港澳门居民办理失业登记的通知》颁布。依据这一规定，台湾、香港、澳门居民在常住地稳定就业满6个月，并依法参加社会保险的，失业后如本人自愿，可到公共就业服务机构办理失业登记，享受就业服务和相应的失业保险待遇。

同时，在地方实践层面，2010年3月签订的《粤港合作框架协议》在社会保障方面也进行了规定：（1）建立劳动关系和劳动监察协调合作机制，畅通劳动关系和劳动监察信息沟通渠道，双方相关部门设立定期互访机制，开展执法培训与交流合作，研究促进双方用人单位在劳动法规方面的信息沟通，探索两地处理企业欠薪事宜；（2）支持香港服务提供者到广东举办养老、残疾人等社会福利机构，广东提供与内地民办社会福利机构同等政策；（3）香港审视各项相关范畴及政策改变所带来的深远影响，探讨在广东居住的香港居民的生活和消费模式，以确定未来有关在粤生活的港人福利的政策方向。但从这些具体规定来看，香港与内地的社会保障合作仍未提上政策议程。2015年广东省政府公布《关于印发实施〈粤港合作框架协议〉2015年重点工作的通知》，明确了90项重点工作任务，分别涵盖跨界基础设施、青年合作交流、现代服务业、制造业及科技创新、国际化营商环境、优质生活圈、教育与人才、重点合作区域8个方面，但依然未提及双方的社会保障合作议题。

内地与香港的社会保障制度还没有形成有效的衔接与合作，这导致在香港与内地之间进行迁移的人口都会遭受程度不一的社会保障权益损失。譬如，《珠海市职工生育保险办法》第20条规定，参保职工分娩或施行计划生育手术时，连续参保缴费（中断缴费时间不超过3个月视为连续参保）不足12个月的，其生育医疗费用由个人垫付，相应假期工资由用人单位垫付。在珠海与香港缺乏社会保障合作协议的情况下，劳动者在两地的参保缴费时间无法得到认可与合并计算，那么前往珠海就业的香港劳动者就无法享受珠海的生育保险给付。而珠海与香港之间的社会保障合作将有助于实现两地社会保障权益和福利的可携带性和可输出性，使移居珠海的香港居民能够通过福利输出，在珠海享受香港的社会保障权益，同时也给前往香港就业的珠海劳动者提供更全面的社会保障覆盖，从而给两地之间的人口迁移和劳动力转移就业提供更有效的支持。

3. 住房政策议题

港珠澳大桥建成后，珠海对外交通的改善将会增强本地的基础设施功能，提升其房地产市场的外部性并延伸其购房半径（杨少华、曾泽瑶、苏振辉，2015），推动更多的来自香港、澳门以及内地其他城市的人口前往珠海居住。伴随着越来越多的香港居民前往珠海居住，以及更多的珠海劳动者前往香港就业，香港特别行政区相对于珠海更高的收入水平将会使这些选择居住地迁移或转移就业的人口拥有更高的购买力。此外，内地其他省市的劳动者在前往香港进行转移就业时，也很可能会更多地选择在珠海居住，利用港珠澳大桥的通行便利规避香港的高昂居住成本，从而在转移就业的过程中获得更高的收入回报。这些劳动者与迁居珠海的香港居民将共同给珠海市的房地产市场带来更大的需求。这种需求以及需求满足的更高的购买力将会和其他因素一起，共同推动珠海房地产业的发展。而这种发展所形成的一个直接后果，很可能是房价的快速和持续上涨。

外来移民对迁入地房价的影响已经得到一些经验研究的支持。赛斯（Saiz）（2007）利用美国移民和住房市场数据进行分析，发现相当于本地人口的移民涌入城市会导致房屋租金和房价上涨1%。德根（Degen）和菲希尔（Fisscher）（2009）通过对瑞士85个地区2001~2006年的移民和房价数据研究发现，相当于本地人口1%的移民到来将推动本地房价上涨2.7%。在国内的研究中，陆铭、欧海军和陈斌开（2014）基于中国地级市数据的研究发现，移民的住房需求是推高房价的重要原因；在移民占比更高的城市，房价更高，表现为2000年移民占比每高出1个百分点，2005年的房价就会高出8.33%；同时，在移民占比变化更大的城市，房价和房价增长率都更高。而且，同样数量的城市移民对住房价格的影响显著大于农村移民对住房价格的影响；移民平均收入水平高的城市，房价和房价收入比更高。由此推断，迁居珠海的香港居民以及转移到香港就业的内地劳动者，作为两个具有较高收入水平的移民群体，将很有可能显著地促进珠海房价的上涨。港珠澳大桥的通车对珠海房价的拉升影响，是存在较大的可能性的。

　　住房仍然是中国大部分居民的头等大事，购房开支是很多居民一生中最主要的消费。如果房价的上涨严重地脱离当地居民的收入增长，导致他们无法承受，同时又缺乏保障性住房的支持，那将很可能产生显著的相对剥夺效应，影响社会的稳定和发展。社会不公平感所引发的"相对剥脱感"会动摇社会的合法性基础，导致激烈的社会冲突（Coser，1956）。而港珠澳大桥的建成所带来的房地产业发展和房价的上涨，由于存在香港与珠海之间地区收入差距较大等因素，这种房价的上涨将很有可能较大地脱离珠海本地居民的收入增长水平，所带来的社会稳定风险也是存在的。而且，高房价对地区的经济发展也存在一定的负面影响。赫尔普曼（Helpman）（1998）在新经济地理学标准模型的基础上引入了住房市场的因素，指出某地区的住房价格过高会影响劳动者的相对效用，进而抑制劳动力在该地区的集聚。同时，王文春和荣昭（2014）利用35个大中城市1999~2007年规模以上工业企业数据，研究房价的快速上涨对工业企业新产品开发活动的影响，发现房价上涨越快，当地工业企业新产品开发的倾向越弱；工业企业投资房地产的同时减少了新产品开发，是在融资约束情况下对房地产高回报率的理性反应。因此，推动住房保障制度的发展，促进住房政策的完善，是港珠澳大桥建成之后珠海市政府必须高度重视的一项社会治理议题。

二、中国大陆与台湾地区的人口婚姻迁移

长期以来，婚姻家庭的联结是不同社会群体之间增加了解、消除隔阂和促进交流的一种重要途径。一直以来，大陆与台湾地区之间的两岸婚姻家庭作为连接两岸同胞的血脉纽带，是传承中华民族根脉、传播两岸爱情亲情、传递和平发展信念的重要力量，发挥着增进民族认同、加强交往融合的重要功能，有助于两岸的经济社会发展以及两岸关系的健康推进（张燕玲，2013）。切实有效的社会服务，能够更好地促进两岸婚姻、家庭、事业的发展，而推动两岸政策制度之间的衔接，是其中的一项非常关键的服务内容。由于历史原因，大陆与台湾地区在目前实行的是两套不同的制度体系，而且相互之间缺乏足够的衔接，这严重地阻碍了两岸婚姻、家庭、事业的发展。在两岸民众与经济交往日益密切、婚恋活动日趋频繁的背景下，在社会治理层面推进两岸的合作，是推动两岸关系进一步发展的重点工作。

社会保障制度是现代社会协助社会成员应对生活风险的一

项制度性安排，对于婚姻、家庭的和谐与发展也是不可或缺的。在缺乏社会保障制度有效支持的情况下，婚姻、家庭可能会由于某一家庭成员遭受特定的生活风险（疾病、失业等）而很容易陷入严重的困境，从而变得更加脆弱和容易破裂。因此，现阶段要推动两岸婚姻、家庭、事业的发展，一项重要的工作内容就是促进两岸社会保障制度的衔接，给那些因为婚姻、家庭团聚而在两岸之间进行区域迁移、跨越两岸社会保障制度的社会成员提供有效的社会保障覆盖和支持，从而保证他们能够有效地应对生活风险，更好地维护两岸婚姻、家庭的和谐与发展。

现阶段，两岸的社会保障制度仍未建立起相互之间的衔接制度。大陆与台湾地区的社会保障制度只是在各自区域内独立运行，尽管对对方的区域有一定的延伸，但仍然缺乏系统对接的制度性安排。早在1989年，劳动部、人事部和财政部等多个部门就已联合发布《关于台胞、台属赴台湾地区定居有关待遇等问题的规定》，经批准赴台湾地区定居的国营企业、事业单位和党政机关、人民团体的台胞、台属职工（包括离休、退休、退职人员）的待遇如下：（1）赴台湾地区定居的离休、退休、退职人员的离休费、退休费、退职生活费与内地离休、退休、退职人员享受同等待遇，其离休费、退休费、退职生活费及副食品价格补贴、粮（煤）价补贴，企业、事业单位职工的因工（公）残废补助费以及由民政部门支付的残废金等，由支付离休、退休、退职待遇的单位发给（残废金由支付离休费、退休费、退职生活费的单位向本人原居住地的民政部门领取），或由受委托的内地亲友代领，直至本人去世为止；（2）凡不符合国家规定的离休、退休、退职条件的在职职工，获准赴台湾地区定居的，所在单位可以一次性发给离职费。这一规定，让那些在离休、退休、退职之后选择前往台湾地区定居的台胞和台属仍可以继续获得相关的待遇。

此外，是将台湾地区居民与港澳居民合并为一个群体进行社会保障政策的制定。譬如，2005年颁布的《台湾香港澳门居民在内地就业管理规定》，深圳市在2005年年底颁布的《深圳市劳动和社会保障局关于台港澳人员在深就业参加社会保险有关问题的通知》和厦门在2005年实施的《关于在厦就业的台湾、香港、澳门居民纳入社会保险统筹范围的通知》，以及2013年颁布的《人力资源社会保障部办公厅关于台湾香港澳门居民办理失业登记的通知》。

在台湾地区，最核心的社会保险项目是依据其《劳工保险条例》所施行的劳工保险制度。2009年通过的《两岸人民关系条例修正草案》，开放大陆配偶在台湾的工作、继承及请领劳保给付权利。在这项条例修正之前，大陆配偶虽然可以以参保人配偶的身份参加台湾地区的劳工保险，但如果参保人在台湾地区以外的地区发生伤病或死亡时，大陆配偶则不具备申请劳保给付的权利。在条例修正之后，大陆配偶获得了参保人配偶所享有的完整权利。同时，这一修正取消了大陆配偶赴台后6年内不能工作的限制，大陆配偶赴台后依亲居留、长期居留期间或经许可定居，都可以在台湾地区就业。在就业之后，可以参加台湾地区的劳工保险。大陆配偶每年在台居留超过半年，6年后才能拿到台湾地区的身份证，全面地获得台湾地区社会保障制度的覆盖和支持。

同时，大陆配偶在2014年被正式纳入台湾地区的《劳工退休金条例》的覆盖范围。劳工退休金制度是台湾地区的三大年金制度之一，是一项以"个人退休金专用账户"为主、以"年金保险"为辅的养老制度。依据这一制度安排，雇主应为其所雇用的大陆配偶每月缴纳他们工资总额的6%作为劳工退休金，储存于劳工退休金专用账户。同时，大陆配偶也可以在其每月工资总额的6%以内自行缴费到个人账户。在大陆配偶年满60岁之后，如果其缴费年限达到15年以上，可以按月领取养老金；如果不足15年，也可以一次性提取。作为辅助政策的"年金保险"，是面向雇工人数超过200人的雇主，由雇主作为投保人、劳工作为被保险人和受益人的制度安排。此外，台湾地区的全民健康保险制度可以核销境外医疗费用。在持续缴费的情况下，台湾居民前往大陆地区并在当地就医的，在先行支付医疗费用之后，回到台湾之后可以依据医院所开具的相关单据申请报销医疗费用。

总的来看，大陆与台湾地区的社会保障制度给两岸之间的迁移人口提供了一定的支持。两岸之间的迁移人口在当地居住和就业之后，都能够进入当地的社会保险系统，获得社会保险制度的覆盖和支持。而且，两岸的社会保险制度也对对方的区域有初步的延伸。这种延伸在大陆地区主要表现为：前往台湾地区离休、退休和退职的人员，在符合规定的情况下可以继续获得退休待遇。而在台湾地区则主要表现为：当地的全民健康保险制度对参保人在大陆地区就医费用的覆盖和报销。但同时，目前的制度覆盖和支持只是低层次的，仅仅是两岸社会保障制度系统内部的安排，尚未发展为系统之间的衔接与合作。这导致在两岸之间进行迁移的人口（包括大陆配偶和台湾配偶）都会遭受程度不一的社会保障权益损失。同样以生育保险为例，台湾地区的劳工保险制度规定，参保人只有在参加保险满 280 日之后再分娩的才能够获得生育保险的给付。在这种情况下，尽管大陆配偶可以通过其台湾配偶的参保获得给付，但如果其台湾配偶由于特定原因退出了台湾地区的劳工保险或未达到参保时间的要求，那么大陆配偶即使在大陆地区曾持续多年参加生育保险，其参加生育保险的时间在台湾地区也不会得到承认，从而无法享受当地的保险给付。

现阶段，大陆与台湾地区的社会保障制度给相互之间的迁移人口提供了一定的覆盖，制度之间也有初步的延伸，但这种延伸只是低层次的，还难以给两岸的婚姻、家庭、事业的发展提供有力的支持。下一步，应当更全面、更深入地认识到两岸社会保障制度衔接的必要性和重要性，充分利用国际社会和欧美发达国家的丰富经验，以及两岸之间运转良好的制度化协商平台，尽快推进社会保障合作协议的签订，从而给基于婚姻、家庭或者就业等原因在两岸之间进行区域迁移的社会成员提供更全面、更有效的社会保障覆盖和支持，更好地维护他们的社会保障权益。

第二节　澳门学生对内地高等教育的适应问题

随着内地高校国际化办学水平的不断提高，以及澳门与内地经贸关系的持续发展，越来越多的澳门学生选择前往内地高校继续深造。依据澳门青年暨教育局的统计数据，2010 年共有847 名澳门学生前往内地高校继续学业，占当年所有前往外地大学求学的澳门学生总数的 53.64%，占当年毕业的 5 490 名中学学生的 15.40%（见表 6-1）。也就是说，大约每 6 名澳门学生当中就会有 1 名前往内地高校升读大学。澳门高中毕业生就读内地高校始于 1984 年。在澳门学生北上求学的前几年，就读范围仅限于暨南大学、华侨大学等侨办直属学校。1989 年，内地对澳门学生的招生范围逐步扩大到全国各地高等院校。在归国接受高等教育的海外华人留学生中，澳门学子一直扮演着重要角色。而出于地缘方面的便利，位于珠江三角洲西岸入海口的澳门，每年选择到内地就读大学的人数较多，是境外留学生队伍的重要组成部分。

表 6-1　2004~2010 年澳门高中毕业生到内地、台湾、香港读大学的人数统计

年　份	外出求学人数	升学地区及其人数（占比）		
		内　地	台　湾	香　港
2004	1 473	925（62.80%）	530（35.98%）	18
2005	1 362	937（68.80%）	399（29.30%）	26
2006	1 611	1 118（69.40%）	459（28.49%）	34
2007	1 615	913（56.53%）	667（41.30%）	35
2008	1 470	672（45.71%）	772（52.52%）	26
2009	1 785	830（46.50%）	921（51.60%）	34
2010	1 579	847（53.64%）	701（44.40%）	31

资料来源：澳门青年暨教育局。

澳门已经顺利回归将近十多年，但长逾百年的葡萄牙殖民统治历程使澳门在政治、经济、社会以及教育等方面与内地仍然存在差异。澳门学生前往内地高校继续学业，首要的问题是适应内地高校在教育方式、课程设置、考核形式等方面与澳门教育机构的区别。对内地高等教育的适应情况，会影响澳门学生的学习效果，最终将影响澳门学生前往内地高校就读的求学

目标的实现。这种行为结果会成为一种个体经验，不断形塑澳门社会对内地高等教育的集体印象。良好的集体印象，无疑将有助于促进澳门与内地的文化与社会融合。因此，澳门学生对内地高等教育的适应问题，是推进"一国两制"实践、促进澳门与内地社会文化融合的一项重要议题。本节运用质性研究方法，对10名在内地高校就读的澳门学生进行深度访谈，务求探讨澳门大学生在内地求学的适应状况，明确他们所面临的问题和困境。

一、教育研究中的质性方法

对现实状况的把握主要依赖于经验研究的开展，在方法上可以在量化研究和质性研究两条路径上推进。一般认为，量化数据有助于对社会现象的整体面貌作全面而简洁的呈现，而质性研究则有助于提供丰富且详尽的个案资料，对社会现象和问题进行深入描述（Neuman, 2003）。在教育研究中，定量研究是长期、普遍运用的重要方法，甚至是主要的方法，但定量研究存在无法解释具体情境性认识的局限，特别是那些组织现象和文化现象，如个人生活体验、情绪感受、心理反应、组织文化、价值等，要更多地依赖于质性研究（冯向东，2012）。质性研究作为一种"事后解释"类型的教育研究方法，能更有效地研究教育实践中复杂的精神和社会文化现象（克里斯韦尔，2009）。质性研究秉承经验描述及阐释学的方法，在研究教育的人文性方面具有十分恰当的适切性（余东升，2010）。

澳门学生对内地高等教育的适应过程，在本质上是一种由澳门学生的个人生活体验聚合而成的社会文化现象。在这个过程中，澳门学生通过个人体验给内地的高等教育赋予特定的"意义"，并据此做出行为回应。这种"意义"是教育主体在互动过程中通过理解和解释而赋予的，需要质性研究等事后解释的研究方法来探索（冯向东，2012）。因此，为了深入探讨澳门学生对内地高等教育的适应状况，本节采取深度访谈的质性研究方法，以在内地高校就读的澳门学生作为访谈对象，展开经验分析。深度访谈的研究方法是通过提问来了解受访者的观点、思想和主观感受，从而对那些研究者希望理解但实际上并不理解的问题形成一个更具体的认识（克里斯韦尔，2009）。

在访谈对象的选择上，本节的研究从求学适应问题的特性出发，以高年级学生作为访谈对象。在内地求学的时间越长，澳门学生对内地求学所遭遇的问题就会形成更系统和深刻的认识。以高年级学生作为访谈对象，有助于更好地把握澳门学生在适应内地高等教育的过程中所遭遇的最典型和最突出的问题，并深入发掘这些问题的形成机制。因此，本节主要以在内地高校就读的大三和大四年级的澳门大学生作为访谈对象。

10 名澳门大学生的背景资料如表 6-2 所示。

表 6-2 受访对象（澳门学生）的基本背景资料

序 号	访谈对象	性 别	年 龄	备 注
1	YHC	男	22	就读大学四年级
2	JHC	男	21	就读大学四年级
3	ASH	男	23	就读大学四年级
4	ZLZ	男	22	就读大学四年级
5	ZMH	男	21	就读大学四年级
6	YPH	女	20	就读大学三年级
7	YWH	女	20	就读大学三年级

续表

序 号	访谈对象	性 别	年 龄	备 注
8	XYJ	女	22	就读大学四年级
9	YXL	女	21	就读大学三年级
10	XJC	女	21	就读大学三年级

二、澳门学生的教育适应

（一）求学动机

无论是在内地还是在澳门特别行政区，大学教育均已脱离义务教育的范畴。接受大学教育，特别是对于澳门学生来说，需要离开家庭到内地，这是一个需要勇气和决心的主动选择行为。随着内地的经济和社会发展，到内地求学对于澳门学生的个人长远发展而言无疑是具备积极意义的。在特定的教学模式下，教育效果可以用求学目标在多大程度上得到实现来衡量。了解澳门学生到内地接受大学教育的求学动机，是研究分析澳门学生对内地教育模式适应性问题的基础。通过深度访谈可以发现，受访对象的求学动机有如下几类。

YHC：中国发展很快，无论怎么样都要学好普通话。在这个环境当中最适合学普通话，就像别人出国学英文那样。暨大的文凭在澳门都算是很高级的文凭，（据我所知）澳门公务员很多都是暨大的毕业生。回去澳门以后打算读研究生。如果在澳门读行政管理是很抢手的。如果在澳大念的话，很大机会可以保送研究生，出来肯定是政府工，在政府一定有人情。毕竟铁饭碗，福利好，工作时间稳定。

XYJ：当初选择内地上大学是因为想去一个地方，自己一个人独立一下，还有就是学费问题，想帮家里减轻一下负担。另外，在内地大学，文凭和经历可以给我们就业提供多一点选择以及高一点的薪酬，升迁方面可能比别人多一点优势。

　　JHC：在澳门读了很久，怎么都想出去闯一下。想自己独处一下，培养独立能力。澳门学费比较贵一点，（在澳门念书）一定要上班（赚学费）。

　　ASH：我觉得一般了，都是这样念咯（上学）。到内地念大学比较有大学生活，会比较自由一点。如果在澳门念的话，很可能就处于一种上学上班、上学上班的生活状况，很难学到真东西。

由上述访谈资料可见，澳门学生到内地求学的主要动机有三类：一是就业动机。这是因为部分内地高校如暨南大学的毕业文凭在澳门被广泛认可，可以帮助他们在澳门争取到较好的就业岗位。二是语言学习动机。他们希望借助在内地的求学过程更好地掌握普通话，为日后的就业选择以及职位晋升提供更广阔的空间以及更多的机会。三是独立能力的培养动机。不少澳门学生希望通过离开澳门接受大学教育来培养自身的独立能力。到内地求学可以节省一大笔费用，减轻家庭的经济负担，这让他们可以将更多的时间投入学习。随着内地经济社会的快速发展，"北上"到内地求学已经成为澳门学生增强自身就业竞争力、语言竞争力，提高知识文化水平的重要途径。在这种求学诉求的指引下，发掘澳门学生在融入内地教学模式过程中的问题，进而帮助他们提高学习效率，是内地教育机构的必然选择。

（二）教学语言

语言是人们在相互交往过程中使用频率最高、最快捷、最有效的沟通工具。语言在人们的相互交流过程中起到桥梁与纽带的作用。在教学环境当中，语言既是知识传播的重要途径，又是教师与学生之间、学生与学生之间互动的直接工具。语言是文化的重要组成部分。作为外来群体理解和适应本土文化的主要途径，语言学习在文化适应过程中承担着基础性的作用。语言是外来移民有效地融入迁入地社会的一种重要的个人资源（薛惠娟，2010）。研究表明，国际学生在海外学习时经历了很大的语言障碍，英语语言能力缺乏是接受英国高等教育的中国学生所面临的最大障碍之一（Remennick，2003）。国内的研究也指出，由于文科专业对语言能力要求较高，修读文科专业的港澳台地区的学生往往在教学语言上面临更多的困难（丁笑炯，2010）。从小缺乏普通话教育的澳门学生前往内地高校求学，也面临语言方面的适应问题。普通话是内地课堂教学中规定性的授课用语，而澳门教育机构绝大多数采用粤语进行授课。普通话是中国的官方语言，也是内地教学教育中除外语课堂教育外的规定性授课用语。澳门具有长达百年的葡萄牙殖民统治历史，这决定了澳门与内地在生活习惯、教育环境方面存在诸多的差异。在教学环境中，两地最直观而又最受内地高校忽视的差异性就体现在教学语言和文字上。广东地区是中国最主要的方言区之一，从根本上说，澳门文化植根于广东文化。在以广东人为主体而构成的澳门人口当中，粤语是澳门特别行政区的官方语言、教育语言和生活语言。在澳门的教育机构绝大多数采用粤语进行授课的条件下，澳门学生到内地求学遇到的第一大问题就是语言环境的适应问题。

通过深度访谈可以发现，语言环境转换对澳门学生适应大陆教学模式的过程产生了明显而又深远的消极影响。

JHC：澳门用粤语教学为主，英文比较少，葡语基本上是没有的。到现在为止，我也只是觉得一般适应。来之前，我本身对普通话是完全不熟悉的。以前是完全没有学过普通话的，是完全不认识的，听也是一般般。有时要想很久才能反应过来，才能明白对方的意思。我是通过考试才能进来的，我分数够了就可以入学，学校都没有设任何培训班。我认为学校应该要有这样的语言培训班。我觉得怎么都应该为外招生开个语言班，加强普通话能力，至少应该这样。我觉得我不是很适应咯，至今都不是非常适应。

ZLZ：我们中学的教育都是用粤语教学的，除了英语堂之外，葡萄牙文没有接触过了。刚到内地的时候觉得很不习惯普通话语言环境，大概2年左右才适应普通话的教学环境。华文学院多数是被迫，成绩不够才去，只是与考试成绩相关，和语言培训没有太大关系。

YWH：澳门中学主要用粤语授课，其次是英文。初三的时候我们有一门普通话课，学习拼音和会话。因为我小学曾在内地念书，所以我对普通话授课环境适应较快，所以在内地上课，普通话教学不会影响我在课堂上知识的接受。

YXL：澳门主要当然是用粤语教学了。有些老师讲得太快的时候，我们会觉得挺难受的，（就好像）内地人听我们讲粤语讲得很快，可能也不明白那样。

XJC：以前都要上普通话课的，我是课代表，每周都上一节。由于小学在内地念书，我从小就会普通话，但是大学没有为我们提供过普通话培训。我觉得是应该有的，因为很多澳门学生来到这里的时候是完全没有基础的,完全是"鸡同鸭讲"(指语言沟通上存在严重障碍)。他们就是来坐着的,而且与同学交流也存在问题。不过他们经过一两年的磨炼之后也蛮好的了,虽然等磨炼完了都快毕业了。

ZMH:我的话,听是没有什么问题的,但是讲的话就比较差,特别如果有些老师普通话含有一点方音(地方口音)的话,可能会完全听不明(白),特别是卷舌音什么的,基本都听不明白。我是华文升上来的,华文其实也是要考试的科目,都没有语言相关培训。

可以发现,对语言环境的不适应严重阻碍了澳门学生对内地教学的适应,而这个适应过程一般需要两年甚至更多。造成这方面的原因是双向的。首先,根据多位访谈对象反映,在回归之前,由于师资紧缺等原因,澳门中小学普遍缺少普通话教育,包括语文课程,也是以粤语作为教学的基础语言的。虽然近年来澳门中小学在推动语文课程普通话教学乃至开设普通话课程教育上有了长足的进步,但一般也仅是在初三的时候才接触拼音和会话。此外,澳门中学教育机构设置与内地有很大的区别。澳门的中学教学机构以私立学校居多,几乎每一所学校在教学理念以及教授科目上均存在明显差异,不能确保澳门学生的普通话教育质量。迄今为止,在内地就读本科的澳门学生中,在中小学教育过程中接受的普通话教育仍然是十分不足的。受访对象普遍反映,与他们同龄的澳门学生的普通话水平存在明显的欠缺,不少同学只能基本听得懂普通话。在交流对象语速太快的情况下,就要思考一段时间才能明白,而多数学生对普通话中的平舌音与饶舌音的辨别十分费力。在交流层面上,语言沟通障碍问题显得更加严重,不少同学初到内地求学的时候甚至不会说普通话。

语言是思维的载体，是人思想的直接体现。从教学互动的三个层次来说，对语言环境的不适应在信息交流、人际交流以及概念交流上都对澳门学生实现求学目标产生了消极的阻碍作用。首先，由于广东话与普通话在语音、语法上存在一定的差异，所以在粤语指引下的思维方式与普通话指引下的思维方式有一定的区别，当这个转换过程不能顺利完成时，会对学生摄取教学资源和书本知识造成消极的影响。其次，由于语言沟通上存在障碍，而内地高校的大多数老师和同学又不懂粤语，导致澳门学生不能有效地在内地大学的课堂中与师长、同学进行及时的互动，这严重影响澳门学生群体的学习效率与效果，阻隔了他们通过师生之间、同学之间的相互交流提升教学效果的途径。在某些情况下，由于内地教师的语速较快，会使普通话根基比较差的澳门学生出现课程进度脱节的状况。当这种状况持续一段时间后，会导致他们学习兴趣降低，在课堂上出现走神甚至缺课的现象，最终阻碍其求学目标的实现。

在这种情况下，很容易导致来自内地的教师和同学对澳门学生产生负面印象。长此以往，便会产生"澳门学生学习懒散"的刻板印象，甚至产生"标签"效应，进一步削弱澳门学生群体与老师、同学之间的互动效果。更严重的话，会导致澳门学生游离于内地师生群体之外，在某程度上被孤立，这不仅严重阻碍其求学目标的达成，更不利于该群体身心健康的发展。从掌握知识技能的角度来说，澳门学生适应内地语言环境的时间越长，越不利于其学习效果的取得。长远而言，甚至会使其错失在内地求学过程中本来能够掌握并发展的知识技能乃至人际关系。当他们走向社会，便会明显缺乏就业市场上的核心竞争力，对他们的终身发展产生消极影响。通过对深度访谈所获得的资料进行全面分析后发现，澳门学生对内地高等教育的适应问题涉及多个方面，在现阶段较为突出的是对教学方式和课程设置的适应问题。从访谈资料出发进行概念的界定，本节中的教学方式是指内地高校教师在传授专业知识的过程中所运用的信息传播方式，在类别上可以划分为教师单向授课模式与师生互动教学模式两种；课程设置则是指内地高校为了系统地传授特定专业的知识和实践技能而设置的高等教育课程。

（三）教学方式

深度访谈资料显示，澳门学生对内地高校的教学方式存在比较显著的适应问题。在10名受访的澳门学生中，有6人明确提及内地高校的课程教学与澳门院校的课程教学在师生互动方面的明显差异。

  YHC：内地教学风格普遍来说是比较自由的，主要就是老师在课堂上讲课（学生不需要经常发言）。相比而言，澳门教学的互动性相对会强一些，会激发学生对问题进行思考。总体而言，我还是比较喜欢互动式的上课方式。

  XJC：有的老师还是蛮喜欢的。喜欢上课比较有趣的老师，（喜欢）那些在课堂上分享自己实践经验，能让学生吸收的方式。我们那边大多数都是注重互动，而我觉得这边的课堂缺少互动。

  YPH：当然是澳门教育趣味性强一些。我觉得澳门的教育能给人一种很nice（美好）的感觉。内地（高等教育给我）的感觉就是比较文静。（我）感觉澳门方面的互动性教育会比较好一点。内地老师的授课语言真的很书面化，而且比较缺乏解释。澳门老师会比较深入了解学生是否明白，而且会举很多例子去解释，让学生理解。

XYJ：在澳门读书的时候，互动性会比较强一些，老师都可以跟同学们像朋友一样交流，上课时甚至开开玩笑都可以。此外，我们还可以参加很多实践活动，我觉得这样可以让我们在学习上比较积极一些，不会像一直只在听讲那么沉闷。

JHC：与内地的老师相比，澳门老师普遍来说会倾向于和同学进行更多的互动，不会从上课开始就讲到下课，会时不时问一下学生对问题的理解，问学生能否跟得上进度，有时还会给出一些课堂游戏来激励学生的学习热情。

ZLZ：澳门教育相对来说外出实践体验的机会比较多，会帮助我们加深对知识的理解。通常会去一些与所授课程相关的场所，甚至到过内地去参观体验，但这边会比较少一些。

访谈资料清晰地表明，澳门学生对内地与澳门的教学方式具有不同的倾向性。在描述澳门院校的教学方式时，被访学生往往使用"趣味性强""nice""深入了解学生""激励学生的学习热情"以及"帮助我们加深对知识的理解"等积极评价的词句。相对地，他们使用"自由""文静""书面化""缺乏解释"以及"沉闷"等较为消极的评价词句来描述内地高校的教学方式。可以发现，接受访问的澳门学生还是更加喜欢在澳门院校学习时所接受的互动式的教学方式，而对内地高校教师单向授课的教学方式仍有一定的保留意见甚至是抗拒。在互动教育环境下长大的澳门学生并未能适应内地高校的教学方式。换言之，尽管这些学生已经在内地高校接受了两年或以上的课程教育，但对内地高校教学方式的适应依然停留在较浅的层面，未能充分地认识和接纳教师单向授课的教学方式,未能积极主动地进行相应的行为调整。因此,他们对这种教学方式往往持有较为消极的认知和态度。

实际上,教师单向授课的方式与师生互动的教学方式各有利弊,应当是相互整合、扬长避短的合作关系,而不是一方完全胜于另一方或者一方能够取代另一方的关系。师生互动的教学方式具有激励性、趣味性和启发性等特点,能够在互动交流当中促进学生主动思考,提高学生在课堂中的积极性。同时,互动教学也存在不足,譬如,难以确保知识传递的系统性、学生可能会停留在原有的知识水平上,等等。两种教学方式的最终成效均取决于学生是否形成相应的学习行为。如果学生能够适应特定的教学方式,形成与这种教学方式相应的学习行为,最终就可以通过这种教学方式实现学习效果的最大化。所以,学生的适应行为是十分关键的。

作为一种具有深厚文化传统和底蕴的教学方式,教师单向授课在中国具有悠久的历史,现阶段仍然是内地高校普遍采用的授课方式。在这种教学方式的导向下,课堂教育最注重的是知识的单向传授,一般是在规定的课时时间内完成应当讲授的所有教学内容。这要求学生在上课之前充分预习课程内容,然后通过教师在课堂上的知识传播巩固所学知识,最后通过课后复习以及期末考核完成对知识的吸收。作为知识权威的老师在课堂教学中发挥主导作用,教学基本上就是老师向学生进行单向传授知识与经验的过程,而学生一般是承担课前预习、课堂听课和课后复习的学习任务,通过多阶段的学习而获取和巩固专业知识。学生在课堂内外、上课前后均需承担较多的学习任务。

随着现代信息技术的发展，知识的获得已不再具有鲜明的排他性与竞争性，学习资料和知识信息的公共产品属性日趋明显（Remennick，2003）。不论是老师还是学生，均可通过各类电子媒介在极短的时间内获得所需的专业书籍及其中有价值的信息。可以说，在信息时代，老师与学生在知识信息的获取渠道上是平等的。实际上，爱好互联网、熟悉计算机操作的学生甚至拥有比教师更迅捷的具体知识信息的搜寻能力。然而，教师的优势在于长期从事教学活动所积累的教学经验以及深刻的知识文化洞察力上。

在澳门地区被葡萄牙殖民统治之前，教师单向授课的方式应当也是当地的主导教学方式，而葡萄牙的管治带来了欧洲式的师生互动的教学理念，并逐步建立起相应的教学方式。而前往内地高校就读的澳门学生，已经在互动式教学的环境中经历了中小学的教育，也习得了与这种教学方式相应的学习行为，要适应内地高校主导的教师单向授课方式，就必须进行相应的认知、态度和学习行为的调整。深度访谈的资料表明，澳门学生对内地高等教育的适应，目前仍停留在较浅的层面，尤其是在内地高校的教师单向授课方式上，存在较为显著的适应性问题。在无法有效地在教学上与内地高校教师进行信息交流的情况下，澳门学生在内地高校的求学效果将大受影响。

（四）课程设置

两地中学教育课程的相互不匹配，也给澳门学生在内地高校的求学过程增加了障碍。

　　YHC：一般与政治相关的课程都比较难接受，例如，社会学、中国政府与政治等课程真的比较难接受。我觉得不少老师也有点觉得我们之前已经了解这些政治与社会背景，与内招同学（内地中学毕业的同学）相比，有一种输在起跑线上的感觉。

XYJ：政治课的内容对我们来说比较难，虽然澳门也有类似的课程，但是两者的内容真的差别很大。内地政治课的内容很像法律的语言，而且量很大，而澳门的属于公民教育，普及知识而已。而且，有时候感觉老师觉得外招生（港澳台地区和海外学生）都掌握那方面的知识似的。

JHC：真的不是很熟悉制度，特别是政治、政治思想方面。其实澳门本来就缺少这方面的教育，就连澳门本身的政治制度都没有教育，更不要说是内地了。可能念完一个中学都不知道澳门政治制度是怎么样的，政治人物有些什么之类的。

ASH：澳门的高中教育有中文、代数、几何、英文，文科有历史、地理，理科有化学、物理、公民教育、体育，有一点涉及爱国教育，但是没有涉及政治课。

从访谈材料可见，澳门与内地在中学教学课程的设置上存在一定的差异。这突出地表现在政治类的课程上。澳门的中学课程中并没有设置与内地中学相一致的政治课程。这导致澳门学生对内地的政治制度并不具备足够的了解。而在内地高校的课程设置中，思想政治课程在中学阶段已经开展多年，大学阶段的教学是在中学阶段的基础上继续进行。对内地政治制度缺乏认识的澳门学生在适应这种政治类课程时也面临多方面的困难，具体涉及课程学习所必需的经济社会背景知识、教学内容和教学语言的组织等。

（五）同学交流

学生之间的相互交流在教学过程中发挥着重要的作用。一方面，澳门学生通过与内地学生交流，可以扩大自己的交友圈，从微观层次上增进他们对内地生活的了解与适应。另一方面，内招生与澳门学生在课堂上的互动，可以为内地大学课堂提供更多思考问题的角度和方法，激发学生的学习热情，也让彼此之间的学习优势能够在互动过程中得到更充分的发挥。访谈发现，澳门学生群体普遍与内地同学缺乏足够的交流，这让他们难以通过以同学交流为代表的人际交流途径达到提升学习效果的目标。

YHC：全部认识班里面的内招同学一共用了三年，因为大一只有一门课一起上的，大三开始才多点在一起。我认为内、外招生之间存在一些隔阂的。可能我们班外招人比较多，就自成一个群体，而有些班只有三四个外招生，反而会比较依赖于内招的群体，依靠多一点。对学习还是有点影响的，譬如有时（做）课堂作业找不到人。

YWH：到大四为止，我就认识到七到八成左右的同班同学了。

YPH：虽然同班三年，我还不能说我认识班里面所有的人。我们同房有一个内招生，通过她可以认识很多内招的同学，扩大我的交际范围，也给我学习上带来不少的帮助。

XYJ：内、外招生之间的确存在隔阂。内招同学觉得外招的同学都很冷酷或者认为他们有很多优惠什么的，不会或者甚少或者没有想过跟他们交流，有时候也许由于部分外招生比较害羞的原因。当然，主要还是缺少交流的机会。

ASH：我不是太认识（班里面的同学）。以前在华文学院，一班人是分在同一栋同一层那样，起码回到宿舍看到会打打招呼。

内、外招生在学习、生活上的隔阂，是造成澳门学生不能融入内地教学模式乃至生活的重要原因。通过对访谈资料进行归纳，原因主要来自三个方面：首先，在住宿管理上，内地大学采用内地学生与包含港澳学生在内的留学生分别安排住宿的管理办法，基本隔绝了澳门学生与内地学生之间在生活层面、私下学习层面上的交往。两地学生共同生活的优势是显而易见的：第一，内招学生来自国内各个省份，同学之间的相互交流有利于增进双方对各自思想文化背景的认识，有利于澳门学生从共同生活、交流的环境中补充对内地发展背景和生活文化的深度认识；第二，与澳门学生相比，内地学生总体而言学习积极性比较高，掌握了比较多的学习方法与应试技巧，而外招生一般思维比较活跃，实践经验比较丰富，经常从事兼职、实习等社会实践。分别住宿制的实施大大地降低了两地生源之间的交往频率与效果，阻断了能帮助澳门学生迅速融入内地生活的有效途径。其次，由于内地大学的课堂中单向知识传授的方式占据主导地位，导致课堂缺乏互动交流，让内、外招生甚少能够通过课堂上的观点碰撞达到彼此的交流。最后，由于澳门学生的普通话技能比较薄弱，而学校缺乏相关的语言培训课程，导致澳门学生一方面缺乏语言交际技能，另一方面羞于与说普通话的内地教师、学生交往。久而久之，便导致澳门学生难以融入内地师生的生活，形成一个相对孤立的群体。

港澳台地区的学生对内地高等教育的适应情况对他们的学业成绩和职业发展具有重大影响，也会影响到港澳台地区的人力资源发展以及港澳台地区与内地的社会文化融合。在港澳台地区与内地在教育制度、思想文化等方面存在明显差异的情况下，如果港澳台地区的学生能有效地适应内地的教学模式，将对其学习效率的提高、求学目标的实现产生积极的推动作用。而如果港澳台地区的学生始终不能适应内地的高等教育，将会影响他们的学习成绩，使其延迟毕业，需要花更长的时间才能完成大学教育。这样，就制约了该群体的就业竞争力，导致他们无法实现当初前往内地升读大学的求学目的，最终将会影响港澳台地区的人力资源的整体发展。

此外，个体经验是促进社会融合的重要途径。通过高等教育的融合，可以促进港澳青年对内地的接受，进而促进身份认同、国家认同和文化认同（钟玮，2016）。对社会文化的适应情况，与留学生的整体满意度之间存在正向相关（文雯、刘金青、胡蝶、陈强，2014）。到内地求学的港澳台地区的学生是内地与港澳台地区之间的文化与社会思想的传播者，在促进内地与港澳台地区之间相互了解、相互信任与共同发展方面具有重要的作用。如果港澳台地区的学生能够迅速适应内地的教学模式，学有所成，实现自己的求学目标，将吸引更多的港澳台地区的学子到内地接受高等教育，进一步深化两地的经济、社会与文化交流。但如果港澳台地区的学生不能通过内地的高等教育实现求学目标，一方面会影响内地高等教学机构在港澳台地区的学生以及家长心目中的形象与声誉；另一方面，源于适应问题所导致的学习动机不足的现象，很可能使内地的高校教师和学生对港澳台地区的大学生形成某些刻板印象，误以为港澳台地区的学生是一个学习能力偏低、缺乏学习热情与兴趣的群体，而港澳台地区的学生也可能对内地高等教育留下诸如"僵化，缺乏灵活性、互动性"的刻板印象。群体之间的刻板印象，会严重阻碍群体进行更多的互动和交流，长远而言，将导致港澳台地区与内地之间的隔膜，不利于两地的社会与文化融合。

在高等教育的政策上，内地与港澳地区之间更需要加强协调与合作（岳经纶、李晓康，2007）。在内地高等教育制度不断调整和改革的过程中，必须高度重视港澳台地区的学生对内地高等教育的适应问题，设置相应的政策方案，提高港澳台地区学生的适应能力，支持港澳台地区学生的行为调整，协助港澳台地区的学生尽快适应内地的高等教育，促进其内地求学目标的实现以及长远竞争力的提升。

第三节 社会工作的介入分析

一、宏观实务

推动政策与法规的发展，是宏观社会工作实务的重要内容。现阶段，在港澳台与内地融合的议题上，社会工作最紧迫的任务是积极推动内地与港澳台地区的社会保障制度合作。社会保障制度和政策是社会系统中一种十分重要的情境资源，能够协助社会工作者给案主提供服务和支持。社会工作者在运用社会保障制度和政策的时候，必须坚持以下几项原则：第一，制度发展原则，持续关注法规与政策的发展。1994年，通过的《中华人民共和国劳动法》第九章对社会保险和福利做出了规定，这标志着中国的社会保险制度进入国家立法阶段。2004年

《中华人民共和国宪法》修订时，载入了"国家建立健全同经济发展水平相适应的社会保险制度"的内容。2011年，《中华人民共和国社会保险法》正式实施。中国的社会保险法规和政策发展态势良好。现阶段法规和政策的空白点有可能会在未来一段时期得到修订和完善，给案主提供相应的支持。社会工作者必须持续关注社会保险法规与政策的最新发展，才能更好地确保和提升实务工作的成效。第二，资源整合原则，全面增强案主的自助能力。不同的社会组织都具有一定的社会保险功能。法规和政策的不足，也许可以通过提升家庭等组织的保险功能加以应对。系统地修复案主和外部情境的关系，并在协助案主应对问题的同时增强案主的自助能力，实现社会工作实务"助人自助"的原则和目标。第三，因地制宜原则，充分认识实务工作所在地的法规与政策。在国家统一规定的框架内，不同地方的实施办法和细则可能会存在一定的差异。在法规与政策的试点区域，新的法规与政策已经实施，但尚未在全国范围内推行。社会工作者必须坚持具体问题具体分析的原则，不但要了解全国性法规与政策的具体内容，而且要充分认识实务工作区域内的社会保险法规与政策细则。

由于发展轨迹不同等原因，内地与港澳台地区的社会保障制度差异不小于中国与其他国家的差异；因此，可以借鉴社会保障国际合作的经验，建立内地与港澳台地区之间的社会保障制度合作机制（王延中、魏岸岸，2008）。这一制度合作的推进思路和路径，适用于内地与港澳台地区之间社会保障制度衔接的实践。作为现代国家应对劳动力境外就业的战略性安排，社会保障制度的国际合作一般是指劳动力输入国和输出国通过签订社会保障国际协议（Social Security Agreement），建立国家之间的社会保障制度的衔接机制，充分保护迁移人口的社会保障权益。在实践中，社会保障国际合作主要通过以下五种途径来保障迁移人口的权益：（1）平等对待；（2）制定相关法规，确保迁移人口参加协议国家其中一方的社会保险制度，保证他们能够得到制度覆盖，同时避免他们在两个国家同时参保；（3）合并计算迁移人口在协议国家的参保时间；（4）在养老金的支付上，依据迁移人口在协议国家的参保时间，协议国家按比例合理分担成本，共同支付；（5）福利输出（Roberts，2002）。社会保障国际合作最早出现在20世纪初的欧洲，并逐步扩展到北美地区。历经近一个世纪的政策实践，社会保障国际合作的积极作用和功能得到广泛和充分的肯定，被证明将有助于更好地保障迁移人口的基本权益，解除迁移人口跨区域迁移的后顾之忧，推动和促进人口迁移的长远发展。

在社会保障合作中，社会保险制度的协调与衔接是最关键的任务。社会保险制度作为一项由政府主导的制度安排，以缴费作为其主要的运行基础，一般需要社会成员通过缴费履行社会保险义务，才可以获得相应的社会保险权利和待遇。针对不同的人群，社会保险制度设置专门的制度方案，由多重内容共同组成制度的体系。社会保险制度的协调和衔接涉及多方面的问题。以两套社会保险制度为例，这两套社会保险制度是同时对劳动者进行覆盖，按照一定的规则分别承担给付责任，还是当中的一套社会保险系统将劳动者的参保记录全部转移到另外一套社会保险系统，完全由后者对劳动者提供后续的支持。同时，也存在两套社会保险系统都不对劳动者进行覆盖，将跨国就业的劳动者排除在系统覆盖的范围之外的选择。因此，由于存在社会保险制度的区域差异，当劳动者从一套社会保险系统的覆盖区域转移到另外一套社会保险系统的覆盖区域就业和工作时，就存在劳动者应该被覆盖在哪一套社会保险系统之内的问题。这个问题有两个极端的状况：一是劳动者同时被覆盖在两套社会保险系统之内，同时可以获得两个系统提供的全部保险给付，而另一种状况是劳动者完全得不到这两套社会保险系统的覆盖，在社会保险的参与上处于真空状态，在应对生活风险时完全得不到社会保险系统的支持。另外，社会保险的覆盖大体可以分为"参与—给付"两个基本阶段。不同社会保险系统的协调和衔接，就涉及这两个基本阶段的不同的衔接和连接方式。而且，不同的社会保险系统覆盖区域的经济发展水平和政策发展状况可能存在差异。这种差异会使其社会保险系统的缴费和给付的具体金额存在或多或少的差别。一套社会保险系统所提供的保险金可能完全不够支持劳动者去应对他在另一个区域所面临的生活风险问题。同时，当然也存在对立的情况：所给付的保险金完全超过劳动者在一个区域应对生活风险的资金需求。最后，社会保险制度具有不同的政策项目，一般包括养老保险、医疗保险、工伤保险和失业保险。这些不同的项目具有其各自的特性，由此所适合的制度协调和衔接方式也存在不同程度的差异。一个合理的制度选择可能是针对不同的社会保险项目制定不同的制度协调和连接方式，但这种做法也会进一步增加制度协调和衔接的难度。

从社会保障合作的作用出发，内地与港澳台地区之间的社会保障合作将有助于实现社会保障权益和福利的可携带性和可输出性，使内地与港澳台地区之间的迁移人口能够通过福利输出充分享受到自身的社会保障权益，获得更全面的社会保障覆盖，从而给人口迁移提供更有效的支持。制度衔接将能满足两类群体的社会需求：第一类是选择前往港澳台地区就业或居住的内地居民，而第二类是选择前往内地就业或居住的港澳台地区居民。在内地经济飞速发展的背景下，越来越多的港澳台地区居民前往大陆地区就业和工作。他们同样面临社会保障权益的跨区域损耗的问题。如果内地与港澳台地区可以尽快签署社会保障合作协议，也将会保护他们的权益。

内地与港澳台地区之间已经建立起运行良好的协商平台，能够比较好地支撑起社会保障合作的推进。譬如，中国大陆与台湾地区自2008年恢复了中断9年的制度化协商以来，海峡两岸关系协会与台湾海峡交流基金会已经举行了10次会谈，签署了21项协议（其中包括《海峡两岸经济合作框架协议》），并达成了一系列共识和共同意见。2015年，两岸签署《海峡两岸避免双重课税及加强税务合作协议》。这项合作协议约定了对两岸经济往来中产生的各类所得的征税权限和优惠税率，明确了当双方均对一项所得征税时各自采取消除双重课税的方法，承诺给予对方居民非歧视税收待遇，并为此建立两岸税务联系机制。从合作协议的基本目标和核心内容来看，这一协议与社会保障合作协议是存在相似性的，在本质上都是为了更好地保障在两岸之间往来的个体权益。

内地与港澳台地区之间的社会保障制度合作与衔接，在技术层面上已经拥有国际社会和欧美发达国家的丰富经验可供借鉴，同时，也已经有相互之间运转良好的协商平台，接下来的重点工作就是要破除两地建立社会保障制度衔接与合作的利益障碍。社会保障区域合作的利益障碍广泛地存在于世界各地，尤其容易出现在经济发展水平存在较大差异的国家或地区之间。譬如，印度政府从2006年开始就与美国政府洽谈和协商签订社会保障协议的事宜,但至今仍没有取得实质性的进展。同时,尽管经过印度政府多年的努力,英国政府还是在2011年年初正式终止了与印度政府的协商,暂时停止两国在社会保障双边协议方面的谈判。英国政府在其照会中指出:(1)英国公共财政在金融风暴的冲击下面临严重的困境;(2)全面或只涉及社会保障缴费的有限性的社会保障双边协定,都将要求英印两国放弃对方劳动者在对方国家的社会保障缴费;(3)英印两国相互之间的境外劳动者人数差距巨大,劳动力流动存在严重的不对称——2010年,在英国境内的印度劳动者人数高达66万,而在印度境内的英国劳动者只有3.2万人;(4)劳动力流动的严重不对称使英国政府认为,社会保障双边协议的签署将给英国公共财政带来在目前难以承受的负担,从而拒绝就这个议题与印度政府进行下一阶段的谈判。此外,印度政府从2006年就开始的与美国政府的谈判进展缓慢,并不是因为美国在社会保障双边协定的签订上缺乏先例。实际上,由于美国的跨国企业数量较多,至2011年年底,美国已经和24个国家(包括德国、法国、英国、葡萄牙等)签订有社会保障的国际合作协议。在这些国家当中,就包括有日本和韩国两个亚洲国家。而美印之间谈判进程缓慢,主要是因为美国维护本国国家利益的需要。据粗略测算,美国境内的印度企业及印度劳动者,最近几年每年向美国缴纳了约10亿美元的社会保障税,而美国在印度的企业及其劳动者则只向印度的社会保障基金提供了约1.5亿美元缴费(Vikas,2008)。换言之,双方在社会保障缴费上存在约8.5亿美元的差距。假设美国与印度签订社会保障双边协议,那么美国在社会保障缴费方面最高可能要面临约8.5亿美元的净损失。

在缺乏社会保障国际协议的情况下，经济发达地区或国家的社会保障基金可以获得发展中国家或地区的企业和劳动者的资金供给，而往往无须承担相应的风险和需求。同时，发展中国家流向发达国家的劳动力人数较多，而发达国家流向发展中国家的劳动力人数较少，双方在社会保障缴费的绝对金额上也存在一定的差距。这些非对称性，使发达国家在社会保障双边协议缺乏的情况下获益更多。作为既得利益者，发达国家在与发展中国家签订社会保障国际协议的协商问题上，至少是不积极的。而对于那些社会保障基金运营情况不佳甚至在收支方面存在赤字的国家而言，合作协议的签订会进一步减少社会保障基金的收入，使社会保障基金的运营状况恶化。此外，双边国际协议的签订还会影响发达国家本土企业的国际竞争力，很可能会间接地对发达国家的就业状况产生负面影响。欧美很多发达国家刚刚遭受了2008年的全球金融风暴冲击，国内经济还处于缓慢复苏的时期，还面临较为严重的国内失业问题。在这种背景下，要推动发达国家去签订社会保障的国际合作协议，无疑需要面对更多的挑战和更大的阻力。目前，内地与港澳台地区之间在经济发展总体水平和社会保障水平上仍存在不小的差距，这给社会保障制度的合作与衔接带来了一定的障碍，迫切需要两地在全面和深入地认识社会保障制度衔接的必要性和重要性的基础上，通过积极的沟通与协商来逐步解决。

除了社会保障合作之外，社会工作在社会保障领域所应当承担的任务还包括积极倡导和推动住房保障制度的发展和完善。必须通过有效行动，促使政府在关注房地产市场对当地经济增长的贡献的同时，还必须重视住房的社会保障功能，适当放宽租住房政策标准，降低准入门槛，把收入较低的家庭纳入廉租住房保障范围；同时，进一步完善住房保障制度，大力发展公共租赁住房（张华伟，2014）。廉租房和公共租赁房作为住房保障政策的重要标的，可以以比市场价格更低的价格给社会成员提供房屋的有偿使用权。这样，能够较为有效地保障社会成员的住房需求。一方面，公共的租住房政策规避了市场当中由于各种原因所导致的租金过快上涨或不合理上涨的问题，能够使租住的社会成员无须担心由于租金的上涨而无法继续租住、无处容身，从而在更加稳定的时间和居住预期内安排自身的生活和工作。另一方面，与以往以经济适用房和限价房为代表的低价购房方式相比，租住房所具备的可重复利用的特征不仅有助于节约公共资源，而且有助于社会成员更加积极地参与到劳动力市场当中，通过努力来满足自身的购房需要，避免产生福利依赖问题。所谓福利依赖问题，是西方发达国家在社会救助领域的一个研究重点，近年来也得到国内学术界和政府部门越来越多的关注。随着研究的推进，西方发达国家越来越担忧，政府福利项目是否会对福利接受者的就业意愿与就业状况造成负面影响，从而造成福利依赖（Ayala & Rodriguez，2007）。福利依赖现象也是珠海在设计住房保障政策过程中必须进行有效应对的问题之一。住房保障政策的实施方案，一方面必须充分保障城市居民尤其是低收入城市居民的住房需求，另一方面必须避免过高的保障水平和政策力度所可能导致的福利依赖等不利于经济发展和人力资源长期开发的问题。

在住房保障政策的实施方面，社会工作同样具有重要的作用。譬如，社会工作者的介入，能够与城市的弱势人群进行直接的交流，从而在政府与城市贫困人口之间搭建起沟通的桥梁，促进双方的交流；使政府能够更好地收集城市贫困人口的诉求，同时，也促进城市贫困人口对政府政策与行为的理解和认可，提高社会治理的合法性。

此外，治理要建立在坚实的社会基础上，而城市的社会基础是社区，社区治理是社会治理的基础机制（李伟东，2014）。社区工作是社会工作宏观实务的重要领域。社区建设的推进，有助于给城市的社会治理提供有力的支持。现阶段的重点工作包括：建立健全社区组织体系，构建并发挥社区党组织、社区政府组织、社区居民委员会、社区业主组织、社区社会组织、驻区单位等各类组织在社区治理结构中的功能和作用。运行良好的社区治理，有助于构建出良好的社会融入环境和氛围。香港居民在珠海进行社会融入的主要场所，就在他们所居住的社区。社区业主组织和社区社会组织，能够给香港居民提供与本社区居民和地方政府进行接触和交流的平台，同时，还提供了表达自身诉求、维护自身权益的途径，促进他们的社会融入。另外，在住房政策方面，良好的社区建设将有助于提升保障性住房小区的凝聚力和文化建设，增强小区的宜居性，使小区的居民能够在"安居"的基础上更加积极地投身到、参与到劳动力市场当中，使住房政策的效果最大化。也就是说，不仅能够满足社会成员的住房需求，而且可以推动城市劳动力资源的开发和利用，不会带来消极就业等劳动力参与不足的问题。

同时，社会组织是城市社会治理中的一个参与主体，有助于提升城市社会治理的针对性和有效性。而且，只有当社会组织得到充分发展，具备承担主体的实力和能力时，多元主体共治的社会治理模式才有可能实现（陈莲凤，2014）。社会工作者可以积极推动社会组织的建设，然后与不同的社会组织共同合作，形成合力去推动政策与制度的发展。譬如，对于港澳台地区居民的社会融入，社会组织有助于集聚他们的利益诉求。而对于内地与港澳台地区之间的社会保障合作，社会组织有助于搭建内地与港澳台地区之间的非政府沟通平台，推动合作进程的发展。而对于住房政策，社会组织有助于形成政府以外的第三方监督主体，使保障性住房得到合理、有效的利用，确保住房政策的落实和高效运行。在发展思路上，首先必须确保社会组织的独立性，在此基础上，实现社会组织在社会治理中的主体性地位。这种独立性，可以通过依法治国的法制化建设进程来推动。同时，政府可以推动社会组织孵化基地的建设，采取"政府资金资助，民间力量运作，民政部门管理，政府公众监督，社会民众受益"的运营模式，对处在成长过程中的社会组织进行系统地培育和扶持，在税收、培训和政府购买服务等方面提供政策和资金支持，促进其持续健康发展（徐道稳，2014）。譬如，珠海在2011年已经颁布实施《珠海市社会组织孵化基地暂行管理办法》。下一步，可以在总结经验的基础上进行大力的推进。

二、微观实务

（一）学校社会工作

学校社会工作是社会工作最早期的实务领域之一，至今已经有100多年的发展历史。学校作为现代社会最重要的教育基地，是个体接受教育、积累文化资源、获取人力资本的主要场所。学校社会工作实务的目标是协助学生最大限度地实现自己的潜能，让他们尽可能地充分利用在学校的学习机会；为了实现这个目标，学校社会工作者需要积极地与个人、群体和学校进行合作与交流，在必要的情况下同社区联合起来，支持学校和学生实现目标（Farley and Smith，2003）。学校社会工作作为政府、社会各方面的力量或私人力量，经由专业工作者运用社会工作的理论、方法与技术，对正规或非正规教育体系中的全体学生特别是处境困难的学生提供专业服务；其目的在于帮助学生或学校解决所遇到的某些问题，调整学校、家庭及社区之间的关系，发挥学生的潜能和学校、家庭及社区的教育功能，以实现教育目的，乃至若干社会目标（史柏年，2007）。

在美国，针对学生的学校、家庭和社区环境因素的不同，形成包括传统临床模式、学校变更模式、社会互动模式、社区学校模式和"学校—社区—学生"关系模式在内的多元学校社会工作模式（Alderson，1988；Costin，1975）。其中，社会互动模式的工作重点是学生与学校之间的互动，以找出互动中的问题，发展彼此互助的系统，去除阻碍彼此互动的障碍。这一模式的目标系统是教师与学生间接触、互动的各种情境。该模式认为，学生的问题来源于他与学校各个系统之间的互动出现了问题，且无法得到帮助，因此，通过改善与协助双方的沟通，建立起互助系统；经个案、小组体及社区工作技巧，则可达成工作目标（闫广芬、袁庆辉，2008）。针对港澳台地区学生的教育适应问题，内地高校的社会工作重点在现阶段至少应当包括以下几个方面。

（1）与学校紧密合作，推动和推广预科教育，强化语言学习；针对不同的港澳台地区的学生群体，进行相应的普通话语言教学。现阶段，留学生预科教育尚未全面覆盖那些自费来华留学的学生（胡红洁、李有强，2013）。这导致自费留学学生群体中的制度化语言教育的缺失问题。下一步，应当全面推广和普及面向港澳台地区学生的预科教育，使在内地高校留学的学生获得足够的语言教育。对于那些需要在内地高校参与普通话教学课程的学生，在基础性普通话语言课程的基础上，增设专业语言或学术的课程内容，提高这些学生在课程教学中接受和理解课程内容以及与教师、同学交流的普通话语言能力。

（2）与学校紧密合作，积极提升港澳台地区的学生对中国政治、社会和文化的理解和认识，从而促进他们对专业课程的学习。政治、社会和文化背景，是理解课程内容的基础。这一基础的缺失，会导致学习的效果大打折扣。而对这些背景知识的了解，不但有助于提升港澳台地区学生的学习效果，而且有助于开阔他们的多元文化视野，让他们有机会更全面地了解中华文化的历史渊源和现实影响，推进他们的跨文化适应进程。因此，需要通过增设相关课程、文化讲座、集体旅行等方式，提升港澳台地区的学生对中国政治、社会和文化的认识，促进他们的跨文化适应。

（3）通过个案辅导和小组工作等形式，积极促进港澳台地区的学生对内地课程讲授方式的理解，促进他们的行为转变，提升适应能力。同时，内地高校的教学老师应当本着尊重和理解的立场，在面向港澳台地区学生的课程教学中尝试采取更多的互动教学方式，增加互动教育占课堂授课总时间的比例，鼓励港澳台地区的学生积极发言，给予他们更多的表现机会，为思维活跃、创造性较强的港澳台地区的学生提供更大的表现舞台，帮助他们在互动的过程中增进与内地同学的理解，提高语言交流能力，增强自信。另外，在课堂教学过程中应当引入更多的实践因素，加强高校与政府、企事业单位的联系，创办更多的高校实习基地，为学生提供更多与学习内容相关的实践学习机会，使教学内容与社会生活实际更紧密地联系起来。政府和学校应当为课程教学提供一定数量的实践经费，鼓励师生到与授课内容相关的场所进行现场体验与实践，在丰富课堂授课形式之余，也有助于激发港澳台地区学生的学习兴趣，促进他们对知识内容的吸收。

（二）面向移民群体的社会工作

在人口迁移领域，社会工作也能发挥重要的作用。作为社会中的弱势群体之一，外来移民面对着很多需要社会工作者提供救助服务的问题（Morales, Sheafor and Scott, 2012）。在美国，移民群体已经成为社会工作的重点服务对象。由于很多社会工作者对人口迁移方面的法规和政策不熟悉，面向迁移人口的社会工作对他们而言很可能是一项非常具有挑战性的工作。因此，社会工作者必须本着社会工作的助人价值观，清楚地认识到外来人口与本地人口一样需要协助、支持和指引，努力去学习、理解、熟悉外来人口的需求、长处和他们所面对的挑战，以及他们有资格去申请的社会服务类别；同时，社会工作者还应具有足够的多元文化视野，以便对处于困境中的外来移民及其微观、中观和宏观系统进行评估和介入（Morales, Sheafor and Scott, 2012）。

从"人在情境中"的视角出发，社会工作者在开展面向外来移民的社会服务时，必须清楚地了解服务对象所处的生命周期阶段。生命周期视角（Life Cycle Perspective）在人口迁移领域的应用研究始于20世纪70年代初。波拉切克（Polachek）和霍瓦特（Horvath）（1977）在生命周期理论的框架下探讨了劳动力迁移就业的过程，建立了一个综合的理论模型。这个理论模型将劳动者的跨国就业周期分为四个基本阶段：（1）年轻时期的短暂跨国就业；（2）长期的移民；（3）家庭重聚；（4）社群共同体成形。在此基础上，鲍德温-爱德华（Baldwin-Edwards）（2004）进一步规划出贯穿劳动者跨国就业生命周期的社会政策模式。在第一阶段，迁移就业的劳动者由于年纪较轻，对社会保险福利很可能只有很少的需求；而且，通过合法的就业和工作，跨国就业劳动者向社会福利系统提供的可能是净贡献，即只提供缴费而不申领相应的福利给付。在这种情况下，跨国就业的劳动者可能会倾向于获得即时的现金收入，而不是参加社会保险，尤其是其中的养老保险。同时，没有登记注册的劳动者（Undocumented Workers）得到的保障水平是相当低的。而对于非法入境的劳动者（Illegal Workers），社会保险系统一般是将他们排除在外的。

第二阶段的长期移民，一般是长期的跨国就业劳动者或者是再次转移的劳动者。再次跨国就业的劳动者可能是由于无法在其来源地找到合适的工作，因而选择再次迁移。这些劳动者的年龄更大，出现健康问题的概率也更高，他们的福利需求要大于第一阶段的劳动者。在其后的家庭重聚阶段，随着家庭成员的到来，跨国就业劳动者的福利需求大幅度增加。有子女的家庭，福利需求可能是最大的，在教育、健康医疗、住房等方面均存在明显需求。同时，跨国就业劳动者一旦在工作所在国与家人一起长期居住，重新选择居住地以方便子女就读等问题就很有可能导致劳动力流动以及一定时期的失业或不充分就业。在这两个阶段，如果跨国就业的劳动者已经获得永久性的合法居住资格，劳动者及其家属在社会福利系统中就可以得到近乎无歧视的平等对待，但在居住和失业方面可能存在问题。同时，如果劳动者并未获得永久性的合法居住资格，他们要实现家庭重聚也是困难的。劳动者要实现家庭重聚，一般需要具有稳定的居所和一定数额以上的收入。这些资格条件务求将移民的福利要求最小化。最后，在社群共同体成形阶段，移民及其家属的社会整合逐步开始，并慢慢形成社会亚群体。在这个阶段，移民及其家属的福利需求及满足与否将取决于其群体在该国的特定法律地位，而与当地同等社会经济地位的原居民类似。同时，一部分人会退休并继续居留，另一部分人则会返回其来源国。这些返国的劳动者，需要输出其应得的养老金以支持其返国后的生活。

此外，社会工作者必须谨记以下事项：(1)悲伤是人类所会经历的一种自然情绪，但外来移民由于他们所经历的多重丧失（离开家人、朋友和曾经熟悉的一切），而且很可能无法再回到原来的地方，所以可能会产生更加激烈的悲伤情绪；(2)外来移民可能会因为无法给那些仍然留在迁出地的家人提供经济和生活方面的支持而感到非常内疚；(3)外来移民可能会由于远离家人和朋友，同时难以在短期内融入迁入地社会，而产生强烈的疏离感和孤独感；(4)外来移民可能会因为担心自己被隔离或者被驱逐而经历焦虑和沮丧；(5)沮丧往往是外来移民群体中最普遍的精神疾病困扰，这很可能涉及上述所提到的多种风险因素，而且可能会衍生出多种症状（Morales, Sheafor and Scott, 2012）。

在内地与港澳台地区的人口迁移中，社会工作作为基层社会治理和社会服务中的重要组成元素，对于促进迁移人口的社会融入具有十分重要的作用。内地社会工作者应当深入地探讨并厘清社会工作在促进外来人口社会融入中的功能作用，并探索社会工作功能实现的推进思路，从而更好地推动社会工作的发展和功能发挥，促进内地与港澳台地区流动人口的社会融入。一种政策的推进路径在于：在深入分析国外社会工作在促进外来人口社会融入中的理论和实践成果的同时，探讨和总结内地与港澳台地区社会工作的实践经验；通过整合国际经验和国内实践，深入探讨内地与港澳台地区社会工作在促进流动人口社会融入中的功能作用（包括已经实现的功能，以及将来有可能实现的功能），并结合内地与港澳台地区的现实情况进行发展思路的规划。国际经验的分析有助于探索社会工作对于促进外来人口社会融入的各种潜在的功能，以及其所面向的社会需求，而对两地实践的探讨则可以进一步明确两地社会工作已经具备的功能及其未来的发展空间。

第七章　结语：社会工作的职业化发展

现代社会的迅速发展和社会问题的日益复杂，使传统的、基于日常生活经验的救助行为难以继续给很多求助者提供有效的帮助，从而推动职业化救助行为的出现和发展（Morales, Sheafor and Scott, 2012）。作为现代社会应对社会问题的一种方式，社会工作正是在这个过程中逐步形成和发展的。同时，尽管社会工作在不同国家都是一项基于某些共同的原则、价值观和实务方法的职业，但是社会工作职业化的进程和发展程度在不同国家是不一样的，而这些不同的发展程度反映出国家之间不同的社会工作发展路径、发展阶段以及相关的制度建设和安排（Koukoulil, Papadakil and Philalithis, 2008）。

就其定义而言，社会工作的职业化是指社会工作从一种劳动岗位变为社会所承认的职业并形成职业从业体系的过程（王思斌，2006）。从职业化的构成要素出发，社会工作的职业化要素包括职业区隔、职业资格、职业资格等级、职业认证、职业保护和监督等内容（孙莹，2006）。社会工作的职业化发展，除了推动社会工作的专业教育外，还需要积极推动以政府购买服务制度为基础的政、社合作，以及社会组织等社会力量的培育和发展，形成良好的社会工作运行体制，这在一定程度上将推动社会管理创新制度的建立和完善；社会工作职业化发展具有治理创新意义，能够对治理理念、治理模式等产生创新性影响（张海，2016）。社会工作在创新社会治理、实现共享发展中发挥着不可替代的作用，而如何全面推动社会工作制度建设，充分发挥社会工作的作用，则是摆在中国面前的重要课题（何雪松、杨超，2016）。在2015~2017年的《政府工作报告》中，都强调要推动专业社会工作的发展，可见中国政府对社会工作发展的重视。而要推动专业社会工作的发展，就必须建立起一套完善的社会工作职业化体系。

第一节 中国社会工作的职业化发展现状

目前，中国社会工作的职业化进程正处于一个十分关键的发展时期。自从2006年党中央提出"建设宏大的社会工作人才队伍"以来，有关部委和多个地方政府制定了社会工作人才总量的发展目标，全国300多所高校也培养了大量的社会工作毕业生。然而，"毕业即转业"的问题却日趋严重，在实务领域工作的社会工作者的流失率也一直偏高。即使在社会工作发展水平较高、制度建设较为完善的深圳市，2010~2015年的年平均流失率高达18.2%，其中，在2014年更是突破20%的行业警戒线。在对流失现象的探讨中，社会工作职业化制度体系的不完善往往被认为是主要原因。社会工作的职业化发展问题是现阶段中国社会工作发展中的一个关键环节，对从业人员队伍的稳定和壮大具有重大影响，迫切需要得到更多的探索和研究。

社会工作的专业教育，是推进社会工作职业化的必要基础。在这方面，教育部门在20世纪80年代开始在高等院校设立社会工作与管理专业；90年代，开设社会工作专业的高校数量逐步增加，并在1994年成立社会工作教育协会。在大学教育中，使受教育者得到系统而深入的专业价值观训练，掌握社会工作的理论和方法以及国家的相关社会政策，学会整合社会资源、协调社会关系、预防和解决社会问题，为困难群体和个人提供帮助和服务，使其正常功能得到恢复和发展，等等，是高校社会工作教育在社会工作职业化过程中所具有的重大功能（杨敏，2010）。依据《中国社会工作发展报告》（2015），截至2015年年底，全国有321所高等院校开设了社会工作专业本科，有70所高职高专院校开设了社会工作专业专科，其中具有社会工作硕士学位（MSW）授予权的学校有104所。在过去20多年的发展当中，中国的社会工作专业教育实现了长足的发展，但也存在一些问题。其中，比较突出的问题是：21世纪初，一批不太具备社会工作专业基础的高校被吸引涌入、被准入社会工作教育行列，迅速形成近七成高校"无专业基础"的国内社会工作高等教育局面，整体办学实力不强，专业人才培养的基础不牢（范召全，2010）。同时，社会工作教育的发展也开始面临一些深层次的问题。譬如，2017年，作为内地社会工作教育"领头羊"之一的中山大学，宣布暂停社会工作本科专业的招生工作，原因之一很可能是"专业的招生规模同社会需求不适应"。而这种"不适应"并不是指社会对社会工作专业的毕业生没有需求，而是这种需求还没有成为"有效需求"。社会工作职业化体系的不完善，导致社会工作从业人员的"高投入、低回报"问题日渐显现。职业队伍难以稳定和发展，也逐步影响到社会工作的教育机构，从而减少了社会工作专业的学生招收数量。

此外，社会工作行业组织的建设，是促进社会工作实务工作者规范自身从业行为的重要保障，是社会工作职业化建设的重要内容之一。在这方面，民政部在1991年代表中国加入国际社会工作者联合会，并成立了中国社会工作者协会，这进一步促进了社会工作职业化的探讨（王思斌，2006）。2015年，中国社会工作学会在北京正式成立，成为社会工作领域首个国家一级学术团体。依据《中国社会工作发展报告》（2015），截至2015年年底，全国共成立455家社会工作行业协会，比2014年增长57.4%；其中，有30个省级行业协会，129个地市级行业协会，296个县级行业协会。不过，与其他一些行业组织所面临的问题一样，社会工作行业组织也存在行政化、过于依赖行政部门，自我管理、自我发展和自我生存能力还比较弱等问题（赵蓬奇，2014）。

目前，在中国的社会工作职业化进程中，已经初步建立社会工作的职业制度体系，具体表现在：（1）社会工作职业水平评价制度的建立。人事部、民政部在2006年联合发布《社会工作者职业水平评价暂行规定》和《助理社会工作师、社会工作师职业水平考试实施办法》。2008年，开始举行社会工作者职业水平考试。（2）社会工作人才队伍纳入国家人才发展战略。《国家中长期人才发展规划纲要（2010~2020年）》进一步将社会工作专业人才提升为与党政人才、企业经营管理人才、专业技术人才、高技能人才和农村实用人才相并列的第六支主体人才。（3）社会工作人才队伍的专业化发展方向和路径基本明确。在这方面，相继出台了《关于加强社会工作专业人才队伍建设的意见》和《社会工作专业人才队伍建设中长期发展规划（2011~2020年）》。（4）社会工作者的专业性得到认可。在2012年《国家职业大典》修订中，将社会工作者从"商业、服务人员"变更为"专业技术人员"，并在职业定义中强调社会工作者是"提供社会服务的专门人员"。（5）社会工作者介入相关服务领域得到制度性推动。在这方面，出台了《关于加快推进社会救助领域社会工作发展的意见》和《关于加强青少年事务社会工作专业人才队伍建设的意见》；同时，社会工作服务被纳入国家层面的法律法规，如《中华人民共和国反家庭暴力法》和《社会救助暂行办法》（张海，2016）。

但同时，中国的社会工作立法仍然明显滞后于社会工作发展的实际需要，而由此形成的社会工作法律体系不健全，导致中国社会工作的社会认可度不高、缺乏职业吸引力、社会工作专业人才流失严重、社会工作职业服务水平不高的恶性循环（关信平，2013）。此外，中国社会工作专业人才队伍的质量提升并不如数量增长那么显著（雷杰、黄婉怡，2016）。社会工作的进一步发展面临职业化的困境和挑战，迫切需要加快社会工作的立法工作。当前，中国存在实际社会工作和专业社会工作两种性质的社会工作，因此，也就存在两种类型的社会工作职业化，即实际社会工作者的身份转换型职业化与社会工作毕业生的专业支持型职业化（王思斌，2006）。对于前者，在职培训是一项重要的应对措施；而对于后者，则需要加强职业化制度体系的建设，营造出良好的从业环境，提升社会工作的职业吸引力。

第二节　社会工作职业化的立法行动

对国外社会工作职业化进程中的立法行动进行分析,有助于给中国的社会工作立法提供参考。在发达国家中,美国社会工作的职业化发展程度是处于领先地位的。美国的社会工作职业化发展即使从 1915 年美国社会福利大会上弗兰克斯纳博士提出"社会工作是不是一项职业"的议题开始正式算起,至今也已经有着超过 100 年的历史。而且,美国社会工作职业化的初步完成,一般被认为是在 20 世纪 80 年代。换言之,从职业化的正式启动到初步完成,美国花费了大概 70 年的时间。与医生、律师和教师等职业相比,社会工作的职业化过程是相对漫长的。是什么因素导致美国社会工作职业化进程的缓慢?社会工作立法在其中充当了什么角色,产生了哪些影响?对这些问题的探索,能够加深对立法与社会工作职业化的关系的认识,推动中国社会工作职业化的发展。

一、立法与社会工作的职业化

立法对于社会工作职业化的重要性,可以从社会工作的特点以及法律在现代社会所承担的职能两方面进行分析。社会工作的特点涉及纵向和横向两个维度的比较。首先,纵向比较是指职业救助与自然救助之间的对比。自然救助(Natural Helping)建基于平等个体之间的相互关系,一般由求助者的家属、朋友、邻居或志愿者依据自身所拥有的直观的知识和生活经验来实施救助；职业救助（Professional Helping）与自然救助的区别主要在于，职业救助是一种聚焦于求助者需求的规范化过程，这一过程需要特定的学科知识、专业价值观和技能方法来指引救助的行为（Morales, Sheafor and Scott, 2012）。直观的知识和生活经验，由于缺乏科学而严谨的验证，对现实世界的把握很可能是存在偏误的。运用直观的知识和生活经验对个体进行救助，有可能会因为这些偏误导致救助行为无法给个体提供有效的帮助，耽误救助的进程，甚至使个体的问题进一步恶化。而且，自然救助是可变的、短暂的，对于特定个体而言还存在可获得性的问题，即某些个体可能会因为亲属关系、社交网络等方面的原因而无法获得自然救助。而职业救助正是对自然救助所存在缺陷的一种积极回应，将救助行为置于科学知识、专业价值观和技能方法的引导中。同时，职业救助由专门的从业人员提供，不但能确保个体在有需要时及时地得到救助，而且可以实现救助行为的持续性和一贯性，确保个体的问题得到解决。作为现代化与现代福利发展的产物，社会工作是运用现代制度与专业化路径解决社会问题的一种方式（刘继同，2007）。作为一项职业的社会工作，其本质就在于提升救助行为的科学性和有效性，确保救助对象能够得到制度化的帮扶。

其次，社会工作的特点，在横向上可以与社会中的一些传统的工作岗位进行比较。在一些传统的工作中，劳动的对象是有形的物品，生产的过程主要是对物品的加工，生产出来的产品同样是有形的物品。而且，如果最终的产品存在一定的缺陷，往往可以通过再次加工进行补救，或者干脆丢弃。但对于社会工作而言，其工作对象是社会中需要得到救助的社会成员，生产的过程是社会工作者与社会成员的互动，最终的"产品"是个体问题的解决和个体效能的提升。同时，如果社会工作者在与案主互动的过程中出现失误，可能会导致服务对象不但无法应对自身的问题，而且在身心上受到伤害。这种缺陷，是难以补救甚至是无法得到补救的。因此，必须在从业人员方面进行有力的监管，调控其职业行为的过程，确保其职业行为的质量。

社会工作的这些特点，和医生、律师等职业是类似的。依据特征取向的职业化理论，一项职业存在一系列内在和本质的特征：(1) 面向有求服务和商品提供的导向，突出职业的社会功能；(2) 一套系统化的知识体系，用以指导实务技能的增进和特定知识积累的继续教育；(3) 一个基于职业判断和职业能力的"客户—职业人士"关系；(4) 关于从业人员、实务、教育和服务标准的规定和监管；(5) 设有一套能够强制执行的伦理守则和一套执行职业行为的文化体系（Goode, 1957; Greenwood, 1957）。对这些特征进行分析，可以发现特征 (2) 是强调职业从业人员的专业知识基础，突出职业行为的科学性，而特征 (3) (4) (5) 都是聚焦于对从业人员职业行为的监管——特征 (3) 指向职业关系的规范化，特征 (4) 强调对职业行为的外在监控，而特征 (5) 则是对职业行为的内在控制，即价值观的导向。可以发现，除了特征 (1) 是强调职业的社会需求和功能外，其余 4 项特征都是聚焦于职业行为的规范性，即职业行为的实施必须要有科学知识的指引和职业能力的支持，有从业人员的职业价值观的约束，以及有外部制度的监管。

同时，与其他实施注册制度的职业相比，社会工作具有以下一些特点：(1) 不同于普遍性的公共服务，只有一小部分社会成员会成为社会工作的服务对象；(2) 社会工作服务的实施并不局限于某一特定场所（如医院或诊所），而是在一系列的场地中，常常会在案主的家里或者他们所在的社区；(3) 服务的开展需要社会工作者和服务对象的家人建立关系，而服务对象的家人往往会对社会工作者的介入有抵触；(4) 社会工作实务工作的成功常常取决于多学科和多部门的协同工作，因此社会工作者在接受教育时必须获取足够的技能，能够与一系列社会成员进行有效的合作（General Social Care Council，2012）。同时，作为社会工作服务对象的社会成员，还具有其自身的特点。其中，最主要的是社会工作服务属于福利行业，服务对象多是弱势群体，专业辨别力有限；另外，社会工作采用非市场化运作，服务对象的选择余地较小，与其他消费者相比更需要对从业人员的先行信任（徐道稳，2013）。

由于场所的独特性以及服务对象的特点，对社会工作从业行为的监管存在比其他职业更高的难度。从这些特点来说，社会工作的职业化一方面存在针对职业行为监管的、相对于其他职业更高的必要性，另一方面也面临着一些职业化发展的独有的困境。譬如，服务对象的局限、福利特性和非市场化运营，决定了社会工作者的薪酬待遇难以与医生、律师等服务对象广泛、市场化方式运营的职业相比，难以形成对社会中大部分劳动者的职业吸引力。在职业吸引力不高、劳动者从业意愿低的情况下，推动职业化进程势必会提高从业门槛，而这很可能会在短期内导致从业队伍的急剧萎缩。如何成功跨过职业化前期的困境，实现"高从业门槛—对应的职业薪酬—高从业意愿"

的良性循环，是社会工作职业化的关键所在。换言之，对社会工作职业行为的监管，面临着与医生、律师等社会热门职业所不一样的挑战。

对职业行为进行外部监管的必要性，使得法律介入成为社会工作职业化过程中最重要的环节。在现代社会，尤其是在成文法国家，一种职业的最终被认可往往表现为国家法律法规的认可（袁光亮，2013）。法律在现代社会中承担着十分重要的职能。传统社会对社会成员行为的调节和规范，主要依托道德风俗和宗教教义来进行。但随着社会规模的不断扩大，以及社会的复杂性和现代性的逐渐演绎，社会的异质性超过同质性并成为主导，社会冲突和纠纷发生的可能性显著提高，超出了道德风俗和宗教教义的调节和控制范围，这意味着社会需要一套精细的规则及其执行机制来应对，而法律制度便在这种背景下逐步产生（Steven，2009）。从16世纪以来，法律已经成为社会管理的首要工具（Pound，1923）。历经几个世纪的发展，法律逐步成为现代社会中个体行为的基本准则和社会关系调节的主要方式。在对职业行为的监管上，法律的管制作为最主要的方式，承担着比价值观的内在控制更加重要的监管职能。在19世纪末期，医生成为现代社会中第一种运用法律进行管制的职业，紧随其后的是建造师和会计师（Deangelis & Monahan，2008）。

对一项职业进行法律管制的目的在于，通过立法的方式来确定最低的从业技能并设定职业行为的实施准则，以此来保护公众的利益（Deangelis & Monahan，2008）。在实践中，法律对某项工作进行职业化规范的程度取决于能否在以下三个方面进行控制：（1）谁被允许从事这项工作；（2）这些从业人员需要怎样去准备从事这项工作；（3）谁来评估这些从业人员的工作成效（Volti，2012）。社会工作职业化的相关法律主要也是围绕这三个方面展开，在人员准入、学历和继续培训要求以及行业组织建设等领域推进立法工作、构建法律体系。总体而言，社会工作立法对规范从业社会工作者的行为、提高专业社会工作服务的质量、维护社会工作服务对象的权益、明晰社会工作者的公众形象起到了至关重要的作用（竺效、杨飞，2008）。在这当中，对社会工作者职业行为的规范是最为关键的，决定了后续三个功能的实现与否。由于社会工作提供的是带有显著个人特性和社会特性的特定服务，社会工作的实务工作是被特定的社会情境所形塑和直接影响的，被不同国家不同社会的价值观和规范所管制（Munday & Ely，1996）。在社会工作职业化程度较高的国家，运用法律手段对社会工作的职业行为进行规范是一种普遍的做法。

二、美国社会工作的职业化与立法行动

社会工作在美国的发展，最早可以追溯到19世纪的慈善活动。在职业化的推进方面，初期的一些比较大型的和有显著影响的行动包括：1873年，成立了国家慈善联合会；1905年，在马萨诸塞州的医院建立了第一个社会工作部；1912年，开设了医务社会工作专业教育。这些行动，为社会工作的职业化提供了前期的准备。在1915年的美国社会福利大会上，弗莱克斯纳博士（1915）提出了"社会工作是不是一项职业"的议题，强调社会工作仍然达不到作为一项职业的要求，因此还不是一项职业。在弗莱克斯纳博士看来，一种工作要成为一种职业，

必须达到六项标准：（1）实务工作的过程包含实质性的智力运用过程，在这一过程中从业者需要承担高度的个人责任；（2）从业所需的原始工具源于科学和知识；（3）从业所需的原始工具指向的是一个现实和明确的终极目标；（4）拥有一套能够通过教育来传递的工作技能；（5）从业人员倾向于进行自我管理；（6）从业人员的工作动机日渐变得无私。他强调，社会工作仍不是一项职业，最主要的是社会工作的从业人员仍不需要承担高度的个人责任，而且社会工作仍然缺乏一套成文的专业知识体系和可以通过教育得以传递的职业技能。可以发现，弗莱克斯纳博士指明了美国社会工作职业化发展的两个重要方面：其一，是职业行为的规范化和职业责任的构建；其二，是专业知识体系的建立和传播。而且，职业行为的规范化和职业责任的构建，是当时最迫切需要解决的发展问题。

依据弗莱克斯纳博士的观点，本节主要从上述两个方面出发，探讨美国社会工作职业化的实践行动。首先聚焦的是专业知识体系的建立和传播。1917年，瑞奇蒙德出版《社会诊断》一书，正式开启了专业知识体系的构建。在1926年，60%的男性社会工作者和40%的女性社会工作者并未接受过专科或以上的社会工作专业教育，而随着当时社会的不断发展，社会工作实务工作也面临越来越多的挑战；同时，这项工作也被纳入政府部门的监管范围，所以社会工作的职业化迫切需要得到推进，用接受职业化培训的社会工作者来替代当时技能不足的实务工作者（Davidson，1940）。当时，社会工作者的薪酬待遇和社会地位仍比较低下。1925年，由美国著名的罗素·塞奇基金会所开展的一项覆盖全美81个城市的调查显示，全职社会工作者的中位数年薪是1 517美元，而小学老师是1 844美元。

社会工作与律师、医生等职业化起步较早、发展水平较高的职业相比，在薪酬待遇方面更是存在非常大的差距。这种状况激发了社会工作者对职业地位的追求，成为推动社会工作职业化进程的一个重要因素。在此后的20多年，美国社会工作的职业化进程得到不断推进。这一时期的职业化努力集中在发展社会工作教育和建立专业组织等方面，即弗莱克斯纳博士所提及的第二方面——专业知识体系的建立和传播。

但是，社会工作教育的迅猛发展所带来的从业人员学历水平的提高并没有显著地提升社会工作者的职业地位和薪酬待遇，反而出现了拥有硕士学历的社会工作从业人员在工资收入上与没有接受过高等教育的其他岗位的劳动者相差无几甚至更低的学历倒挂现象。1950年，美国大概有7.5万名社会工作者，他们的平均年薪是2 960美元（Stewart，1951）。但同时，美国劳工统计部的调查显示，收入与工作付出或岗位的学历要求不成正比、缺乏经济保障与晋升机会等问题，困扰着美国的社会工作者，尤其是一些要求研究生学历的社会工作岗位，其收入还没有一些即使是没有高中文凭也能从事的工作岗位的收入多；而对于一些拥有博士学位的劳动者而言，从事社会工作所获得的时薪还不到从事教学工作所获得的时薪的一半（Stewart，1951）。在当时的社会工作者中有一种比较有代表性的看法：在美国所有工作岗位中，社会工作是一项被严重低估、收入与付出最不对称的工作；如果希望社会工作能拥有和律师、医生相类似的从业氛围，就应当考虑设立与这两项职业相类似的薪酬水平。由薪酬待遇偏低所导致的人才流失问题，困扰着美国社会工作的发展。薪酬待遇也逐步成为美国社会工作职业化发展程度的衡量指标之一。

第七章 结语：社会工作的职业化发展

与律师、医生等职业面向社会全体成员不同，社会工作的服务人群往往是社会中的弱势群体，他们的收入和服务购买力水平一般较低，需要来自社会的支持和扶助。社会工作在本质上带有助人的特性，其服务的提供往往是作为社会福利政策的一部分。然而，尽管其最早是来源于社会成员的慈善行为，但在发展为一种劳动岗位后，社会工作的从业人员和其他行业的劳动者一样，对薪酬待遇也存在需求。格兰诺维特指出，个体大多数的（经济）行为都紧密地嵌入在现实的、正在运转的社会关系网络之中。劳动者的社会需求（社会交往、家庭角色扮演等）会影响到他们对工作收入的期待和追求。社会工作者选择社会工作作为职业，是认同社会工作的助人价值观，同时，由于社会工作者除了职业角色之外，还在其他社会关系中承担着不同的社会角色，这些角色往往要求他们在社会工作的从业行为中获得足够的经济收入。在职业生涯的早期，社会工作者可能无须承担较多的角色，因此对薪酬待遇的关注较低，但随着年龄的增长和角色的增加，对薪酬待遇的期待将会提升，如果其薪酬待遇在此后较长的一段时期内难以增长，他们就很可能会因为无法承受相关的社会压力和角色压力而不得不选择离职。从业人员的薪酬待遇已经成为包括美国在内的发达国家衡量社会工作职业化程度的重要指标之一。较高的薪酬待遇，代表着一项社会工作在社会中拥有较高的职业化程度和社会地位。因此，看待社会工作者的薪酬待遇问题，必须超越将社会工作者视为"义工"、割裂社会工作者的社会关系与生活的狭隘观点，而将这一问题提升到社会工作者人才队伍建设、社会服务专业化发展以及更有效地解决社会问题的高度。

针对包括美国在内的全球 10 个国家的研究发现，寻求社工作教育的人数与社会工作的职业声望和收入并没有直接的关联（Weiss-Gal & Welbourne，2008）。从这个角度来说，尽管专业知识体系的建立和传播是社会工作职业化的必要基础，能够给从业人员的职业行为提供专业的指引，但并不能解决薪酬待遇、职业吸引力以及从业队伍稳定性等职业化的关键问题。因此，在20世纪50年代之后，美国社会工作职业化的重点工作重新回到弗莱克斯纳博士所提及的最为主要的领域——从业行为的规范化和职业责任的构建。

在从业行为的规范化和职业责任的构建方面，美国的实践行动存在较为明显的转变，即从价值观的内化引导为主发展为以法律法规的外部监管为主。1921年，瑞奇蒙德指出："我们需要一套专业守则，一套必须去遵守的行为规范，否则我们将永远处于低下的社会地位。"（Kidneigh，1965）随后，在1923年的美国社会福利大会上，起草并讨论了一部伦理守则，即《个案工作者的道德规范（试行稿）》（许斌，2016）。然而，这部守则在当时并没有得到推行，一直到1960年，美国才有了第一部全国性的社会工作伦理守则。而且，尽管已经制定了伦理守则，但由于其对社会工作者的行为缺乏公认的法律约束力，违反伦理守则的社会工作者只是违反了行业内部的行为规范，并不需要承担法律责任。当时，只有波多黎各自治邦和加利福尼亚州制定了监管社会工作实务的法律。美国的大部分地区并没有相关的社会工作立法。再加上其他方面的不足，社会工作在20世纪60年代末期仍被认为只是一项"半职业化"（Semi-profession）的工作（Etzioni，1969；Toren，1972）。

美国社会工作的职业化进程最终还是需要法律的介入才能够完成。实际上，社会工作的立法行动早在20世纪30年代已经在美国的个别地区得到推动。在1934年，波多黎各自治邦通过一项对社会工作实务进行监管的法规，开始运用立法手段对社会工作进行管制。然而，这一立法行动在当时并没有得到其他州的响应。在长达11年之后，也就是1945年，加利福尼亚州才通过了类似的方案，而且进一步制定了《社会工作注册法》，开始推行临床社会工作的注册制度。依据美国劳工统计部公布的调查数据，包括加利福尼亚州在内的太平洋地区，当地社会工作者在1950年的平均年薪是3 320美元，明显高于美国的其他地区（Stewart，1951）。这可能与加利福尼亚州的社会工作立法行动有一定的关联。社会工作职业化的立法进程在之后的10多年再次陷入停滞，直到1961年罗得岛州的社会工作立法才重新启动并得到快速发展。在随后的20年里，有20个州通过了社会工作的注册法案。到20世纪80年代初期，美国大部分地区都制定了社会工作法案。1992年，随着威斯康星州的加入，美国所有的州以及哥伦比亚地区、波多黎各自治邦和维尔京群岛都以某种方式实施了对社会工作者的法律管制（Deangelis & Monahan，2008）。法律的完善，使得社会工作的职业化进程得以加快。进入20世纪80年代之后，社会工作才被越来越多地认为是一项"正在形成"或"发展中"的职业（Johnson & Yanca，2001；Skidmore，Thackeray & Farley，1997）。

法律的介入使美国社会工作的职业地位逐步巩固。这一方面反映在从业队伍的稳定和增长上，另一方面体现在社会工作者的薪酬待遇上。随着美国大部分地区的社会工作法律的制定和完善，社会工作的职业化进程加速发展，社会工作者的薪酬待遇也得到提高。在1997年，美国社会工作者达到569 910

名，平均时薪是15.53美元，平均年薪是32 295美元，高于美国所有职业的平均年薪（30 935美元）。就总体而言，社会工作者的薪酬待遇在美国处于中等偏上的水平，摆脱了以往较低的薪酬待遇和社会地位。与此同时，美国律师的平均年薪是72 840美元，内外科医生的平均年薪是100 920美元，而教师的平均年薪是32 428美元，其中小学老师的平均年薪是37 310美元，中学老师的平均年薪是39 010美元。社会工作者与教师职业的收入只有微小的差距，而与小学老师的年薪差距只有约15.6个百分点，与中学老师则存在约20.7个百分点的差距。2015年，美国一共有619 300名社会工作者（约占全美劳动者的0.7%），与1997年相比有一定的增长。同时，社会工作者的平均年薪是49 670美元，平均时薪是23.88美元，中位数时薪是22.07美元。其中，在儿童、家庭和学校领域工作的社会工作者的平均年薪是46 610美元，而医疗社会工作领域的平均年薪则为54 020美元。社会工作者的平均年薪与律师（136 260美元）和全科医生（192 120美元）相比仍有较大的差距，但仍明显高于美国所有职业的平均年薪（48 320美元），中位数时薪更是比全国（17.40美元）高了将近5美元。另外，小学老师的平均年薪是57 730美元，中学老师的平均年薪是59 600美元；社会工作者与小学老师和中学老师的收入差距分别是16.2个百分点和20.0个百分点，与1997年相比变化不大。这在一定程度上反映出，社会工作职业在美国现代职业序列中的排列位次在20世纪90年代已经大体确立，并在此后的10多年中继续保持稳定。

可以发现，美国社会工作者的薪酬待遇与律师和医生等职业化程度较高的职业相比，仍有相当明显的距离。与其他助人职业相比，美国社会工作的职业声望和薪酬待遇仍处于较低的水平（Weiss-Gal & Welbourne, 2008）。这很可能与社会工作的服务领域有关。作为现阶段较为主流的一种理论视角，权力取向的职业化理论批判传统的、特征取向的职业化理论，将职业化视为一个动态的历史过程；在这一过程中，某一种工作岗位努力地争取在特定服务的提供方面建立起垄断性地位。而这种垄断性地位将有助于这项职业的从业人员获得较高的薪酬待遇。对于律师和医生而言，他们在相应的服务领域较为成功地建立起这种垄断性地位，从而保证了从业人员的高收入。但社会工作要在自身的社会服务领域建立起垄断性地位，则面临更多的挑战和困难，至今仍无法得到实现。这一方面阻碍了美国民众对社会工作功能的认识和认同，另一方面也抑制了社会工作者薪酬待遇的提升。另外，服务工作的福利性质和非市场化的运作方式，以及服务对象的特殊性，也决定了社会工作的薪酬待遇与律师和医生等职业存在差距。法律的介入能够以一种具有社会公信力的方式规范社会工作的从业行为，但并不会改变社会工作的职业特点。

同时，律师和医生在美国的职业化进程始于19世纪末期。虽然社会工作的职业化起步较晚，但经过长达一个世纪的追赶，社会工作与这两项职业的薪酬差距并没有得到消除。社会工作的服务领域与临床心理学等职业存在一定的重合（Iarskaia-Smirnova and Romanov, 2002）。当不同的职业存在类似的工作内容时，它们之间就会存在重合并导致冲突，各自都需要努力去建立自身实务工作的理论范式，或者是表明其工作方式的合理性（Jones and Joss, 1995）。这些冲突和竞争同样也阻碍了美国民众对社会工作功能的认识和认同，抑制了社会工作者薪酬待遇的提升。

当前，美国的社会工作职业资格制度主要是依托各州的地方法规建立。具体而言，各个州的州政府通过立法建立社会工作者职业资格制度，任何进入社会工作领域的人员必须具备相关资格。社会工作者必须在所在地通过考试或其他方式，并在相关部门成功注册，才可以开展实务的社会工作。这个职业资格注册制度通过规定社会工作者的职业资格来保证社会工作者提供的服务能够达到一定的标准。一般而言，要注册成为社会工作者，申请者需要具有社会工作专业的博士学位（Ph.D或DSW）、硕士学位（MSW）或者学士学位（BSW或BASW），而且这些学位是由社会工作教育协会认可的教育机构所授予。但同时，在一些特定的实务领域，非社会工作专业毕业的申请者也可以注册成为社会工作者。具有社会工作学士学位的注册社会工作者一般被视作为"一般社会工作者"，具有硕士学位的被视为"高阶社会工作者"，而具有博士学位的则一般在高等教育机构从事社会工作领域的研究、教学和政策分析等相关工作。本科程度的大学课程，各个大学在具体课程设置方面可以有各自的安排，还可以对特定的专业实务领域有所侧重，但一般都需要开设社会工作理论、心理学、人类发展、社会学、社会政策、社会研究方法、社会机会和社会行政等课程。美国目前的社会工作者职业资格设有四个级别：（1）初级社会工作员，包括社会福利服务助理和社会福利服务技术员，从业者需要完成基本的社会工作学士课程，并从事过一定时间的实务工作；（2）中级社会工作者，需要完成社会工作专业研究生阶段的学习，并具有一定的实务经验，获得所在州的执业许可；（3）临床社会工作者，需要完成硕士阶段的学习，同时在特定的专业领域（主要是直接临床服务领域）具备丰富的实务经验，并通过州级临床社会工作者考试；（4）通过资格审查、专业考试并获得全美社会工作者协会专项证书的持证社会工作者。

1960年，美国的社会工作者证书制度（Academy of Certified Social Worker，ACSW）由美国社会工作者代表大会通过后颁布实施。目前，这个协会一共制定了5项社会工作者证书制度，即社会工作者证书制度（ACSW）、合格临床社工制度（Qualified Clinical Social Worker）、临床社工证书制度（Diplomat Social Worker）、持证本科社会工作者制度（Academy of Certified Baccalaureate Social Worker）和学校社会工作专家制度（School Social Work Specialist）。这些证书的申请资质和要求都比基本的社会工作者入门资格更高，证书也具有较高的专业权威性。这些制度将资深的社会工作者与初级的社会工作者明确地区分开来，一方面促进了社会工作者对自身的严格要求以及不断发展，同时也使得社会工作作为一项职业能够在社会中获得更高的认可。

美国社会工作教育协会强调，社会工作的基本伦理准则包括：（1）社会工作者应该促进社会的一般福利，致力于歧视的防止和消除，确保社会成员可以公平地获得自身所需要的资源、服务和机会，倡导社会总体状况的改善；（2）社会工作者应该致力于协助案主找到所需的资源，倡导社会制度向人性化的方向发展，从而更好地回应人类需求；（3）社会工作者应该接纳和尊重不同的民族和群体，尊重个人和团体的差异；（4）社会工作者即使在实务工作中遇到挫折，也应当坚持维护案主的利益，并以此作为工作的基本出发点；（5）社会工作者应当坚持社会正义，为所有社会成员的经济、物质和心理幸福而努力。

三、美国经验的启示

现阶段，在中国数量比较庞大的法律法规中，专门为社会工作制定的并不多；即使是那几个专门为社会工作制定的，也都属于行政规章的性质，尚未上升到法律法规层面，明显缺乏权威性，法律效力也比较低（袁光亮，2013）。与近年来快速发展的社会工作实务工作相比，社会工作的立法进程已经明显滞后，对社会工作的持续发展的消极影响也在逐渐扩大。目前，一个相当严重的问题是社会工作者的人才流失。这种人才流失，一方面表现为从业队伍的离职现象，另一方面表现为社会工作专业毕业生的"毕业即转业"现象。美国也曾经遭遇过社会工作教育大力发展但社会工作职业认同下降、离职问题严重的困境。面对这一困境，美国开始全力推动社会工作的立法工作，推进社会工作的职业化进程，问题最终得以解决。美国的实践经验至少在以下几个方面能够给中国社会工作的职业化进程提供一些启示。

首先，社会工作立法是社会工作职业化的重要内容。职业行为的规范和服务责任的承担，是社会工作职业化进程中最为关键的环节，而这一环节的突破需要法律的介入才能完成。社会工作服务所带有的慈善性质并不意味着社会工作的职业行为可以单纯依托从业人员自身的伦理道德，相反，从业行为的规范化本来就是职业化的本质内容之一。同时，由于社会工作服务及其服务对象的特殊性，使得社会工作相对于医生、律师等职业，在职业行为的规范和服务责任的承担方面，存在更高的要求。而在现代社会，法律是一种比价值观和职业伦理更为有效的社会控制方式，在个体行为的规范方面具有更高的社会公信力。美国的经验表明，仅仅通过从业人员教育经历的提升以及职业伦理守则的建立，并不足以实现社会工作职业化的目标；必须通过社会工作立法的完善，才能显著提升社会工作服务的规范程度以及在此基础上的社会认可，从而有力地推动社会工作的职业化进程，并促进社会工作职业化的实现。

其次，社会工作立法的主要内容在于从业人员准入、学历和继续培训要求以及行业组织建设三个方面。与现代社会中的医生、律师等职业相类似，社会工作立法对社会工作职业行为的规范主要采取"事前预防"的方式，着重利用法律的强制力去设定社会工作服务的准入门槛，以及设置继续教育的要求，确保社会工作者在开展社会工作服务之前已经具备足够的知识和技能，并且对知识和技能进行继续的更新，从而尽可能地保障社会工作服务对象的权益。此外，通过行业组织建设方面的立法工作，促进社会工作者的服务能够得到专业和客观的评估。这同样有助于对社会工作者的职业行为进行规范。

最后，社会工作立法对社会工作职业化所起到的效果，可以从薪酬待遇和从业人员稳定性两个方面进行评估。薪酬待遇问题是社会工作职业化、社会工作人才队伍建设过程中的一项重要议题，是社会工作职业吸引力的重要体现之一，有助于促进社会工作从业队伍的稳定。依据薪酬待遇和从业人员的稳定性对社会工作立法的职业化效果进行评估，还必须客观看待法律的作用范围。

从业人员的薪酬待遇问题，在美国社会工作职业化发展的进程中承担了非常重要的作用。从初期对职业化进程的推动，到成为职业化程度的重要指标，再到从社会工作与医生、律师等职业的对比所产生的关于垄断性地位的思考和探索，薪酬待遇问题贯穿了美国社会工作职业化的全过程，对薪酬待遇问题的认识也逐步深入。依据美国的实践经验，中国社会工作的职业化进程必须高度重视社会工作者的薪酬待遇问题。首先，破除"社会工作者不会过多地关注薪酬待遇"的看法，以现代社会的劳动理念，对社会工作者和其他职业的劳动者一视同仁，肯定社会工作者与其他岗位或职业的劳动者一样，在薪酬待遇方面存在同等需求。美国劳工统计部通过调查所收集到的社会工作者意见并不支持这样的观点，即认为社会工作者能够通过从事人道主义的工作而获得部分补偿，从而不会过度关注工作报酬（Stewart，1951）。其次，深刻认识薪酬待遇问题在社会工作职业化、社会工作人才队伍建设方面的重要性，切实认可社会工作者的职业贡献和工作成效，积极推进社会工作者薪酬待遇的有效提高以及相对于其他职业的竞争力。最后，结合社会工作的行业特点和现实国情，实现薪酬待遇提升的合理性和有序性，避免脱离现实的、盲目的"待遇过高"现象，确保社会工作职业化的稳步、健康发展。由于社会工作的职业特点，社会工作者的薪酬待遇和职业地位在劳动力市场的岗位序列中存在特定的区位空间，而这并不是社会工作立法所能改变的。

参考文献

［1］波普诺. 社会学［M］. 第10版. 李强, 等译. 北京: 中国人民大学出版社, 1999.

［2］曹亚雄. 农民工不加入工会的原因及对策分析［J］. 武汉理工大学学报: 社会科学版, 2008（6）.

［3］常凯. 劳动关系的集体化转型与政府劳工政策的完善［J］. 中国社会科学, 2013（6）.

［4］陈映芳. "农民工": 制度安排与身份认同［J］. 社会学研究, 2005（3）.

［5］陈成文, 赵杏梓. 社会治理: 一个概念的社会学考评及其意义［J］. 湖南师范大学社会科学学报, 2014（5）.

［6］陈莲凤. 以社会治理为导向推进社会组织发展［J］. 福建论坛: 人文社会科学版, 2014（11）.

［7］陈钟林, 吴伟东. 情境、资源与交流: 生态系统视角下的弱势青年研究［J］. 中国青年研究, 2007（4）.

［8］陈钟林. 团体社会工作［M］. 北京: 中国时代经济出版社, 2002.

［9］陈若璋, 等. 家庭暴力防治和辅导手册［M］. 台北: 洪叶文化事业有限公司, 1993.

[10] 邓秀华. 长沙、广州两市农民工政治参与问卷调查分析 [J]. 政治学研究, 2009 (2).

[11] 邓希泉. 中国青年人口与发展统计报告 (2015) [J]. 中国青年研究, 2015 (11).

[12] 东莱. 下班后回工作邮件 在法国是违法的 [N]. 广州日报, 2014-04-12.

[13] 段家喜. 市场、政府与全民医疗保障 [M]. 北京：中国财经经济出版社, 2009.

[14] 段敏芳, 徐凤辉, 田恩舜. 2011产业结构升级对就业的影响分析 [J]. 统计与决策, 2011 (14).

[15] 方舒. 工业社会工作与员工精神福利 [J]. 华东理工大学学报：社会科学版, 2010 (10).

[16] 范召全. 社会工作职业化教育的院校结构分析 [J]. 职教论坛, 2010 (24).

[17] 冯向东. 关于教育的经验研究；实证与事后解释 [J]. 教育研究, 2012 (4).

[18] 冯邦彦. 澳门经济适度多元化的路向与政策研究 [J]. 广东社会科学, 2010 (4).

[19] 符平. 新街角青年的浮现——对湖南H镇一类青年的调查与分析 [J]. 青年研究, 2013 (11).

[20] 高华. "新生代农民工"市民化进程中工会的职责作用研究 [J]. 中国劳动关系学院学报, 2011 (1).

[21] 吉登斯. 社会的构成 [M]. 李康, 李猛, 译. 北京：生活·读书·新知三联书店, 1998.

[22] 关信平. 新时期中国社会政策建构和发展的若干理论分析 [J]. 江苏社会科学, 2010 (2).

[23] 关信平. 社会工作立法的中国视角·序 [M] //袁光亮. 社会工作立法的中国视角. 北京: 法律出版社, 2013.

[24] 关信平. 现阶段中国农村劳动力转移就业背景下社会政策的主要议题及模式选择 [J]. 江苏社会科学, 2005 (6).

[25] 关信平. 现阶段中国城市贫困问题和反贫困行动及未来趋势分析 [M] //郑功成. 变革中的就业环境与社会保障. 北京: 中国劳动社会保障出版社, 2003.

[26] 郭建梅. 家庭暴力与法律援助 [M]. 北京: 中国社会科学出版社, 2003.

[27] 国家统计局. 2013 年全国农民工监测调查报告 [EB/OL]. http://www.stats.gov.cn/tjsj/zxfb/201405/t20140512_551585.html, 2014.

[28] 国家统计局. 中国统计年鉴 (2013) [M]. 北京: 中国统计出版社, 2013.

[29] 国家统计局住户调查办公室. 新生代农民工的数量、结构和特点 [EB/OL]. http://www.stats.gov.cn/tjfx/fxbg/t20110310_402710032.htm, 2011-03-11.

[30] 胡宏伟, 曹杨, 吕伟. 心理压力、城市适应、倾诉渠道与性别差异——女性并不比男性新生代农民工心理问题更严重 [J]. 青年研究, 2011 (3).

[31] 郗杰英. 青年研究以青年为本 [J]. 当代青年研究, 2010 (1).

[32] 何雪松，杨超. 共享发展：宏观社会工作的当代取向 [J]. 学习与探索，2016（7）.

[33] 黄玉捷. 内生性制度的演进逻辑——理论框架及农民工就业制度研究 [M]. 上海：上海社会科学院出版社，2004.

[34] 简新华，张建伟. 构建农民工的社会保障体系 [J]. 中国人口、资源与环境，2005（1）.

[35] 姜秀花. 生命健康领域性别平等与妇女发展指标研究与应用 [J]. 妇女研究论丛，2006（S2）.

[36] 江宇，刘小丽. 港珠澳大桥建设对泛珠三角发展的社会经济影响 [J]. 中国国情国力，2007（4）.

[37] 康绍霞. 女性青年农民工的城市适应问题及其社会工作的介入 [J]. 郑州航空工业管理学院学报，2009（12）.

[38] 蓝光喜. 公有制企事业农民工加入工会问题的思考 [J]. 求实，2006（6）.

[39] 雷杰，黄婉怡. 香港社会工作介入青年就业服务的模式及其对内地的启示 [J]. 社会工作与管理，2014（5）.

[40] 雷杰，黄婉怡. 实用专业主义：广州市家庭综合服务中心社会工作者"专业能力"的界定及其逻辑 [J]. 社会，2016（37·1）.

[41] 李方. 社会性别视野下的差异平等——聚焦女性婚姻家庭权利 [J]. 东南学术，2010（4）.

[42] 李强. 中国大陆城市农民工的职业流动 [J]. 社会学研究，1999（3）.

[43] 李强. 农民工与中国社会分层 [M]. 北京: 社会科学文献出版社, 2004.

[44] 李焯仁, 田国秀. 建立抗逆力对抗赌博成瘾——香港预防青年参与赌博的尝试 [J]. 中国青年研究, 2006 (11).

[45] 李迎生. 社会工作概论 [M]. 第2版. 北京: 中国人民大学出版社, 2010.

[46] 李晓凤. 企业员工社会工作辅导介入模式初探——从工业社会工作员工协助方案的角度 [J]. 社会工作, 2010 (9·下半月).

[47] 李朝阳. 体面劳动与女农民工劳动权益保护 [J]. 理论探索, 2011 (1).

[48] 李实, 杨修娜. 农民工工资的性别差异及其影响因素 [J]. 经济社会体制比较, 2010 (5).

[49] 李顺平, 孟庆跃. 卫生服务公平性及其影响因素研究综述 [J]. 中国卫生事业管理, 2005 (3).

[50] 李汉林. 关系强度和虚拟社区——农民工研究的一种视角 [M] // 李培林. 农民工: 中国进城农民工的经济社会分析. 北京: 社会科学文献出版社, 2003.

[51] 李雪平. 国际人权法上的迁徙自由和移徙工人的权利保护——以中国农民工为例 [J]. 西北政法学院学报, 2004 (3).

[52] 联合国开发计划署. 2003年人类发展报告——千年发展目标: 消除人类贫困的全球公约 [M]. 北京: 中国财经经济出版社, 2003.

[53] 廖凤池，等．问题解决咨商模式［M］．台北：张老师出版社，1993．

[54] 梁泳梅，李钢，董敏杰．劳动力资源与经济发展的区域错配［J］．中国人口科学，2011（5）．

[55] 梁波，王海英．国外移民社会融入研究综述［J］．甘肃行政学院学报，2010（2）．

[56] 刘传江，周玲．社会资本与农民工的城市融合［J］．人口研究，2004（5）．

[57] 刘诚．全球化背景下劳动法面临的挑战及对策［J］．工会理论研究，2008（4）．

[58] 刘继同．"中国特色"社会工作与构建和谐社会［J］．甘肃理论学刊，2007（6）．

[59] 刘献君．《质的研究及其设计》：院校研究应读的一本好书［J］．高等教育研究，2009（11）．

[60] 刘贤腾，周江评．交通技术革新与时空压缩——以沪宁交通走廊为例［J］．城市发展研究，2014（8）．

[61] 陆大道．区域发展及其空间结构［M］．北京：科学出版社，1995．

[62] 陆铭，欧海军，陈斌开．理性还是泡沫：对城市化、移民和房价的经验研究［J］．世界经济，2014（1）．

[63] 陆士桢．中国城市青少年弱势群体现状与社会保护政策［M］．北京：社会科学文献出版社，2004．

[64] 卢海元．走进城市——农民工的社会保障［M］．北京：经济管理出版社，2004．

[65] 罗华荣．当前农民工就业权益保障问题［J］．上海经济研究，2005（3）．

[66] 罗希，等．项目评估：方法与技术［M］．第6版．邱泽奇，等译．北京：华夏出版社，2002．

[67] 马剑，邢亚楠．基于投入产出模型的中国产业结构与就业关系分析［J］．河北工业大学学报，2011（3）．

[68] 民政部社会工作司．社会工作立法问题研究［M］．北京：中国社会出版社，2011．

[69] 米庆成．进城农民工的城市归属感问题探析［J］．青年研究，2004（3）．

[70] 沙依仁．人类行为与社会环境［M］．台北：台湾五南图书出版股份有限公司，2001．

[71] 史柏年．社会保障概论［M］．北京：高等教育出版社，2004．

[72] 史柏年．社会工作实务·中级［M］．北京：中国社会出版社，2007．

[73] 世界银行．2004年世界发展报告：让服务惠及穷人［R］．北京：中国财经经济出版社，2004．

[74] 宋丽玉，等．社会工作理论：处遇模式与案例分析［M］．台北：洪叶文化事业有限公司，2002．

[75] 沈丽珍，顾朝林．区域流动空间整合与全球城市网络构建［J］．地理科学，2009（6）．

[76] 孙莹．社会工作职业发展的基本要素分析［M］//王思斌．社会工作专业化及本土化实践．北京：社会科学文献出版社，2006．

[77] 唐晓英，等．优势视角下现代企业员工管理的社会工作介入［J］．齐齐哈尔大学学报：哲学社会科学

版，2010（1）．

[78] 唐钧．中国城市贫困与反贫困报告［M］．北京：华夏出版社，2003．

[79] 谭琳．论和谐社会的性别关系特征［J］．理论导刊，2007（12）．

[80] 田建春，陈婉梅．零售业基层员工流动影响因素实证研究［J］．东南学术，2015（3）．

[81] 童敏．社会工作实务基础［M］．北京：社会科学文献出版社，2008．

[82] 文军．社区青年社会工作的国际比较研究［M］．上海：华东理工大学出版社，2006．

[83] 吴伟东．激烈的利益博弈——美国医疗保障体系改革的挑战与前景［J］．中国社会保障，2009（12）．

[84] 吴伟东，郭腾军．产业结构与青年的就业选择——对9名澳门青年的深度访谈分析［J］．中国青年研究，2012（3）．

[85] 吴旗韬，张虹鸥，等．基于交通可达性的港珠澳大桥时空压缩效应［J］．地理学报，2012（6）．

[86] 吴庆．中国城市贫困大学生群体现状与社会救助政策研究［M］//陆士桢．中国城市青年弱势群体现状与社会保护政策．北京：社会科学文献出版社，2004．

[87] 王静．劳动力资源供给指标体系的构建与思考［J］．人口与经济，2009（6）．

[88] 王浦劬．国家治理、政府治理和社会治理的基本含义及其相互关系辨析［J］．社会学评论，2014（3）．

[89] 王延中, 魏岸岸. 中国亟须重视并加强社会保障国际合作 [J]. 中国党政干部论坛, 2008 (11).

[90] 王文春, 荣昭. 房价上涨对工业企业创新的抑制影响研究 [J]. 经济学, 2014 (2).

[91] 王五一. "赌权开放"与澳门博彩业发展 [J]. 广东社会科学, 2011 (2).

[92] 王林清. 加班控制制度法律问题研究 [J]. 法学杂志, 2012 (8).

[93] 王思斌. 试论中国社会工作的本土化 [M] //何国良, 王思斌. 华人社会社会工作本质的初探. 新泽西: 八元文化企业公司, 2000.

[94] 王思斌. 体制转变中社会工作的职业化进程 [J]. 北京科技大学学报: 社会科学版, 2006 (1).

[95] 王玉香. 西方青年社会工作的历史沿革研究 [J]. 中国青年研究, 2012 (2).

[96] 熊跃根, 周健林. 宏观社会工作在当代中国的意义 [J]. 中国社会工作, 1998 (4).

[97] 徐道稳. 社会基础、制度环境和行政化陷阱——对深圳市社区治理体制的考察 [J]. 人文杂志, 2014 (12).

[98] 徐道稳. 社会工作者就业准入制度研究 [J]. 广东工业大学学报: 社会科学版, 2013 (4).

[99] 项继权. 农民工子女教育: 政策选择与制度保障——关于农民工子女教育问题的调查分析及政策建议 [J]. 华中师范大学学报: 人文社会科学版, 2005 (3).

[100] 谢世发, 范成香. 夜班护士睡眠状况调查及缓解措施 [J]. 河南职工医学院学报, 2010 (22).

[101] 肖香龙. 新生代农民工问题与创新工会工作思考 [J]. 社会科学辑刊, 2011 (6).

[102] 许斌. 美国社会工作职业化、专业化的发展历程及启示·上 [J]. 中国社会工作, 2016 (10).

[103] 许烺光. 文化人类学新论 [M]. 台北: 联经出版社, 1986.

[104] 严昌涛. 经济全球化与优化中国劳动力资源配置的税收政策 [J]. 税务研究, 2003 (1).

[105] 杨庆堃. 中国近代空间距离之缩短 [J]. 岭南学报, 1949 (1).

[106] 杨少华, 曾泽瑶, 苏振辉. 港珠澳大桥对澳门经济影响的定量研究 [M]. 澳门: 澳门经济学会, 2015.

[107] 杨瑞龙, 卢周来. 正式契约的第三方实施与权力最优化——对农民工工资纠纷的契约论解释 [J]. 经济研究, 2004 (5).

[108] 杨雄, 程福财. 政府扶助与社会支持——以闸北区为例: 上海弱势青年生存状况 [J]. 青年研究, 2002 (9).

[109] 杨雄. 弱势青年生存状况与社会支持 [J]. 社会科学, 2004 (5).

[110] 杨菊华. 流动人口在流入地社会融入的指标体系——基于社会融入理论的进一步研究 [J]. 人口与经济, 2010 (2).

[111] 杨中芳．试论如何深化本土心理学研究：兼论现阶段之研究成果［M］//阮新邦，朱伟志．社会科学本土化：多元视角解读．新泽西：八方文化企业公司，2001.

[112] 杨敏．社会工作发展与我国高等教育的理念转变和制度创新——专业化职业化大背景下中国社会工作发展的一点思考［J］．学习与实践，2010（10）．

[113] 仰滢，甄月桥．基于"推拉理论"的新生代农民工身份转型问题探析［J］．中国青年研究，2012（8）．

[114] 俞炳匡．医疗改革的经济学［M］．北京：中信出版社，2008.

[115] 阮新邦．后设理论、个人观，与社会科学本土化［J］．中国社会科学季刊，1996（15）．

[116] 袁光亮．社会工作立法的中国视角［M］．北京：法律出版社，2013.

[117] 岳经纶，李晓康．延续与变迁：21世纪初的香港高等教育发展与改革［J］．清华大学教育研究，2007（2）．

[118] 约翰·W·克里斯韦尔．质的研究及其设计——方法与选择［M］．余东升，译．青岛：中国海洋大学出版社，2009.

[119] 闫广芬，苌庆辉．美国学校社会工作体系架构及其启示［J］．外国教育研究，2008（4）．

[120] 余东升．质性研究：教育研究的人文学范式［J］．高等教育研究，2010（7）．

[121] 张华伟. 港珠澳大桥建设对珠海房地产业的影响研究 [J]. 南方经济, 2014 (7).

[122] 张海. 承认视角下我国社会工作职业化发展的现状与趋势 [J]. 探索, 2016 (5).

[123] 张蓓. 女性青年农民工媒体求助意愿影响因素研究——基于南京市的调查数据 [J]. 中国青年研究, 2014 (12).

[124] 中华全国总工会研究室. 2012年工会组织和工会工作发展状况统计公报 [EB/OL]. http://stats.acftu.org/upload/files/1370483520528.pdf, 2013.

[125] 中华全国总工会. 关于新生代农民工问题的研究报告 [N]. 工人日报, 2010-06-21.

[126] 竺效, 杨飞. 境外社会工作立法模式研究及其对中国的启示 [J]. 政治与法律, 2008 (10).

[127] 赵国友. 劳动力资源比较优势与能源安全的关系研究——基于未来的视角, 而非现实的利益 [J]. 财贸研究, 2006 (5).

[128] 赵蓬奇. 关于社会工作行业组织面临的形势与任务 [EB/OL]. 社工中国网, http://theory.swchina.org/research/2014/0410/12984.shtml, 2014.

[129] 郑广怀. 伤残农民工：无法被赋权的群体 [J]. 社会学研究, 2005 (3).

[130] 郑功成. 农民工的权益与社会保障 [J]. 中国党政干部论坛, 2002 (8).

[131] 钟玮. 香港青年融入内地研究——基于高等教育融合视角 [J]. 广东省社会主义学院学报, 2016

（2）.

[132] 朱力. 论农民工阶层的城市适应 [J]. 江海学刊, 2002（6）.

[133] 周萍. 大学女性青年教师的角色冲突分析——社会性别视角下对 A 大学的质性研究 [J]. 高校教育管理, 2016（3）.

[134] Allen-Meares, P. 儿童青年社会工作 [M]. 阙汉中, 译. 台北: 洪叶文化事业有限公司, 1999.

[135] Chetkow-Yanoov, B. 社会工作实务: 系统取向 [M]. 江佩玲, 等译. 台北: 台湾五南图书出版股份有限公司, 2001.

[136] Cournoyer, B. 社会工作实务手册 [M]. 万育维, 译. 台北: 洪叶文化事业有限公司, 1997.

[137] Cunningham, G. 员工协助方案: 工业社会工作的新趋势 [M]. 廖秋芬, 译. 台北: 亚太图书出版社, 2000.

[138] Gilbert, N & Terrell, P. 社会福利政策导论 [M]. 黄晨熹, 译. 上海: 华东理工大学出版社, 2003.

[139] Kemp, A. 家庭暴力 [M]. 彭淑华, 译. 台北: 洪叶文化事业有限公司, 1999.

[140] Mossialos, E. and Thomson, M. S. 欧盟中的自愿健康保险 [M]//张晓, 曹乾, 译. Mossialos, E., Dixon, A., Figueras, J. and Kutzin, J. 医疗保障筹资: 欧洲的选择. 北京: 中国劳动社会保障出版社, 2009.

[141] Neuman, W. L. 社会研究方法——质化和量化取向

[M]. 朱柔若, 译. 台北: 扬智文化事业有限公司, 2002.

[142] Patton, M. Q. 质的评鉴和研究 [M]. 吴芝仪, 等译. 台北: 桂冠图书公司, 1999.

[143] Alderson, J. J. Models of School Social Work Practice [M] //Sarri, R. C. and Maple, F. F. The School in the Community. Washington, DC: National Association of Social Workers, 1988.

[144] Allen-Meares, P. Social Work with Children and Adolescents [M]. New York: Longman Publisher, 1995.

[145] Ayala, L. and Rodríguez, M. What Determines Exit from Social Assistance in Spain? [J]. International Journal of Social Welfare, 2007 (16).

[146] Babbie, E. The Basics of Social Research [M]. Belmont CA: Wadsworth Publishing Company, 1999.

[147] Baldwin-Edwards M. Immigrants and the Welfare State in Europe [M] //Massey D. S. and Taylor J. E. International Migration: Prospects and Policies in a Global Market. New York: Oxford University, 2004.

[148] Barling, J., Clive F., and Kevin E. K. The Union and Its Members: A Psychological Approach [M]. New York: Oxford University Press, 1992.

[149] Barrera, M. T. & Susan, A. L. The Relation of Family Support to Adolescents' Psychological Distress and Behavior Problems [M] //Pierce, G. K., Sarason, B. K. & Sarason, I. G. Handbook of Social Support and

the Family. New York and London: Plenum Press, 1996.

[150] Bryman, A. Social Research Methods [M]. 2nd. ed. New York: Oxford University Press, 2004.

[151] Buck, W. Sociology and Modern Systems Theory [M]. Englewood Cliffs, N. J.: Prentice-Hall, 1967.

[152] Callahan, S. T. and Cooper W. O. Access to Health Care for Young Adults with Disabling Chronic Conditions [J]. Archives of Pediatric and Adolescent Medicine, 2006 (160).

[153] Cantor, J. C., Monheit, A. C. and Belloff, D. et al. The Impact of State Dependent Coverage Expansions on Young Adult Insurance Status: Further Analysis [EB/OL]. http://www.rwjf.org/files/research/61008.pdf, 2010.

[154] Chan, A. W., Feng T. Q., Redman, T. and Snap, E. Union Commitment and Participation in the Chinese Context [J]. Industrial Relations: A Journal of Economy and Society, 2006, Vol. 45 (3).

[155] Charles, M. Deciphering Sex Segregation: Vertical and Horizontal Inequalities in Ten National Labor Markets [J]. Acta sociologica, 2003, Vol. 46 (4).

[156] Clifford, D. Social Assessment Theory and Practice: A Multi-disciplinary Framework [M]. Aldershot: Ashgate, 1998.

[157] Collins, M. E. Transition to Adulthood for Vulnerable

Youths: A Review of Research and Implications for Policy [J]. Social Service Review, 2001 (75).

[158] Collins, S. R., Schoen, C., Doty, M. M. and Holmgren, A. L. Job - Based Health Insurance in the Balance: Employer Views of Coverage in the Workplace [M]. New York: The Commonwealth Fund, 2004.

[159] Compton, B. R. and Galaway, B. Social Work Processes [M]. Ontario: The Dorsey Press, 1979.

[160] Coser, L. The Functions of Social Conflict [M]. Glencoe, Ⅲ: Free Press, 1956.

[161] Costin, L. School Social Work Practice: A New Model [J]. Social Work, 1975, Vol. 20 (2).

[162] Cornfield, D. B. The US Labor Movement: Its Development and Impact on Social Inequality and Politics [J]. Annual Review of Sociology, 1991 (17).

[163] Creswell, J. W. Research Design: Qualitative, Quantitative and Mixed Methods Approaches [M]. California: SAGE, 2003.

[164] Creswell, J. W., Clark, V. P., Gutmann, M. L. and Hanson, W. E. Advanced Mixed Methods Research Desides [M] //Teddlie, C. and Tasbakkori, A. Handbook of Mixed Methods in Social and Behavioral Sciences. California: SAGE, 2003.

[165] Denzin, N. K. The Research Act: A Theoretical Introduction to Sociological Methods [M]. New York: McGraw-Hall, 1978.

[166] Degen, K. and Fischer, A. M. Immigration and Swiss House Prices [R]. C. E. P. R. Discussion Papers, CEPR Discussion Papers 01/2009, 2009.

[167] Davidson, P. E. Occupational Trends in the United States [M]. Stanford University Press, 1940.

[168] The World Bank. Social Exclusion and the EU's Social Inclusion Agenda [EB/OL]. http://siteresources.worldbank.org/INTECONEVAL/Resources/SocialExclusionReviewDraft.pdf, 2007.

[169] Denzin, N. K. Sociological Methods: A Source Book [M]. 2nd. ed. New York: Mcgraw-Hill, 1978.

[170] Epstein, L. Brief Treatment and a Now Look at the Task-Centered Approach [M]. New York: Macmillan, 1992.

[171] Evans, D. and Kearney, J. Working in Social Care: A Systemic Approach [M]. Hants: Arena, 1996.

[172] Etzioni, A. The Semi-professions and Their Organization [M]. New York, Free Press, 1969.

[173] European Commission Directorate General for Employment and Social Affairs. Joint Report on Social Inclusion [R]. European Commission Brussels, 2004.

[174] Eggert, N. and Giugni M. Does Associational Involvement Spur Political Integration? Political Interest and Participation of Three Immigrant Groups in Zurich [J]. Swiss Political Science Review, 2010, Vol. 16 (2).

[175] Eisinger P. K. The Conditions of Protest Behaviour in

American Cities [J]. American Political Science Review, 1973, Vol. 67.

[176] Entzinger, H. and Biezeveld, R. Benchmarking in immigrant integration [M]. Erasmus University Rotterdam, 2003.

[177] European Commission. A Common Agenda for Integration: Framework for the Integration of Third-Country Nationals in the European Union [R]. Brussels, 2005.

[178] Farley O. M., Smith, L. L. and Boyle, S. W. Introduction to Social Work [M]. 9th. ed. Allyn & Bacon, 2003.

[179] Furlong, A., Cartmel, F., Powney, J. and Hall, S. Evaluating Youth Work with Vulnerable Young People [R] //SCRE Research Report. Scotland: The Scottish Council for Research in Education, 1997.

[180] Fangen, K. Social Exclusion of Young Adults with Immigrant Backgrounds: Relational, Spatial and Political Dimensions [J]. Mondi Migranti, 2002 (1).

[181] Fangen, K., Brit L. and Erlend, P. Citizenship Regimes: Consequences for Inclusion and Exclusion of Young Adult Immigrants in Europe [EB/OL]. EU-MARGINS Policy Brief No. 2. http://www.sv.uio.no/iss/english/research/projects/eumargins/policy-briefs/documents/2nd-policy-brief-citizenship-november-3rd-2010-final.pdf, 2010.

[182] Flood, P. C. Turner, T. and Willman, P. Union Presence, Union Service and Membership Participation [J]. British Journal of Industrial Relations, Vol. 34 (3), 1996.

[183] Gottfried, H. Feminist Thought and the Analysis of Work [M] //Korczynski, M. Hodson, R. and Edwards, P. Social Theory at Work. Oxford University Press, 2006.

[184] Green E. T. and Auer, F. How Social Dominance Orientation Affects Union Participation: The Role of Union Identification and Perceived Union Instrumentality [J]. Journal of Community & Applied Social Psychology, 2013, Vol. 23 (2).

[185] Gauthier, A., Lamphere, J. A. and Barrand, N. L. Risk Selection in the Health Care Market: A Workshop Overview [J]. Inquiry, 1995, Vol. 32.

[186] General Social Care Council. Regulating Social Workers (2001 ~ 2012) [EB/OL]. www. nationalarchives. gov. uk, 2012.

[187] Goode, W. J. Community within a Community [J]. American Sociological Review, 1957, Vol. 22.

[188] Greenwood, E. Attributes of a Profession [J]. Social Work, 1957 (2).

[189] Greene, R. R. and Ephross, P. H. Human Behavior Theory and Social Work Practice [M]. New York: Aldine De Gruyter, 1991.

[190] Gabao, P. A. , Unrau, Y. A. and Grinnell, Jr. R. M. Evaluation for Social Workers: A Quality Improvement Approach for the Social Services [M]. 2th. ed. Boston: Allyn and Bacon, 1998.

[191] Geddes, M. Poverty, Excluded Communities and Local Democracy [R] //CLD Research Report nr. 9. London: Commission for Local Democracy, 1995.

[192] Hayduk, R. Political Rights in the Age of Migration: Lessons from the United States [J]. Journal of International Migration and Integration, 2014.

[193] Heisler, B. S. The Future of Immigrant Incorporation: Which Models? Which Concepts? [J]. International Migration Review, 1992, Vol. 26 (2).

[194] Helpman, E. The Size of Regions [M] //Pines, D. , Sadka, E. and Zilcha, I. Topics in Public Economics. London: Cambridge University Press, 1998.

[195] Hou, Q. and Li, S. Transport Infrastructure Development and Changing Spatial Accessibility in the Greater Pearl River Delta, China, 1990～2020 [J]. Journal of Transport Geography, 2011, Vol. 19 (6).

[196] Holzman, P. S. and Grinker, R. R. Schizophrenia in Adolescence [J]. Journal of Youth and Adolescence, 1974 (4).

[197] Huba, G. J. , Panter, A. T. and Melchior, L. A. Modeling HIV Risk in Highly Vulnerable Youth [J]. Structural Equation Modeling, 2003 (10).

[198] Hyucksun, S. S. Developmental Outcomes of Vulnerable Youth in the Child Welfare System [J]. Journal of Human Behavior in the Social Environment, 2004 (9).

[199] Hägerstrand, T. What About People in Regional Science [J]. Papers and Proceedings of the Regional Science Association, 1970, Vol. 24.

[200] Iarskaia-Smirnova, E. and Romanov, P. "A Salary is not Important Here": The Professionalization of Social Work in Contemporary Russis [J]. Social Policy & Administration, 2002, Vol. 36 (2).

[201] Janelle, D. G. Central Place Development in a Time-Space Framework [J]. The Professional Geographer, 1968, 20.

[202] Jansson, B. S. Becoming an Effective Policy Advocate: From Policy Practice to Social Justice [M]. Belmont, CA: Brooke/Cole, 1999.

[203] Johnson, L., Yanca, S. Social Work Practice: A Generalist Approach [M]. 7th. ed. Boston: Allyn and Bacon, 2001.

[204] Johnson, L. C. Social Work Practice: A Generalist Approach [M]. 4th. ed. Boston: Allyn and Bacon, 1992.

[205] Johnson, L. C. Social Work Practice: A Generalist Approach [M]. 2th. ed. Boston: Allyn and Bacon, 1986.

[206] Jone, S. and Joss, R. Models of Professionalism [M] //Yelloy, M. and Henkel, M. Learning and

Teaching in Social Work. London and Bristol, PA: Jessica Kingsley, 1995.

[207] Junger-Tas, J. Ethnic Minorities, Social Integration and Crime [J]. European Journal on Criminal Policy and Research, 2001 (9).

[208] Kaldur, K., Fangen, K. and Sarin, T. Political Inclusion and Participation [EB/OL]. http://www.sv.uio.no/iss/english/research/projects/eumargins/policy-briefs/documents/6th-policy-brief-political-participation.pdf, 2014.

[209] Klandermans, P. G. Mobilization and Participation in Trade Union Action: An Expectancy-value Approach [J]. Journal of Occupational Psychology, 1984, Vol. 57 (2).

[210] Kidneigh, J. C. History of American Social Work [M] //Harry L. L. Encyclopedia of Social Work. 5th. ed. New York: National Association of Social Workers, 1965.

[211] Kochan, T. and Katz H. Collective Bargaining and Industrial Relations [M]. Homewood, IL: Irwin, 1988.

[212] Koukoulil, S., Papadakil, E. and Philalithis, A. Factors Affecting the Development of Social Work and its Professionalisation Process: the Case of Greece [J]. International Journal of Social Welfare, 2008, Vol. 17.

[213] Laelia, G., Lou, A., Jonathan, B. et al. Orphans and Vulnerable Youth in Bulawayo, Zimbabwe: An Exploratory Study of Psychosocial Well-being and Psychosocial Support Programs [R] //Horizons Final Report. Washington, DC: Population Council, 2006.

[214] Lee, J. B. The Empowerment Approach to Social Work Practice [M]. New York: Columbia University Press, 1994.

[215] Marshell, T. H. Class, Citizenship and Social Development [M]. Graden City, N. Y. : Doubleday, 1964.

[216] Merton, R. K. Socially Expected Durations: A Case Study of Concept Formation in Sociology [M] // A. Coser. Powell, W. and Robbins R. Conflict and Consensus: In Honor of Lewis. New York: The Free Press, 1984.

[217] Merton, R. K. The Social Aspects of Duration. Interview by Anna di Lellio [J]. Ressegna Italiana di Sociologia, 1985 (1).

[218] Merluzzi, T. V. and Nairn, R. C. Adulthood and Aging: Transitions in Health and Health Cognition [M] //Whitman, T. L. Merluzzi, T. V. and White, R. D Life-Span Perspective on Health and Illness. New Jersey: Psychology Press, 1999.

[219] McMahon, M. O. The General Method of Social Work Practice: A Problem - solving Approach [M]. New Jersey: Prentice Hall, 1990.

[220] Metochi, M. The Influence of Leadership and Member Attitudes in Understanding the Nature of Union Participation [J]. British Journal of Industrial Relations, 2002, Vol. 40 (1).

[221] Monkman, M. and Allen-Meares, P. The Framework: A Conceptual Map for Social Work Assessment [J]. Arete, 1985 (10).

[222] Morales, A. T., Sheafor, B. W. and Scott, M. E. Social Work: A Profession of Many Faces [M]. New York: Allyn & Bacon, 2012.

[223] Munday, B. and Ely, P. Social Care in Europe [M]. London, Prentice Hall, 1996.

[224] Skidmore, R., Thackeray, M., Farley, O. Introduction to Social Work [M]. 7th. ed. Boston: Allyn and Bacon, 1997.

[225] Nacarino, R. C. and John Lageson V. N. Migrating towards Participation: Immigrants and Their Descendants in the Political Process [J]. European View, 2013 (12).

[226] Neuman, W. L. Social Research Methods: Qualitative and Quantitative Approaches [M]. 5th. ed. Boston: Pearson Education, Inc, 2003.

[227] Olsen, T. V. Danish Political Culture: Fair Conditions for Inclusion of Immigrants? [J]. Scandinavian Political Studies, 2011, Vol. 34 (4).

[228] Payne, M. Modern Social Work Theory [M]. 2th.

ed. London: Macmillan Press, 1997.

[229] Penninx, R. Integration of Migrants. Economic, Social, Cultural and Political Dimensions [M] //Macura, M., MacDonald, A. L. and Haug, W. The New Demographic Regime: Population Challenges and Policy Responses. New York/Geneva: United Nations, 2005.

[230] Pincus, A. and Minahan, A. Social Work Practice: Model and Method [M]. Itasca, IL: Peacock, 1973.

[231] Polachek, S. and Horvath, F. A Life Cycle Approach to Migration: Analysis of the Perspicacious Peregrinator [J]. Research in Labor Economics, 1977 (1).

[232] Pound, R. Interpretations of Legal History [M]. New York: Macmillan, 1923.

[233] Roberts, S. Migration and Social Security: Parochialism and Global Village [M] //Sigg, R. and Behrendf, C. Social Security in the Global Village. New Brunswick and London: Transaction Publishers, 2002.

[234] Rogers, A. M. and Taylor, A. S. Intergenerational Mentoring: A Viable Strategy for Meeting the Needs of Vulnerable Youth [J]. Journal of Gerontological Social Work, 1997, Vol. 28.

[235] Rothman, J. Approaches to Community Intervention [M] //Jack, R., John L. E. and John E. T. Strategies of Community Intervention. Itasca, Illinois: F. E. Peacock Publishers, 1995.

[236] Saiz, A. Immigration and Housing Rents in American Cities [J]. Journal of Urban Economics, 2007, Vol. 61 (2).

[237] Saulnier, C. F. Feminist Theories and Social Work: Approaches and Applications [M]. Binghamton, NY: The Haworth Press, Inc, 1996.

[238] Schinke, S., Jansen, M., Kennedy, E., and Shi, Q. Reducing Risk-Taking Behavior among Vulnerable Youth: An Intervention Outcome Study [J]. Family & Community Health, 1994, Vol. 16.

[239] Schwartz, K and Schwartz, T. Uninsured Young Adults: A Profile and Overview of Coverage Options [EB/OL]. http://www.kff.org/uninsured/upload/7785.pdf, 2008.

[240] Schwartz, K and Schwartz, T. How Will Health Reform Impact Young Adults? [EB/OL]. http://www.kff.org/healthreform/upload/7785-03.pdf, 2010.

[241] Schwartz, K. and Schwartz, T. Uninsured Young Adults: Who They Are and How They Might Fare Under Health Reform [EB/OL]. http://www.kff.org/healthreform/upload/7785-02.pdf, 2010.

[242] Scott, J. C. The Moral Economy of the Peasant: Rebellion and Subsistence in Southeast Asia [M]. New Haven: Yale University Press, 1976.

[243] Steven, V. Law and Society [M]. Englewood Cliffs, NJ: Prentice Hall, 2009.

[244] Stewart, M. G. Economic Status of Social Workers in 1950 [J]. Monthly Labor Review, 1951, Vol. 72 (4).

[245] Stice, E., Spangler, D., and Agras, W. S. Exposure to Media-Portrayed Thin-Ideal Images Adversely Affects Vulnerable Girls: A Longitudinal Experiment [J]. Journal of Social and Clinical Psychology, 2001, Vol. 20.

[246] Taylor, A. S. and Dryfoos, J. G. Creating a Safe Passage: Elder Mentors and Vulnerable Youth [J]. Generations, 1998/1999, Vol. 22.

[247] Teddlie, C. and Tasbakkori, A. Major Issue and Controversies in the Use of Mixed Methods in Social and Behavioral Sciences [M] //Teddlie, C. and Tasbakkori, A. Handbook of Mixed Methods in Social and Behavioral Sciences. California: SAGE, 2003.

[248] Toren, N. Social Work: The Case of a Semi-profession [M]. Beverly Hills, Sage, 1972.

[249] Tolson, E. K., Reid, W. J. and Garvin, C. D. Generalist Practice: A Task-centered Approach [M]. New York: Columbia University Press, 1994.

[250] Volti, R. An Introduction to the Sociology of Work and Occupations [M]. Los Angeles: Sage, 2012.

[251] Vikas D. Another Indo-US Deal Moves forward: Indian Workers can Get Social Secu-rity Money Back [EB/OL]. The Indian Express, http://www. indianex-

press. com/news/another – indous – deal – moves – forward-indian – workers – can – get – social – security – money-back/332763/0, 2008.

[252] Van Van Voorhis, R. M. Feminist Theories and Social Work Practice [M] //Green, R. R. Human Behavior Theory and Social Work Practice. New York, NY: Aline De GRuyter, 1999.

[253] Wakefield, J. C. Psychotherapy, Distributive Justice, and Social Work [J]. Social Service Review, 1988 (2).

[254] Walton, R. G. and Nasr, M. M. A. The Indigenization and Authentization of Social Work in Egypt [J]. International Social Work, 1988, Vol. 31 (3).

[255] Weiss-Gal, I. and Welbourne, P. The Professionalisation of Social Work: A Cross – National Exploration [J]. International Journal of Social Welfare, 2008, Vol. 17.

[256] White, H. C. Crowded Markets: Allocation with Valuation by Contexts [M]. Typescript, 2002.

[257] Zullo, R. Union Membership and Political Inclusion [J]. Industrial and Labor Relations Review, 2008, Vol. 62 (1).

后 记

本书的研究得到广东省高水平大学建设经费的资助,特此感谢!

本书对社会工作与青年问题的关注和探讨,最早源于南开大学社会工作与社会政策系陈钟林教授的启蒙与教导。她对青少年社会工作的关注和探索,以及务求通过实证研究方法探讨社会工作实务方案的思路和富有启发性的研究成果,给本次研究提供了基本的指引,使得本次研究得以开展、推进和完成。此外,南开大学关信平教授、赵万里教授、郭大水教授、郑飞北博士,山东大学程胜利教授,深圳大学徐道稳教授,以及香港中文大学林静雯教授和加州大学伯克利分校周镇忠教授,也给本次研究提供了支持,在此再次对各位老师和前辈的指导表示衷心的感谢!暨南大学谭志宇和源文婷,分别参与了本书第六章和第四章的研究和撰写工作,在此一同表示感谢!

本书得以付梓,当然还要感谢知识产权出版社徐浩编辑为本书的出版所付出的辛勤劳动。

吴伟东
2017 年 6 月 1 日于暨南园